ESSAI

SUR

LA PHILOSOPHIE

DES SCIENCES,

OU

EXPOSITION ANALYTIQUE D'UNE CLASSIFICATION NATURELLE DE TOUTES LES CONNAISSANCES HUMAINES;

PAR

ANDRÉ-MARIE AMPÈRE,

De l'Académie royale des sciences, des Sociétés royales de Londres et d'Edimbourg, de la Société philomatique, de la Société helvétienne des scrutateurs de la nature, de la Société philosophique de Cambridge, de celle de physique et d'histoire naturelle de Genève, de la Société Italienne, de l'Académie royale des sciences et belles-lettres de Bruxelles, de l'Académie royale de Lisbonne, des Académies de Lyon, de Modène, de Lille, Correspondant de l'Académie des sciences de Berlin et de l'Institut de Bologne, Membre de plusieurs autres Sociétés savantes, Chevalier de la légion d'honneur, Inspecteur général des études, et Professeur au Collége de France.

A PARIS,

CHEZ BACHELIER, IMPRIMEUR-LIBRAIRE POUR LES SCIENCES,

Quai des Augustins, n° 55.

1834.

ESSAI

SUR

LA PHILOSOPHIE

DES SCIENCES.

IMPRESSION ANASTALTIQUE
CULTURE ET CIVILISATION
115, AVENUE GABRIEL LEBON
BRUXELLES
1966

PRÉFACE.

AVANT d'exposer la classification générale des connaissances humaines que je présente aujourd'hui au public, je crois devoir entrer dans quelques détails sur la marche que j'ai suivie pour arriver aux résultats que je viens lui offrir.

En 1829, lorsque je préparais le cours de physique générale et expérimentale dont je suis chargé au Collége de France, il s'offrit d'abord à moi deux questions à résoudre :

1°. Qu'est-ce que la physique générale, et par quel caractère précis est-elle distinguée des autres sciences?

Je pensai que ce caractère devait être déterminé en disant qu'elle a pour objet d'étudier les propriétés inorganiques des corps et les phénomènes qu'ils présentent, indépendamment de l'utilité que nous en retirons et des modifications que ces propriétés ou ces phénomènes éprouvent selon les temps, les lieux et les climats. Je dis les propriétés *inorganiques* des corps, pour séparer la physique générale des sciences naturelles; j'ajoute *indépendamment de l'utilité que nous en retirons*, pour la distinguer de la technologie ; je dis enfin *indépendamment des modifications que ces propriétés ou ces phénomènes éprouvent selon les temps, les lieux et les climats*, pour fixer d'une manière précise les limites qui la séparent de la géographie physique et des autres sciences qui ont pour objet l'étude du globe terrestre.

2°. Quelles sont les différentes branches de la physique générale ainsi circonscrite, qu'on peut considérer, à volonté, comme autant de sciences particulières, ou comme les diverses parties de la science plus étendue dont il est ici question ?

Depuis long-temps j'avais remarqué qu'il est nécessaire, dans la détermination des caractères distinctifs d'après lesquels on doit définir et classer les sciences, d'avoir égard non-seulement à la nature des objets auxquels elles se rapportent, mais encore aux divers points de vue sous lesquels on considère ces objets. Je partageai donc la physique générale en deux ordres de sciences suivant les divers points de vue sous lesquels on peut considérer les propriétés inorganiques des corps. Je la divisai d'abord en *physique générale élémentaire* et en *physique mathématique*. Pour tracer une ligne de démarcation entre ces deux parties de la physique générale, je réunis dans la première tout ce que l'observation et l'expérience peuvent nous faire connaître, lorsque nous considérons les corps en eux-mêmes; et dans la seconde, d'abord les lois générales qui résultent de la comparaison, soit des phénomènes que nous observons dans les différens corps, soit des changemens qu'éprouvent ces phénomènes, lorsque les circonstances où se trouvent les corps viennent à varier, ensuite les causes à la connaissance desquelles nous parvenons en expliquant les phénomènes et en déduisant les conséquences qui dérivent de ces lois.

De là deux points de vue principaux, non-seulement pour la physique générale, mais, ainsi qu'on le verra dans cet ouvrage, pour toutes les sciences qui, comme elle, embrassent l'ensemble des connaissances relatives à l'objet auquel elles se rapportent. Sous le premier de ces points de vue, les objets qu'on étudie sont considérés en eux-mêmes, et le second consiste à les considérer corrélativement, c'est-à-dire, à comparer les faits pour établir des lois générales, ou à les expliquer les uns par les autres, jusqu'à ce qu'on parvienne à remonter des effets aux causes qui les produisent, et à prévoir les effets qui doivent résulter de causes connues.

Je remarquai ensuite que chacun de ces

points de vue principaux se subdivise en deux points de vue subordonnés. Ainsi, dans les objets considérés en eux-mêmes, on peut n'étudier que ce qu'ils offrent immédiatement à l'observation, ou chercher ce qui y est d'abord caché, et que nous ne parvenons à connaître qu'en analysant ou en interprétant les faits. En conséquence, dans une première subdivision de la physique générale, je compris toutes les vérités qui se rapportent aux phénomènes et aux propriétés inorganiques que nous pouvons observer immédiatement dans les corps, et qui constituent ce qu'on appelle *physique expérimentale;* puis, je formai une autre subdivision des vérités relatives à ce qui est caché dans ces mêmes corps, c'est-à-dire, aux élémens dont ils sont composés et qu'on ne peut connaître qu'en les analysant. La *chimie* devint ainsi pour moi la seconde partie de la physique générale.

A l'égard du second point de vue principal, où il s'agit de comparer et d'expliquer les faits, il se subdivise aussi en deux points de vue subordonnés. L'un étudie les modifications successives qu'éprouve un même objet, soit dans ce qu'il a d'immédiatement observable, soit dans ce qu'on y peut découvrir par l'analyse ou l'interprétation des faits, afin de trouver les lois que suivent ces modifications; et, lorsqu'il y a lieu, il compare ce qui a été observé dans un objet à ce qu'on observe dans un autre, pour généraliser les lois ainsi trouvées, autant que le comporte la nature des choses. L'autre part des résultats obtenus dans les trois précédens, pour découvrir les causes des faits donnés par les deux premiers points de vue subordonnés, et des lois reconnues dans le troisième, et pour prévoir ensuite les effets à venir d'après la connaissance des causes. Ainsi, dans la première subdivision de la physique mathématique, je compris l'étude comparée des moyens par lesquels on peut donner aux expériences toute la précision dont elles sont susceptibles, les corrections qu'il faut faire aux résultats qu'on en tire, suivant les circonstances de température, de pression atmosphérique, etc., les formules qu'on déduit de la comparaison des résultats obtenus, et toutes les conséquences où l'on est conduit en appliquant à ces formules les calculs de la dynamique; tel est le but des recherches dont je formai la science subordonnée à laquelle je donnai le nom de *stéréonomie*. Dans la seconde subdivision de la même science, je plaçai tout ce qui est relatif à la recherche soit des causes des phénomènes de la physique expérimentale et de la chimie, soit des lois de la physique mathématique proprement dite; causes qui se réduisent, en dernière analyse, aux forces d'attraction ou de répulsion qui ont lieu entre les molécules des corps, et entre les atomes dont ces molécules sont composées (1).

Je remarquai alors que les autres sciences où l'on étudie les corps, comme la géologie, la botanique, la zoologie, etc., se divisent naturellement en deux parties et en quatre subdivisions, précisément d'après la même considération de ces divers points de vue. Quelque temps après, je vis qu'il en était de même des sciences mathématiques et physico-mathématiques, et de celles qui sont relatives à l'art de guérir, et aux arts industriels.

Je trouvai toujours que les objets de ces diverses sciences étaient susceptibles d'être considérés sous les mêmes points de vue, déterminés par les mêmes caractères distinctifs que dans la physique; seulement ces caractères, sans changer essentiellement, éprouvaient des modifications dépendantes de la nature des objets; ce qu'on remarque aussi dans les caractères naturels dont on se sert en botanique et en zoologie. Le lecteur verra en quoi

---

(1) On peut voir, sur la distinction que je fais ici des *molécules* et des *atomes*, le Mémoire que j'ai inséré dans la *Bibliothèque universelle*, en mars 1832, tome XLIX, pages 225 et suivantes.

consistent ces modifications, lorsque, dans le cours de mon ouvrage, je ferai l'application de ces points de vue aux diverses sciences.

J'achevai dès le printemps de l'année 1830, pour les sciences que j'appelle *cosmologiques*, c'est-à-dire, relatives à tous les êtres matériels dont l'univers est composé, une classification à peu près semblable à celle que je publie aujourd'hui. Ce ne fut que quelque temps après, dans le courant de la même année, que je songeai à classer aussi les sciences relatives à l'étude de la pensée et des sociétés humaines, désignées dans cet ouvrage sous le nom de sciences *noologiques*.

Je vis que dans ces sciences les deux mêmes points de vue principaux, et leurs subdivisions, donnaient une distribution aussi naturelle des matières dont chacune s'occupait, que celle que les mêmes considérations m'avaient fournies pour les sciences cosmologiques.

Ainsi j'obtins des sciences d'ordres différens; j'appelai sciences du premier ordre celles qui réunissaient toutes les connaissances relatives à un même objet. Chaque science du premier ordre se trouva partagée en deux sciences du second, correspondantes aux deux points de vue principaux sous lesquels on pouvait considérer cet objet, et chacune de ces dernières était à son tour subdivisée en deux sciences du troisième, correspondantes à chacun des quatre points de vue subordonnés.

Toutes les sciences du second et du troisième ordre étant ainsi groupées en sciences du premier, j'en étais, relativement à la classification des connaissances humaines, à peu près au même point que Bernard de Jussieu, lorsqu'il eut groupé en familles naturelles tous les genres de plantes alors connus. Il me restait à classer les sciences du premier ordre, en les réunissant dans des divisions plus étendues, comme l'auteur du *Genera plantarum* réunit ces familles naturelles en classes, et les classes elles-mêmes en trois grandes divisions : celles des acotylédones, des monocotylédones et des dicotylédones, qui correspondent parfaitement aux divisions établies par Cuvier dans le règne animal, sous le nom d'*embranchemens*.

J'avais donc à former des règnes et des embranchemens avec les sciences du premier ordre que je considérais comme des classes de vérités, tandis que celles du troisième répondaient pour moi aux familles naturelles. J'adoptai d'abord la division de toutes nos connaissances en deux règnes ; l'un comprenant toutes les vérités relatives au monde matériel ; l'autre tout ce qui se rapporte à la pensée humaine. La distribution des sciences du premier ordre entre ces deux règnes ne pouvait souffrir aucune difficulté ; mais j'avais besoin de subdivisions intermédiaires pour en former, dans chaque règne, une série naturelle qui mît en évidence les rapports plus ou moins intimes qu'elles ont entre elles.

Bien convaincu que ces subdivisions, pour être naturelles, ne devaient pas être établies d'après des idées préconçues, des caractères choisis d'avance, mais d'après l'ensemble des rapports de tout genre que présentaient les sciences qu'il s'agissait de classer et de coordonner, j'essayai successivement de les grouper tantôt trois à trois, tantôt quatre à quatre, suivant les divers degrés d'analogie qu'elles me présentaient. Chacun de ces arrangemens me faisait découvrir entre elles de nouveaux rapports, mais il me restait à choisir l'arrangement qui mettrait ces rapports en évidence de la manière la plus complète, et ce ne fut qu'au printemps de 1831 que je m'aperçus que, pour n'en négliger aucun, je devais d'abord grouper les sciences du premier ordre deux à deux, en joignant chacune d'elles avec celle qui lui était liée par des analogies plus marquées et plus multipliées; que les groupes ainsi formés devaient être de même réunis deux à deux, chacun avec celui dont il se rapprochait davantage. Ce travail continué jusqu'à ce que j'arrivasse aux deux règnes, me fit retomber sur la grande division que j'avais établie entre eux; et c'est ainsi que je parvins aux divisions constamment dichotomiques, qu'on trouvera dans cet ouvrage, de chaque règne en deux sous-règnes, de chaque sous-règne en deux embranchemens, et de chaque embranchement en deux sous-embranchemens, contenant chacun deux sciences du premier ordre.

J'en étais là lorsque, dans le Cours dont je suis chargé au collége de France, voulant profiter d'un travail que je n'avais entrepris que pour servir à ce cours, mais qui avait pris des développemens que je n'avais pas d'abord prévus, je réservai une leçon par semaine pour en faire une rapide exposition; je m'aperçus alors que mon travail n'était pas complet; que je manquais de caractères précis pour distinguer et coordonner les divisions intermédiaires que j'avais reconnues entre les règnes et les sciences du premier ordre dont je viens de parler. Il fallait à ma classification une sorte de clef, semblable à celle que M. de Jussieu, pour classer les familles naturelles des végétaux, a déduite du nombre des cotylédons, de l'insertion des étamines, de l'absence ou de la présence de la corolle, etc.

Là se présentèrent beaucoup de difficultés. Comme les différens groupes que j'avais formés avec ces sciences, d'après les analogies naturelles, étaient faits d'avance, il fallait changer de clef jusqu'à ce que j'en trouvasse une qui reproduisît exactement ces groupes dans leur ordre naturel. Je trouvai bientôt le moyen de déterminer l'ordre et les caractères des sous-règnes et des embranchemens; mais il n'en fut pas de même à l'égard des sous-embranchemens.

Je n'avais encore arrêté définitivement que ceux du premier règne, en assignant à chacun les deux sciences du premier ordre qui devaient en faire partie, et je m'occupais du même travail sur ceux du second règne, lorsqu'en 1832, une esquisse de ma classification fut publiée dans la *Revue encyclopédique*. La distribution des sciences noologiques du premier ordre en sous-embranchemens, et les noms mêmes par lesquels ils y sont désignés, ne pouvaient donc être considérés que comme une tentative, et j'ai dû y apporter divers changemens, en général peu importans, à l'exception des trois suivans: 1°. La science de l'éducation, que je nomme *pédagogique* et non *pédagogie*, parce que παιδαγογία ne signifie pas cette science, mais l'éducation elle-même, et par laquelle je finissais alors la série de toutes les connaissances humaines, vint se placer parmi celles où l'on étudie tous les moyens par lesquels l'homme peut agir sur la pensée de ceux avec qui il se met en rapport à l'aide de ces moyens.

2°. L'archéologie que j'avais d'abord réunie à la science dont les beaux-arts sont l'objet, et que je nomme *technesthétique*, dut être reportée dans l'embranchement qui comprend tout ce qui est relatif à la connaissance des nations, puisqu'elle en décrit et en explique les monumens, comme l'ethnologie fait connaître les lieux qu'elles habitent, les peuples dont elles tirent leur origine, comme l'histoire en raconte les progrès et la décadence, comme leurs religions sont l'objet de l'hiérologie ; l'étude d'un antique monument considéré sous le rapport de l'art, appartient sans doute à la technesthétique, comme celle d'un monument moderne, mais sous le point de vue *archéologique*, elle va naturellement se placer entre l'éthnologie et l'histoire.

3°. Enfin, la *nomologie*, c'est-à-dire la science des lois, faisant partie des moyens de gouverner les hommes, objet de l'embranchement suivant, a dû y prendre place auprès de l'art militaire et de la science que j'appelais alors *économie politique*, seule dénomination usitée à cette époque, au commencement de l'embranchement suivant; c'était là évidemment sa véritable place, et c'est ce qui m'obligea de changer les noms que j'avais donnés aux sous-embranchemens contenus dans les deux derniers embranchemens; j'ai remarqué depuis que les auteurs qui ont écrit récemment sur ce sujet, ont substitué à l'expression *économie politique* celle d'*économie sociale*, plus convenable à tous égards, et que j'adopterai dans cet ouvrage.

Mais après ce retour à l'ordre le plus naturel, il me restait toujours à trouver des caractères propres à diviser le règne des sciences noologiques en sous-règnes, embranchemens et sous-embranchemens, conformément à ce nouvel arrangement.

Enfin, au mois d'août 1832, je m'aperçus que toutes ces divisions et subdivisions, si péniblement obtenues, auraient pu être déterminées en quelque sorte, *à priori*, par la considération des mêmes points de vue qui m'avaient d'abord servi seulement à retrouver la division des sciences du premier ordre en sciences du second et du troisième. J'avais déjà remarqué qu'il suffisait d'appliquer cette considération aux deux grands objets de toutes nos connaissances, pour partager chaque règne dans les mêmes sous-règnes et les mêmes embranchemens qui se trouvaient établis d'avance; je reconnus alors qu'en l'appliquant de nouveau aux objets moins généraux auxquels se rapporte chacun de ces embranchemens, elle le divisait en sous-embranchemens et en sciences du premier ordre, précisément comme il le fallait pour retomber sur les mêmes divisions et subdivisions que j'avais déterminées bien avant de songer à cette nouvelle application des points de vue. On verra dans les observations que j'ai distinguées du reste de mon ouvrage, en les imprimant en plus petits caractères, le développement de cette idée, et avec quelle facilité elle conduit à la classification naturelle des connaissances humaines.

Le fait général de l'accord constant des divisions que cette considération établit entre toutes nos connaissances, avec celles que j'avais déduites de considérations toutes différentes, en partant de l'ensemble des analogies que présentent les diverses sciences, doit avoir, et a en effet, son principe dans la nature même de notre intelligence. Quel que soit l'objet de ses études, l'homme doit d'abord recueillir les faits, soit physiques, soit intellectuels ou moraux, tels qu'il les observe immédiatement; il faut ensuite qu'il cherche ce qui est en quelque sorte caché sous ces faits : ce n'est qu'après ces deux genres de recherches, qui correspondent aux deux points de vue subordonnés compris dans le premier point de vue principal, qu'il peut comparer les résultats obtenus jusque-là, et en déduire des lois générales ; comparaisons et lois qui appartiennent également au troisième point de vue subordonné : alors il peut remonter aux causes des faits qu'il a observés sous le premier, analysés sous le second, et comparés, classés et réduits à des lois générales sous le troisième ; cette recherche des causes de ce qu'il a appris dans les trois premiers points de vue, et celle des effets qui doivent résulter de causes connues, constituent le quatrième point de vue subordonné, et complètent ainsi tout ce qu'il est possible de savoir sur l'objet qu'on étudie. Je ne puis qu'indiquer ici ces quatre points de vue, dont la distinction doit être regardée comme étant, en quelque sorte, le principe de la classification naturelle des connaissances humaines, quoique je sois parvenu à cette classification par des considérations qui en sont tout à fait indépendantes. Ce n'est qu'après avoir lu cet ouvrage, que le lecteur pourra bien saisir les applications de ce principe, et juger de sa fécondité et de son importance.

J'avais commencé la rédaction du livre

que je publie aujourd'hui, lorsque je me suis aperçu qu'il existait une correspondance remarquable entre ces quatre points de vue et les quatre époques que j'avais fixées dans l'histoire des progrès successifs de l'intelligence humaine, depuis les premières sensations et les premiers mouvemens qui révèlent à l'enfant son existence, jusqu'à l'époque où, éclairé par la société de ses semblables, et par la culture des sciences et des arts, l'homme s'élève au plus haut degré de *connaissance* auquel il lui soit donné de parvenir.

Cette histoire, telle que je l'avais conçue, était le résultat d'un long travail, entrepris vers 1804, et dont je m'occupais encore en 1820, sur les facultés intellectuelles de l'homme, les moyens par lesquels il distingue le vrai du faux, les méthodes qu'il doit suivre, soit pour classer les divers objets de ses connaissances, soit pour enchaîner ses jugemens; enfin, sur l'origine de nos idées: elle amenait successivement la discussion de toutes les questions agitées en philosophie, et les solutions que j'avais cru pouvoir en donner.

Autre chose est de classer les objets de nos connaissances, autre chose de classer nos connaissances elles-mêmes; autre chose, enfin, de classer les facultés par lesquelles nous les acquérons. Dans le premier cas, on ne doit avoir égard qu'aux caractères qui dépendent de la nature des objets ; dans le second, il faut combiner ces caractères avec ceux qui tiennent à la nature de notre intelligence ; dans le troisième, ces derniers seuls doivent être pris en considération, et il ne faut tenir compte des premiers, qu'autant qu'elle influe sur les opérations intellectuelles qu'exige l'étude des objets dont on s'occupe.

La classification des objets eux-mêmes appartient au physicien, au chimiste, au naturaliste ; celle de nos connaissances est le résultat des recherches que je publie aujourd'hui ; celle de nos facultés intellectuelles résultait de même de l'ancien travail dont je viens de parler. Après de longues recherches pour distinguer et caractériser les divers genres d'idées, de jugemens, de déductions dont se composent toutes nos connaissances, pour en découvrir et en expliquer l'origine, je travaillai à les disposer dans l'ordre le plus naturel, et je vis alors que cet ordre conduisait nécessairement à distinguer d'abord deux époques principales dans l'acquisition successive que l'homme fait de toutes ses idées et de toutes ses connaissances. La première s'étendait depuis l'instant où l'enfant commence à sentir et à agir, jusqu'à celui où, par le langage, il se met en communication avec ses semblables; la seconde depuis l'acquisition du langage jusqu'aux dernières limites, s'il en est, des progrès de l'esprit humain. La mémoire ne nous retrace rien de la première, mais je crus qu'en déduisant toutes les conséquences des *faits intellectuels*, je pouvais la reconstruire tout entière, et après m'être satisfait à cet égard, je vis que je devais la diviser, ainsi que la seconde, en deux époques subordonnées. Avant l'acquisition du langage, est une première époque où l'enfant ne peut connaître que ce qui lui *apparaît* immédiatement, soit dans les sensations qu'il reçoit du dehors, soit dans le sentiment intérieur de sa propre activité : c'est là la première époque subordonnée. La seconde s'étend depuis le moment où il découvre l'existence des corps et celle d'autres intelligences, d'autres volontés semblables à la sienne, jusqu'à ce qu'il parvienne à se mettre en communication avec elles, et à comprendre le but des actions de ceux qui l'entourent et le sens attaché à leurs paroles.

Alors commencent la seconde époque principale et la troisième époque subordonnée. L'enfant qui entend donner un nom commun à différens objets, ou qui entend un même verbe répété dans des phrases différentes, dont les circonstances où elles sont prononcées lui font connaître le sens, ne peut comprendre quelle est l'idée attachée à ce nom ou à ce verbe, qu'en comparant entre eux les différens objets que désignent également le premier, les différentes circonstances où le second a été prononcé, et en découvrant, par cette comparaison, ce qu'il y a de semblable dans ces objets ou dans ces circonstances; car c'est ce *quelque chose de semblable* qui est désigné par le nom ou par le verbe.

Une fois les mots compris, l'homme a l'instrument à l'aide duquel il fixe et classe ses idées, exprime ses jugemens, et découvre qu'en partant de vérités qu'il connaît déjà, il peut en déduire d'autres vérités liées aux premières par des rapports de dépendance nécessaire en vertu desquels celles-ci étant une fois posées, les secondes le sont aussi. Enfin, dans la quatrième époque subordonnée, j'avais réuni tout ce que l'examen approfondi des êtres qu'il étudie lui apprend des propriétés ou facultés dont ils sont doués, et des causes auxquelles il doit rapporter les faits physiques ou intellectuels que cet examen lui a fait connaître (1).

---

(1) Ces quatre époques correspondent aux quatre sortes de conceptions qui, jointes aux phénomènes sensitifs et actifs, donnent naissance, par leurs diverses combinaisons, à tous les faits intellec-

L'analogie de ces quatre époques avec ce que j'ai appelé les quatre points de vue est trop facile à saisir pour que je l'explique en détail. Qui ne voit, en effet, celle des deux époques principales de l'histoire intellectuelle de l'homme avec les deux points de vue principaux que j'ai signalés plus haut? Et à l'égard des quatre époques et des quatre points de vue subordonnés, n'est-il pas également évident que l'époque où l'enfant ne connaît que ce qui lui *apparaît,* soit au dehors, soit au dedans de lui-même, répond au point de vue où l'on s'occupe seulement de ce qu'offrent à l'observation immédiate, soit extérieure, soit intérieure, le *monde* et la *pensée ;* que l'époque suivante où il découvre l'existence des corps et celle de la pensée dans d'autres êtres que lui-même, correspond au point de vue des sciences qui ont pour but de décou-

---

tuels, comme je l'ai expliqué dans une leçon faite au collége de France, et dont M. le docteur Roulin a donné un extrait dans le numéro du *Temps* du 22 juillet 1833. Cet extrait présente un aperçu général de mes idées sur la classification de ces faits; aperçu auquel j'aime à renvoyer le lecteur qui désirerait plus de développemens sur ce que je dis ici. Je remarquerai seulement que l'homme, après être parvenu à une sorte de conception, la conserve jusqu'à la fin de sa vie, et que, par conséquent, sa pensée, n'admettant pendant toute la durée de la première époque que la première sorte de conception, admet nécessairement les deux premières pendant la seconde, les trois premières pendant la troisième, et ainsi de suite. (*Voyez la note à la fin de cette préface.*)

vrir ce qu'il y a de caché dans les mêmes objets; que la troisième époque, où l'enfant, par le travail auquel il se livre pour comprendre le langage de ceux qui l'entourent, est amené à comparer, à classer les objets, à observer intérieurement sa pensée, et, à mesure que sa raison se développe, à déduire des vérités qu'il connaît, d'autres vérités qui en sont une suite nécessaire, présente une analogie bien facile à apercevoir avec les sciences où l'on s'occupe aussi de comparaisons et de classifications; qu'enfin la dernière époque correspond de même au quatrième point de vue, puisque les moyens qu'on y emploie, tant pour constater la vérité des *faits* que pour les expliquer, sont également fondés sur l'enchaînement des causes et des effets?

Cette analogie est une suite de la nature même de notre intelligence; car le savant fait nécessairement, et ne peut faire dans l'étude de l'objet physique ou intellectuel auquel il se consacre, que ce que font tous les hommes dans l'acquisition successive de leurs connaissances.

Mais, ainsi que je l'ai déjà dit, la classification des facultés et des faits intellectuels est tout autre chose que la classification des connaissances elles-mêmes, et c'est pourquoi l'on se ferait l'idée la plus fausse de ce que je viens de dire, si l'on se figurait que j'entends rapporter les différens groupes de science définis dans cet ouvrage, aux différentes époques dont je viens de parler. Il est évident qu'aucune science ne peut exister pour l'enfant avant l'acquisition du langage, et ce n'est, par conséquent, que dans les deux dernières époques qu'il est capable de s'occuper d'une science ou d'un art quelconque; il ne l'est même, en général, que quand il possède des connaissances où se trouvent réunies les quatre espèces de conceptions indiquées dans la note placée à la fin de cette préface; en sorte que la considération des époques auxquelles correspondent les diverses espèces de conceptions dont se composent les connaissances humaines, ne doit entrer en aucune manière dans les recherches relatives à la classification de ces connaissances.

Je développai, dans le Cours de philosophie que je fus chargé de faire, de 1819 à 1820, à la Faculté des lettres de Paris, mes idées sur la classification générale des faits intellectuels. J'avais déjà consigné les principaux résultats de mon travail sur ce sujet dans un *tableau psychologique*, que je fis imprimer pour en donner des exemplaires à un petit nombre d'amis, me réservant de discuter plus tard ces hautes questions, dans un traité spécial; mais alors la découverte que fit OErsted, de l'action qu'exerce sur un aimant un fil métallique où l'on fait passer un courant électrique, m'ayant conduit à celle de l'action mutuelle que deux de ces fils exercent l'un sur l'autre, me força d'abandonner le travail psychologique dont je viens de parler, pour me livrer tout entier aux expériences et aux calculs que j'ai publiés sur cette action mutuelle. J'espère pouvoir reprendre un jour ce travail interrompu; mais j'ai cru devoir en présenter dans ce que je viens de dire un aperçu, qui servira peut-être à faire mieux voir jusqu'à quel point la classification des sciences et des arts dont nous allons nous occuper est fondée sur la nature de notre intelligence. Au mois d'août 1832, cette classification était achevée et ses résultats consignés dans le tableau qu'on trouvera à la fin de cet ouvrage. Il me restait à exposer l'ensemble des idées sur lesquelles ils reposent; c'est alors que, me trouvant à Clermont, M. Gonod, professeur au collége royal de cette ville, m'offrit de m'aider dans cette exposition. M. Gonod a constamment coopéré à la rédaction de l'ouvrage que je publie aujourd'hui, rédaction qui lui appartient autant qu'à moi-même. Je ne saurais lui témoigner assez ma reconnaissance pour le dévouement avec lequel il s'est consacré à cette publication, pour le secours que m'ont prêté sa plume exercée et cette pénétration remarquable qui lui faisait trouver sans cesse l'expression la plus propre à rendre ma pensée. Je me plais à le remercier ici de sa participation à un travail qui, sans lui, eût pû être indéfiniment ajourné.

Plus d'un an après, et lorsque l'impression de la première partie de cet ouvrage était presque achevée, des considérations toutes différentes de celles que je viens d'exposer, me conduisirent, le 12 décembre 1833, à retrouver, pour la troisième fois, par des considérations toutes différentes, les mêmes divisions et subdivisions de l'ensemble des vérités dont se composent nos sciences et nos arts, telles que je les avais d'abord établies, et qu'ensuite au moyen des points de vue dont je viens de parler, je les avais obtenues de nouveau précisément dans le même ordre.

Ces considérations, où je parvins en examinant la manière dont les mêmes divisions et subdivisions se déduisent les unes des autres, m'ont fourni une nouvelle clef de ma classification, qu'on pourrait substituer à celle dont je me suis servi. Dans ce cas, il n'y aurait pas un mot à changer à tout ce qui, dans cet ouvrage, est imprimé en gros caractères; mais les observations, qui le sont en caractères plus petits, devraient être remplacées par d'autres, où serait exposée cette nouvelle manière de coordonner toutes les parties de ma classification. De ces deux clefs, la première me paraît la plus philosophique, la plus féconde en applications et en déductions nouvelles, et je la crois même la plus propre à fixer ma classification dans la mémoire; la seconde me semble plus *pratique* et peut-être plus aisée à saisir : sous ce rapport, elle pourra convenir à un plus grand nombre de lecteurs. Mais ce qui me frappe le plus, c'est que deux moyens aussi différens entre eux s'accordent à reproduire, et dans le même ordre, les divisions et subdivisions des connaissances humaines, que j'avais d'abord établies indépendamment de l'un et de l'autre. Cet accord est, selon moi, la preuve la plus convaincante que ces divisions sont fondées sur la nature même de notre esprit et de nos connaissances. Quand j'ai découvert cette seconde clef, l'impression de mon ouvrage était, comme je viens de le dire, trop avancée pour que je pusse en montrer successivement toutes les applications; mais afin de satisfaire à cet égard le lecteur, je me propose de terminer mon travail par un *appendice*, dans lequel je donnerai tous les détails qu'il pourrait désirer à ce sujet.

Par là, le texte des deux parties de mon ouvrage présentera au lecteur ma classification dégagée de toute vue théorique, et fondée uniquement sur le rapprochement des vérités et des groupes de vérités dont les analogies sont les plus nombreuses et les plus intimes ; les observations qui accompagnent ce texte lui offriront un premier moyen d'obtenir *à priori* les mêmes groupes de vérités, précisément dans l'ordre où ils ont été d'abord rangés ; enfin, il trouvera dans l'*appendice* un second moyen d'arriver au même but. En exposant les considérations sur lesquelles repose ce second moyen, je trouverai l'occasion de développer mes idées sur la manière dont les diverses branches des connaissances humaines naissent les unes des autres, comme le premier vient de me fournir l'occasion d'indiquer les rapports qui existent entre la classification que j'ai faite de ces connaissances, et la nature et les lois de la pensée. Peut-être est-il plus utile, pour mettre en évidence les rapports mutuels qui lient entre elles toutes les sciences, de ne donner la préférence ni à l'une ni à l'autre de ces deux manières d'en coordonner les divisions et subdivisions, mais de les exposer l'une après l'autre comme se prêtant un mutuel appui, en tant qu'elles conduisent à la même classification par des routes différentes.

Cette classification fait partie d'une science à laquelle j'ai donné le nom de *mathésiologie*, de *μάθησις*, *instruction*, *enseignement*, et qu'on retrouvera définie et classée dans la seconde partie de cet ouvrage.

La mathésiologie est pour celui qui veut étudier ou enseigner, ce que sont pour le naturaliste les sciences auxquelles j'ai donné les noms de *phytonomie* et de *zoonomie ;* dans celles-ci, on s'occupe des lois de l'organisation des végétaux et des animaux, et de la classification naturelle de ces êtres ; dans la mathésiologie, on se propose d'établir, d'une part, les lois qu'on doit suivre dans l'étude ou l'enseignement des connaissances humaines, et, de l'autre, la classification naturelle de ces connaissances.

J'ai cru nécessaire en écrivant cette préface de faire le récit qu'on vient de lire, parce que, s'il est quelques motifs qui puissent autoriser la persuasion où je suis que la classification exposée dans mon ouvrage est réellement fondée sur la nature des choses, et faire partager cette persuasion au lecteur qui s'est fait une idée juste de ce que doit être une classification naturelle, ce sont sans doute les suivans :

1°. Le grand nombre même des changemens que j'ai faits successivement à cette classification. En effet, chaque changement ne pouvait m'être suggéré que parce que je venais à découvrir de nouveaux rapports entre les sciences que j'avais d'abord mal classées faute d'avoir aperçu ces rapports; et je n'adoptais une nouvelle division ou une nouvelle disposition des sciences, qu'après avoir comparé les raisons qui militaient en sa faveur avec celles qui m'avaient auparavant conduit à en admettre une autre, et après m'être assuré que la seconde était en effet préférable à la première. Quand il est question d'une méthode artificielle, une fois que les principes en sont posés, elle ne peut plus être susceptible d'aucune variation. Dès que Linné eut établi ses classes et ses ordres du règne végétal d'après le nombre et les rapports mutuels des étamines et des pistils, il ne pouvait plus y avoir rien à changer dans son système, dont la création n'exigeait que quelques jours, ou même que quelques heures; tandis que, pour arriver à la classification naturelle de toutes les plantes, il a fallu passer par les essais de Linné lui-même et ceux d'Adanson, par la classification beaucoup meilleure de Bernard de Jussieu, où il restait cependant entre des végétaux qui n'ont aucune analogie, plusieurs rapprochemens inadmissibles, tels que ceux qu'il a établis entre les arums, les aristoloches et les fougères, entre les lysimachées et les ombellifères, etc.; et des plantes analogues placées souvent très-loin les unes des autres. Il a fallu que l'illustre neveu de ce grand homme apportât de nombreuses modifications au travail de son oncle; et malgré cette longue suite de travaux, il y a encore sans doute bien des changemens à faire à la classification exposée dans le *Genera plantarum*. Si j'avais cru trouver, de prime abord, l'ordre et les divisions de nos connaissances, et que, me bornant aux premiers résultats que j'avais obtenus, je n'y eusse plus ensuite fait aucun changement, il me semble que cette considération seule serait une grande présomption pour faire regarder ma classification comme artificielle.

2°. C'est souvent l'analogie qui m'a suggéré de faire dans les sciences de nouvelles divisions auxquelles je n'avais d'abord pas pensé. Comme je viens de le dire, quoique je distinguasse la botanique de la zoologie, j'avais réuni, sous le nom d'agriculture, l'étude de tous les moyens par lesquels nous approprions à notre utilité tant les végétaux que les animaux, et c'est aux conseils d'un des hommes les plus capables de bien juger une question de ce genre, que j'ai dû la division qu'on trouvera établie ici entre ceux de ces moyens dont la connaissance doit seule porter le nom d'agriculture, puisqu'ils sont relatifs aux végétaux, et ceux qui se rapportant aux animaux doivent constituer une science à part, à laquelle j'ai donné le nom de *zootechnie*. Mais, tout en me conformant dans ce cas à l'analogie, parce que ces deux sciences existent réellement, je ne me suis pas laissé entraîner à la suivre aveuglément jusqu'à vouloir établir, pour les végétaux, des sciences analogues à ce que sont à l'égard de l'homme et des animaux la médecine et l'art vétérinaire. On verra, dans le cinquième chapitre de cet ouvrage, que, soit d'après la différence même qui existe entre l'organisation végétale et celle des êtres doués de sensibilité et de locomotion, soit d'après la nature des moyens employés et des circonstances où on les emploie, les sciences qu'on voudrait fonder ici sur l'analogie, relativement aux végétaux, n'existent ni ne peuvent exister.

De même, après avoir vu qu'on devait faire suivre chacune des sciences physiques ou naturelles qui comprennent tout ce qu'on peut *connaître* des objets dont elles s'occupent, d'une autre science du même ordre où l'on étudiât les moyens de se procurer ou de modifier ces objets de la manière qui nous est la plus avantageuse, je devais naturellement être porté à faire la même chose à l'égard des sciences mathématiques; mais il me fut aisé de reconnaître que cette analogie était trompeuse, et que toutes les applications utiles des mathématiques supposant des connaissances comprises dans des sciences que l'ordre naturel classait nécessairement après elles, ces applications ne pouvaient être admises dans l'embranchement des sciences mathématiques, mais seulement dans les embranchemens suivans, selon la nature des objets auxquels elles se rapportaient.

Ce n'est que long-temps après, qu'en traçant la limite qui sépare cet embranchement de celui des sciences physiques, j'ai vu comment cette différence, que j'avais été forcé d'admettre sans en connaître encore la raison, résultait de la nature purement contemplative des sciences mathématiques; de même que ce n'est que quand j'ai eu découvert, en décembre 1833, la nouvelle clef dont j'ai parlé tout à l'heure, que j'ai vu pourquoi les sciences relatives aux animaux prenaient, dans l'embranchement des sciences médicales, un développement qui n'a point d'analogue à l'égard des végétaux.

3°. Un dernier motif qui ne me permet guère de douter que la classification à laquelle je suis parvenu est fondée sur la nature même des choses, c'est qu'elle a été faite à une époque où ne pensant pas même que je trouverais plus tard le moyen d'en reproduire et d'en coordonner d'une manière régulière toutes les divisions et subdivisions, je ne pouvais être influencé par aucune vue systématique, mais seulement par les analogies de tout genre observées entre les sciences que je comparais. Comme je l'ai dit plus haut, je n'eus l'idée de chercher un semblable moyen que pour faciliter l'exposition de ma classification, que je faisais en 1831-1832 au collége de France, lorsque cette classification était à peu près achevée. Le premier moyen que j'essayais ne remplissait mon but que d'une manière très-incomplète; ce ne fut que long-temps après que j'en trouvai un qui la reproduisait exactement, et qui est consigné dans les observations dont j'ai accompagné les principales divisions de cet ouvrage. Un autre moyen fondé sur des principes tout différens ne s'est présenté à mon esprit qu'à la fin de 1833; ce qui n'empêche pas qu'il ne s'accorde aussi exactement que le précédent avec tous les résultats déjà obtenus. Comment cet accord serait-il possible, s'il ne s'agissait pas d'une classification qui, précisément parce qu'elle exprime les vrais rapports des sciences, établit entre elles une multitude de liaisons auxquelles je ne pouvais songer en la formant, et parmi lesquelles se trouvaient compris les rapports qui m'ont fourni les différens moyens de retrouver synthétiquement toutes les divisions et subdivisions dont se compose ma classification.

Il ne me suffisait pas d'avoir défini et classé toutes les sciences, de voir les conséquences de mon travail confirmées par la découverte des deux moyens de le reproduire, dont je viens de parler, il fallait trouver les noms les plus convenables pour désigner les divers groupes de vérités dont se composent nos connaissances. Une classification ne peut exister sans nomenclature, sans qu'*une langue bien faite*, comme dit Condillac, nous donne le moyen de la fixer dans notre mémoire et de nous en servir pour communiquer à nos semblables et la classification elle-même, et les idées qu'elle nous suggère. Il est aussi impossible de se passer d'une telle nomenclature lorsqu'il s'agit des sciences, qu'il le serait, par exemple, au naturaliste de classer les végétaux et les animaux sans qu'il imposât des noms, non-seulement aux diverses espèces, mais encore aux genres, aux familles, aux classes, etc., de tous les êtres vivans.

Le choix des mots que j'ai adoptés a été une des parties de mon travail qui m'ont souvent présenté beaucoup de difficultés. Dans la nomenclature d'une méthode artificielle, il a été bien aisé à Linné, par exemple, de donner des noms à ses classes et à ses ordres, en exprimant par la réunion de deux mots grecs, combinés d'une manière toujours régulière, les caractères qu'il leur avait assignés *à priori ;* mais il en est tout autrement lorsqu'il s'agit d'une méthode naturelle, où les caractères qui en distinguent les diverses parties se modifiant nécessairement suivant la nature des objets auxquels ils se rapportent, ne doivent être déterminés qu'*à posteriori,* et, s'il est possible, après que la classification a déjà été arrêtée.

Plus j'ai travaillé à assigner à chaque groupe de vérités le nom le plus convenable, plus j'ai reconnu que les modifications des caractères distinctifs des sciences, suivant la nature des objets qu'elles considèrent, en devaient nécessairement entraîner dans leur nomenclature, et plus j'ai vu cette nomenclature s'éloigner d'une sorte de régularité apparente que j'avais d'abord cherché à lui donner. Voici quelques-uns des principes sur lesquels elle repose.

Les mots que j'ai adoptés successivement

pour les diverses sciences, après cinq ans de réflexions sur les conditions auxquelles doit satisfaire une bonne nomenclature, sont d'abord de deux sortes : *un mot unique nécessairement substantif ; un substantif suivi d'une qualification adjective qui en restreint la signification au groupe qu'il doit désigner.*

Pour les noms purement substantifs, quand je rencontrais, parmi ceux déjà consacrés par l'usage, un mot qui désignait le groupe de vérités que j'avais en vue, tel qu'il était, dans ma classification, circonscrit et distingué des groupes voisins, le nom cherché était tout trouvé, et je n'avais qu'à l'adopter sans m'inquiéter de son étymologie, sans examiner si sa formation était régulière ; car dès que l'usage a prononcé, l'étymologie et le mode de formation d'un mot sont bientôt oubliés et doivent l'être ; rien, par exemple, ne serait plus ridicule que de vouloir changer un mot aussi usité que celui de *minéralogie*, sous prétexte qu'il a été dans l'origine formé de deux mots appartenant à des langues différentes, quoiqu'on doive s'interdire rigoureusement de composer ainsi de nouveaux noms.

Lorsqu'un mot français, ou déjà naturalisé dans notre langue, a, dans son acception ordinaire, une extension plus ou moins grande que celle que devait avoir la science que je voulais nommer, j'ai cru que je devais encore l'adopter, pourvu que sa nouvelle extension ne différât pas trop de celle qu'il avait habituellement, en ayant soin d'avertir du changement de signification qui en résultait.

J'ai souvent été obligé d'emprunter des mots à la langue grecque; et, à cet égard, je n'ai encore fait que me conformer à un usage généralement suivi. Ces mots, tirés du grec, peuvent l'être de différentes manières :

1°. Quand il s'agit de sciences que les Grecs connaissaient, et auxquelles ils avaient donné des noms dans leur langue, ce sont évidemment ces noms qu'il convient d'adopter, en faisant à la terminaison le changement que l'usage a consacré pour les introduire dans notre langue, soit que les Grecs eussent emprunté pour ces noms un adjectif féminin, en sous-entendant le mot τέχνη, comme on le voit dans φαρμακευτικὴ déduit de l'adjectif φαρμακευτικὸς; soit qu'ils les eussent formés du nom substantif de l'objet dont s'occupait la science, suivi d'une de ces terminaisons λογία, γνωσις ou γνωσία, γραφία, νομία, ainsi que cela a lieu dans les noms τεχνολογία, πρόγνωσις τοπογραφία, ἀστρονομία.

2°. Lorsqu'on a à désigner des sciences qui n'avaient point de noms dans la langue grecque, ce qu'il y a de mieux, c'est de tirer ces noms d'un adjectif usité dans la même langue, ou de faire, avec les quatre mots que je viens de citer et les substantifs grecs qui désignaient les objets des sciences dont il s'agit, des mots composés, le tout précisément comme avaient fait les anciens pour les sciences qu'ils avaient dénommées. C'est ainsi qu'on a déjà formé le mot *physique*, de l'adjectif φυσικὸς, et les noms composés *psychologie*, *phytographie*, etc., et que j'ai moi-même fait ceux de *diégématique*, *dianémétique*, etc., des adjectifs διηγηματικὸς, διανεμητικὸς, etc., et les noms *bibliologie*, *lexiognosie*, *zoonomie*, etc., des substantifs βιϐλίον, λέξις, ζῶον, etc.

3°. Mais il y a des cas où l'on ne trouve pas dans la langue grecque des adjectifs dont on puisse tirer un nom convenable pour des sciences auxquelles il faut cependant assigner des noms, et pour lesquelles on ne peut pas non plus se servir de substantifs composés tels que ceux dont je viens de parler. Alors j'ai été forcé d'avoir recours à un autre procédé, celui de former des adjectifs non usités en grec, en me conformant d'ailleurs exactement au mode de formation suivi par les Grecs pour ceux qu'ils ont employés. C'est ainsi que des mots κίνημα, *mouvement*, συγκείμενα, *traités*, *conventions*, etc., j'ai déduit les adjectifs κινηματικὸς, *relatif au mouvement*;

συγκειμενικὸς, *relatif aux traités, aux conventions*, etc., qui sont tirés des premiers, comme οἰκȣμενικὸς l'est d'οἰκȣμένη ; de là les noms des sciences que j'ai nommées *cinématique, synciménique*, etc. Quelquefois, ne trouvant pas même dans la langue grecque un substantif usité dont je pusse tirer l'adjectif dont j'avais besoin, il m'a fallu faire cet adjectif en joignant le nom de l'objet de la science avec l'adjectif grec qui exprimait le point de vue sous lequel on le considérait dans cette science; par exemple, ὁριστικὸς signifiant *ce qui détermine d'une manière précise*, j'ai formé des mots κέρδος, *gain*, κρᾶσις, *tempérament*, etc., les adjectifs κερδοριστικὸς, *qui détermine le gain d'une manière précise*; κρασιοριστικὸς, *qui a pour objet de déterminer les tempéramens*. D'autres fois, j'ai déduit d'un verbe, d'après les règles généralement suivies dans la formation des mots grecs, un substantif dont je tirais ensuite l'adjectif, d'après les mêmes règles ; on sait, par exemple, que si dans les trois personnes du singulier du passé passif, on retranche le redoublement, et qu'on change leurs terminaisons respectives μαι, σαι, ται, en μα, σις, της, , on obtient trois substantifs, dont le premier désigne le produit de l'action qui est exprimée par le verbe, le second cette action même, et le troisième celui qui la fait ; ce mode de formation me porta à remarquer que de la seconde personne διαλέλεξαι, du singulier du parfait du verbe διαλέγομαι, qui exprime l'action de communiquer à un autre ses idées, ses sentimens, ses passions, etc., les Grecs avaient déduit le substantif διάλεξις, pour exprimer cette action, et que si l'on ne trouvait pas dans leurs écrits διάλεγμα, pour désigner ce qu'elle produit, c'est-à-dire, tout signe qui sert à transmettre une idée, un sentiment, une passion, etc., ni le mot διαλεκτὴς, pour indiquer celui qui la fait, c'est que les auteurs grecs qui nous restent n'avaient pas eu l'occasion de les employer ; je pensai, en conséquence, qu'on pouvait regarder ces deux mots comme seulement inusités, et je crus qu'il me serait permis, dans l'impossibilité où j'étais de mieux faire, de déduire du premier l'adjectif διαλεγματικὸς, dont j'ai tiré l'épithète *dialegmatique*, que j'ai donnée aux sciences qui ont pour objet l'étude des signes dont je viens de parler ; comme les Grecs eux-mêmes avaient déduit du second l'adjectif διαλεκτικὸς, et le nom de science διαλεκτικὴ.

Je sais bien que les mots ainsi formés sont loin de valoir ceux qui le sont d'adjectifs usités en grec ; aussi, n'y ai-je eu recours que quand il fallait absolument, ou les adopter, ou me mettre dans l'impossibilité d'achever la classification naturelle des sciences.

4°. Enfin, quand le nom de l'objet d'une science se trouvait déjà composé de deux mots grecs, j'ai cru que je pouvais me dispenser d'y joindre une des terminaisons *logie*, *gnosie*, *graphie*, *nomie*, et prendre, dans ce cas, pour éviter les noms composés de trois mots grecs, le nom de l'objet de la science, au lieu de la science même, tels sont *zoochrésie*, *utilité des animaux*, *ethnodicée*, *droit des nations*, etc., mots dont je me suis servi pour désigner les sciences qui s'occupent de ces objets. Ce moyen de simplifier la nomenclature a déjà été employé, quand on a fait les mots *organogénie*, *ostéogénie*, dont j'ai imité le mode de formation pour plusieurs sciences du second règne, comme *ethnogénie*, *hiérogénie*, etc.

Après avoir formé, par ces divers procédés, tous les mots dont j'avais besoin pour ma nomenclature, j'avais aussi à m'occuper de la manière dont on devait prononcer et écrire ceux que j'avais tirés de la langue grecque; car, parmi tant d'auteurs qui ont fait, comme moi, des emprunts à cette langue, il s'en est trouvé qui semblent avoir voulu se distinguer en adoptant des règles de prononciation ou d'orthographe, différentes de celles que les autres avaient suivies. Or, ce qui est surtout important dans la manière dont on prononce les noms tirés d'une langue étrangère, et dont on les écrit, c'est qu'on puisse à cet égard établir des lois générales qui, une fois convenues, préviennent toute confusion, et soient pour l'étymologiste un guide sûr dans ses recherches. Ces lois d'après lesquelles les sons et les articulations d'une langue sont rendus dans une autre, font partie de l'étude des rapports mutuels des différens langages, étude dont les résultats constituent une science à part, qu'on trouvera désignée sous le nom de *glossonomie* dans la seconde partie de cet ouvrage.

Mais ces lois ne sauraient être établies *à priori ;* elles doivent se borner à consacrer quel est l'usage le plus généralement suivi, tel qu'il est résulté des formes ordinaires de notre langue, et des circonstances qui l'ont enrichie de tant de mots empruntés à la langue grecque. Et pour commencer par une question qui est à la fois de prononciation et d'orthographe, on sait que dans presque tous les mots français tirés de cette langue où se trouvait un γ ou un κ, ces lettres ont été remplacées par le *g* et le *c* de notre langue, et ont pris devant les trois voyelles *e*, *i*, *y*, la première, le son de notre *j*, et la seconde, celui de notre *s*. Je ne connais d'exception qu'à l'égard du κ, dans un petit nombre de mots usités seulement dans les sciences médicales, où cette lettre a conservé son ancienne prononciation, et s'est écrite par un *k*, tels que kiste, ankylose, etc., et cela parce que ces mots ont été réellement empruntés aux Arabes, indépendamment de leur origine primitive. Mais dans tous les mots que nous avons reçus des Grecs, soit directement, soit par l'entremise des Latins, la loi générale dont nous parlions tout à l'heure a toujours été suivie; et ce serait à la fois une faute de prononciation et d'orthographe de remplacer, dans un mot que nous empruntons directement à la langue grecque, le κ de cette langue par un *k*, à moins qu'on ne voulût changer la manière dont on prononce et dont on écrit tant de mots déjà reçus dans notre langue; dire et écrire, par exemple, *enképhale*, *pharmakie*, *kinabre*, *kygne*, etc. A l'égard de la lettre γ, il serait superflu de faire des observations semblables; car on lui a donné le son du *j* devant *e*, *i*, *y*, dans tous les mots français tirés du grec, comme *géographie*, *physiologie*, *gynécée*, etc.; mais cette lettre est sujette à une autre difficulté.

On sait que, pour représenter les sons, appelés assez mal à propos sons nasaux, qui donnent aux langues où ils sont admis cette harmonie pleine et majestueuse qu'on trouve en français dans les mots *rampe*, *temple*, *constance*, etc., et qui disparaîtrait entièrement si l'on prononçait *râpe*, *tâple*, *constâce*, etc., les Grecs employaient tantôt la lettre ν, tantôt la lettre μ, tantôt la lettre γ, et qu'ils se servaient de cette dernière devant γ, κ, ξ, χ. Dans ce dernier cas, une des règles glossonomiques du passage, dans notre langue, des mots grecs où γ se trouve ainsi employé, est de remplacer cette lettre par *n*, comme le faisaient déjà les Latins. C'est en opposition à cette règle que quelques auteurs modernes ont imaginé d'écrire alors, à la place du γ grec, le *g* français, dont le génie de notre langue n'a jamais permis un pareil emploi. Pour qu'on pût admettre cette innovation, il faudrait qu'on commençât par écrire *agge*, *sygcope*, *évaggile*, *idiosygcrasie*, etc., au lieu de *ange*, *syncope*, *évangile*, *idiosyncrasie*, etc. Il est inutile de dire que je ne pouvais l'adopter, puisqu'elle était fondée sur l'oubli des lois relatives aux changemens qu'éprouvent constamment certaines lettres, quand un mot passe d'une langue dans une autre, et que, d'ailleurs, elle tendait, par l'influence que l'orthographe exerce à la longue sur la prononciation, à altérer cette dernière, de manière à y faire disparaître la distinction qu'il est si important de conserver pour éviter les équivoques entre les syllabes nasales et celles qui ne le sont pas.

Voici maintenant l'indication des caractères français par lesquels je crois qu'on doit représenter les caractères correspondans de la langue grecque, pour que, sans rien changer à l'usage le plus ordinaire, on puisse établir, à ce sujet, des lois générales qui préviennent l'inconvénient d'écrire, tantôt d'une manière et tantôt d'une autre, des syllabes identiques dans l'orthographe grecque.

1°. J'ai remplacé la diphthongue *αι* par un *e*, comme l'usage l'a fait dans les mots *Egypte*, *phénomène*, parce que l'*æ* n'appartient pas à l'alphabet français, et quoique d'autres personnes aient conservé la diphthongue grecque, et qu'ils aient écrit, par exemple, *étairion*, *phainogame*, etc.;

2°. La diphthongue *ει* sera remplacée par *i*; exemple : *Apodictique*, et non *apodeictique*; *sémiologie* et non *seméiologie*, comme on l'a fait dans *liturgie*, *ironie*, *empirique*, et autres dérivés;

3°. La diphthongue *œ* étant restée dans notre écriture, je l'ai employée dans tous les mots nouveaux qui avaient *οι* en grec;

4°. J'ai conservé l'*h* dans tous les mots affectés en grec de l'esprit rude:

5°. J'ai également conservé *th*, *ch* dans les mots, qui, en grec, s'écrivent par θ, χ; si ce n'est dans *mécanique*, où l'usage a depuis long-temps proscrit l'*h*;

6°. Dans les noms en ις, gén. εως, et ιος dans le dialecte ionien, l'euphonie m'a fait préférer ce dernier, comme j'y étais autorisé par l'exemple du mot *physiologie*, universellement adopté et formé du génitif ionien φύσιος, et non du génitif ordinaire φύσεως; mais dans les noms neutres en ος, de la même déclinaison, j'ai suivi l'analogie des composés grecs, tels que τειχολέτης, τευχοφορὸς, où εος contracté en ες a été tantôt élidé, tantôt changé en ο. On sait que cette substitution, dans la formation des mots composés, de la lettre ο, élidée ou contractée devant une voyelle, au lieu de la dernière syllabe des génitifs terminés par ς, est de règle générale dans la langue grecque; c'est ainsi qu'on y a formé les mots τεχνολογία, τεχνεργέω, χειρομαντεία, χειραγωγία, etc.

On ne sera pas surpris de ce que je suis entré dans les détails précédens, si on fait attention que la nomenclature est une partie essentielle de toute classification. Je crois qu'on ne le sera pas non plus, en lisant cet ouvrage, des discussions qu'on y trouvera fréquemment sur la place que doivent occuper, dans la classification naturelle des sciences, les vérités et groupes de vérités qui pourraient, à cet égard, présenter quelque difficulté. Ces discussions font une partie essentielle de la science même qui a pour objet de déterminer tout ce qui est relatif à cette classification; et je crois qu'il aurait été extrêmement avantageux pour les progrès des sciences naturelles, que tous ceux qui ont proposé, soit des classifications fondées sur la nature réelle des êtres, soit des changemens aux classifications existantes, eussent exposé avec le même soin les motiſs qui les avaient portés à adopter ces nouvelles classifications, ou à faire ces changemens aux classifications admises, au lieu d'énoncer seulement, comme on l'a fait trop souvent, les résultats d'un travail dont on négligeait de ſaire connaître les détails.

NOTE.

Pour épargner au lecteur l'embarras et la difficulté qu'il pourrait trouver à se procurer le numéro du Temps où se trouve l'article que j'ai cité page xxiv, j'ai cru devoir le réimprimer dans cette note, en rétablissant quelques réflexions faites à ma leçon, qui avaient été omises dans l'extrait qui en a été donné dans ce journal, et en modifiant une expression qui m'a paru devoir être changée.

« Le professeur fait remarquer qu'autre chose est de classer les objets mêmes de nos connaissances, comme le font les naturalistes et les chimistes, autre chose de classer ces connaissances elles-mêmes, et autre chose enfin de classer les faits intellectuels et les facultés de l'intelligence humaine.

» Dans la première de ces trois sortes de classifications, on ne doit avoir égard qu'à la nature des objets. Dans la seconde, c'est encore sur cette nature que repose principalement la classification, mais il faut y joindre de plus la considération des différens points de vue sous lesquels, d'après les lois de notre intelligence, ces objets peuvent être considérés. Dans la troisième, au contraire, ces points de vue deviennent un des caractères les plus essentiels de la classification ; les considérations dépendantes de la nature des objets, n'y doivent entrer que subsidiairement et seulement en tant que cette nature exige dans l'intelligence qui les étudie des facultés différentes.

» La pensée humaine, dit M. Ampère, se compose de phénomènes et de conceptions.

» Sous le nom de *phénomènes*, il comprend, 1°. tout ce qui est aperçu par la sensibilité, comme les sensations, les images qui subsistent après que les circonstances auxquelles nous devons ces sensations ont cessé, et les phénomènes formés par la réunion d'une sensation présente et d'une image de la même sensation reçue antérieurement, réunion à laquelle il donne le nom de *concrétion* ; 2°. ce qui est aperçu par la conscience que nous avons de notre propre activité, comme le sentiment même de cette activité qu'il nomme *émesthèse* (ἐμοῦ, αἴσθησις), la trace qu'en conserve la mémoire qu'il nomme *automnestie* (αὐτὸς, μνῆστις), et le phénomène formé par la réunion de l'émesthèse actuelle et des traces conservées par la mémoire de toutes les émesthèses passées, réunion qui est précisément la personnalité phénoménique. De là naît la différence qu'il établit entre les *phénomènes sensitifs* et les *phénomènes actifs*.

» Quant aux conceptions, il en distingue quatre sortes :

» I. Les conceptions primitives, inséparables des phénomènes, et qui sont, en quelque sorte, les formes sous lesquelles ils nous apparaissent, comme l'étendue et la mobilité pour les phénomènes sensitifs ; la durée et la causalité pour les phénomènes actifs.

» II. Les conceptions objectives, c'est-à-dire, pour les phénomènes sensitifs, l'idée que nous avons de la matière et des atomes dont elle est composée ; pour les phénomènes actifs, l'idée de la substance qui meut notre corps, et dans laquelle réside la pensée et la volonté, substance que nous reconnaissons d'abord en nous, et que l'analogie nous fait admettre dans nos semblables, et même dans tous les êtres animés. M. Ampère remarque, à ce sujet, que la première notion que nous avons eue de cette substance est celle qui résulte de cette propriété de mouvoir notre corps, et que c'est pour cela que le nom qu'elle porte, dans la plupart des langues, n'est qu'une métaphore de celui qui désigne le souffle ou le vent, c'est-à-dire, la cause motrice invisible. C'est encore pour cela que, dans l'enfance des sociétés, les hommes ont conçu des âmes partout où ils voyaient des mouvemens dont ils ignoraient la cause; que Jupiter roulait le tonnerre, qu'Apollon guidait le char du soleil, qu'Eole déchaînait les vents, et que les dryades faisaient croître les arbres des forêts.

» Les deux premières sortes de conceptions dont nous venons de parler sont indépendantes du langage, et il est même évident que ce grand moyen de développement de la pensée ne peut naître qu'après que l'enfant sait qu'il existe chez ceux qui l'entourent, comme en lui-même, une substance motrice qui pense et qui veut. C'est, au contraire, au langage que nous devons, en général, les deux autres sortes de conceptions dont nous allons maintenant nous occuper.

» III. Nous avons d'abord les conceptions que l'enfant acquiert par les efforts qu'il fait pour comprendre le langage de ses parens.

» Pour les phénomènes sensitifs, ce sont les conceptions que M. Ampère nomme *comparatives*, et auxquelles on donne communément le nom d'*idées générales*. Lorsque l'enfant entend donner une même épithète, celle de *rouge*, par exemple, à une fleur, à une étoffe, aux nuages colorés par le soleil couchant, l'envie qu'il a de comprendre le sens de ce mot, l'oblige à comparer ces divers objets, et lui fait découvrir en quoi ils se ressemblent. C'est l'acte par lequel il conçoit en quoi consiste cette ressemblance, qui laisse, dans sa mémoire, l'idée générale de *rouge*, qui s'associe à ce mot. De même, en entendant dire *égal*, *plus grand*, *plus petit*, *double*, *quadruple*, etc., il cherche à comprendre ce que ces mots signifient, et il conçoit les idées que M. Ampère nomme *idées mathématiques*.

» D'autres conceptions de même nature se rapportent aux phénomènes actifs. Ainsi, quand l'enfant entend prononcer les mots *sentir*, *désirer*, *juger*, *vouloir*, il cherche à concevoir ce qu'il y a de commun dans les états ou les actes de la pensée auxquels il entend donner le même nom, et de là les conceptions que plusieurs psychographes ont appelées avec raison *idées réflexives*, en prenant le mot *réflexion* dans le sens que Locke lui a attribué. Il en est de même des idées des rapports sociaux, du bien et du mal moral, du devoir, etc.

» Il convient de réunir sous une dénomination commune ces diverses espèces de conceptions appartenant à la même époque; celle de *conceptions onomatiques*, c'est-à-dire conceptions relatives aux mots, paraît préférable à toute autre.

» IV. Les conceptions de la dernière sorte enfin sont les conceptions explicatives, par lesquelles nous remontons aux causes, d'après l'étude comparée que nous faisons des phénomènes.

» Ce que la mémoire conserve d'une conception est identique à cette conception elle-même ; la même identité est si loin d'avoir lieu entre les sensations ou l'émesthèse, d'une part, les images ou l'automnestie, de l'autre, que les premières ne peuvent être prises pour ces dernières que dans le sommeil ou le délire. L'attribut de tout jugement est nécessairement une conception, le sujet en est une aussi toutes les fois que l'affirmation ou la négation ne se rapporte pas exclusivement à un phénomène individuel, sensitif ou actif.

» Il y a, dit M. Ampère, analogie évidente entre ces deux sortes de phénomènes, *sensitifs* et *actifs*, et les deux grands objets de toutes nos connaissances, le monde et la pensée, objets d'après lesquels nous avons établi notre première division, et formé les deux grands groupes ou règnes des sciences cosmologiques et noologiques. L'analogie n'est pas moins frappante entre les quatre sortes de conceptions, *primitives*, *objectives*, *onomatiques* et *explicatives*, et les quatre points de vue d'après lesquels chaque regne a été divisé en quatre embranchemens. Le premier, en effet, embrassant tout ce dont nous acquérons immédiatement la connaissance, correspond aux conceptions primitives; au second, qui s'occupe de ce qui est caché derrière ces apparences, répondent les notions objectives par lesquelles nous concevons, d'une part, la matière qui est comme cachée derrière les sensations, de l'autre, la substance motrice pensante et voulante qui l'est derrière les phénomènes relatifs à l'activité; le troisième, le point de vue troponomique, est celui dans lequel on compare les propriétés des corps ou les faits intellectuels pour établir des lois générales, et c'est aussi à des comparaisons que sont dues les conceptions onomatiques; le point de vue cryptologique enfin, repose sur la dépendance mutuelle des causes et des effets, qui est aussi l'objet des conceptions explicatives.

» Ici pourtant se présente une différence entre la classification naturelle des connaissances humaines et celle des faits intellectuels, différence que nous avons déjà fait pressentir, et qui consiste en ce que, dans la première, on doit commencer par la division fondée sur la nature des objets en deux règnes, qui se subdivisent chacun en quatre embranchemens d'après les quatre points de vue dont nous venons de parler, parce que, comme nous l'avons dit, c'est la distinction déduite de la nature des objets, qui est ici la plus importante; au lieu que, dans la classification des faits intellectuels, où la distinction, fondée sur la nature des conceptions, est plus importante que celle qui dépend de la nature de leurs objets, on doit d'abord partager l'ensemble de ces faits en quatre grandes divisions, dont la première s'occupe simultanément des phénomènes et des conceptions primitives; la seconde joint à cette étude celle des conceptions objectives; la troisième y ajoute les considérations relatives aux conceptions onomatiques, et enfin, la dernière a pour objet la nature et la génération des conceptions explicatives ; en sorte que la distinction, fondée sur la différence qui existe entre les phénomènes sensitifs et les phénomènes actifs, ne doit être employée qu'à subdiviser chacune de ces quatre grandes divisions en deux groupes ou systèmes de faits intellectuels. En effet, les phénomènes de la sensibilité et ceux de l'activité, ainsi que les conceptions qui se rapportent aux uns et aux autres, se développent parallèlement et par une action et réaction mutuelle ; d'où il résulte qu'on ne peut se faire une idée nette d'un de ces huit systèmes qu'en étudiant en même temps celui qui fait partie de la même division.

» Cette action et réaction mutuelle de la sensibilité et de l'activité est la base de l'*idéogénie*, quatrième partie de la psychologie, où l'on s'occupe de rechercher l'origine de toutes nos idées et de toutes nos connaissances.

» Avant de songer à expliquer un phénomène intellectuel, il faut d'abord donner une idée nette de ce phénomène et des différentes circonstances qu'il présente. C'est ce qu'a fait M. Ampère pour les différentes espèces d'idées, en joignant pour chacune les recherches *idéogéniques* aux déterminations *psychographiques*. Nous nous contenterons ici d'exposer ce qu'il a dit relativement aux idées sensibles.

» Par *idées sensibles*, il faut entendre les images qui nous retracent les sensations que nous avons éprouvées, et sur lesquelles nous avons réagi. C'est un fait d'observation intérieure que quand nous portons, par exemple, notre pensée sur les lieux que nous avons habités, il existe *actuellement* dans notre esprit une représentation de ces lieux où se retrouvent toutes les formes, les couleurs, etc., qu'on a remarquées dans les objets, sans toutefois que ces images de formes et de couleurs puissent être assimilées aux sensations : ce sont deux phénomènes différens. Dans l'état de veille, où en même temps qu'on a des *images* présentes à l'esprit, on a aussi des *sensations actuelles*, il n'arrive jamais qu'on prenne les unes pour les autres, si ce n'est dans le cas d'hallucination où l'ordre normal des phénomènes est troublé. Mais dans le sommeil, l'absence de sensations actuelles distinctes nous ôtant tout moyen de comparaison, nous prenons les *images* pour des sensations, nous croyons *voir* ce que nous ne faisons que *penser*.

» Il en est à cet égard de l'automnestie comme des idées sensibles, à cette exception près que dans l'état de veille l'automnestie est toujours concrétée avec l'émesthèse en une personnalité unique. Mais dans les rêves, lorsque le sommeil est complet, il n'y a pas plus d'émesthèse que de sensations, l'émesthèse étant le phénomène qui résulte de l'action de la substance motrice et pensante sur la partie des organes cérébraux qui lui est immédiatement soumise, et d'où cette action se propage par les nerfs destinés à cette propagation, comme les sensations sont les phénomènes produits dans la même substance par l'action des causes extérieures sur les organes des sens, lorsque cette action est communiquée au cerveau par les nerfs qui la lui transmettent. Dès lors, la seule personnalité phénoménique qui puisse se manifester dans les rêves, consiste dans la réunion des automnesties concrétées successivement avec les émesthèses des états de veille précédens, réunion qui nous apparaît comme une personnalité phénoménique actuelle, précisément comme nous prenons dans le sommeil les images des sensations passées pour des sensations actuelles.

» Il ne faut pas perdre de vue 1°. que lorsque déjà à demi-réveillé on cherche, par un effort sur soi-même, à se réveiller tout à fait, l'émesthèse se manifeste de nouveau dans cet effort, pour ne subsister que dans le cas où le réveil en résulte effectivement; 2o. que la personnalité phénoménique n'est qu'une des mille modifications, sensitives ou autres, qui peuvent coexister dans la substance motrice et pensante. Le caractère qui la distingue essentiellement des autres phénomènes, c'est d'avoir son origine dans l'action même produite par cette substance, au lieu de l'avoir dans une action extérieure, et c'est pourquoi l'émesthèse est le seul phénomène qui puisse être primitivement accompagné de la conception de causalité.

» L'origine des idées sensibles, considérée en général, se réduit à ceci, que le phénomène de la sensation n'a lieu que par la réunion de deux circonstances, une impression sur les organes des sens et une réaction sur cette impression, que M. Ampère nomme simplement *réaction*, quand elle se produit organiquement, indépendamment de la volonté, et *attention*, quand elle est volontaire. Dans l'image, l'impression n'existe plus, et c'est uniquement de la reproduction du mouvement cérébral de réaction que résulte cette image.

» Dans le cas de la simple *réaction*, quand l'image revient, sa reproduction est tout à fait indépendante de la volonté, ainsi qu'il arrive dans les rêves et dans cette sorte de souvenirs qu'on peut appeler souvenirs passifs. Quand, au contraire, il y a eu *attention*, le rappel de l'image dépend plus ou moins de notre volonté.

» Pour renfermer, dans un seul exemple, les deux cas principaux de la reproduction passive des idées sensibles, supposons que deux sensations ayant eu lieu à la fois, une même réaction les ait embrassées toutes les deux; qu'on ait vu, par exemple, un arbre au pied duquel un animal était couché, que quelque temps après on voie l'arbre de nouveau, l'animal n'y étant plus: l'habitude acquise par le cerveau de la première réaction sera cause qu'au lieu de celle qu'aurait déterminée la vue de l'arbre seul, il se reproduira en lui la réaction qui avait eu lieu sur l'arbre et l'animal, d'où la *double image* des sensations visuelles produites par ces deux objets. Il semble qu'il devrait résulter de cette *sensation* de l'arbre jointe à la *réaction* dont nous parlons, la *sensation* de l'arbre, et deux *images*, celle de l'arbre et celle de l'animal. Mais il n'en est pas ainsi ; l'expérience prouve que d'ordinaire, en ce cas, il n'y a réellement que deux phénomènes dont l'un nous offre l'arbre, et l'autre l'image de l'animal qui nous est retracée avec la connaissance du lieu qu'il occupait. Cela vient de ce qu'il n'y a pas une réaction sur *l'impression actuelle* de l'arbre, différente de cette *réaction reproduite* d'où résulte l'image de l'arbre et de l'animal; c'est parce qu'il y a une réaction unique que l'image et la sensation de l'arbre se confondent en un seul phénomène. C'est justement ce qui a lieu quand, sur un même point de la rétine, tombent à la fois une impression qui seule donnerait du rouge, et une autre qui seule produirait du bleu. Les deux impressions arrivant simultanément sur un même point de l'organe, ne peuvent donner lieu qu'à une seule réaction, d'où il résulte un phénomène unique qui est la sensation du violet.

» M. Ampère donne le nom de *commémoration* à l'image ainsi reproduite de l'animal absent, et celui de *concrétion* au phénomène qui, dans ce cas, nous représente l'arbre, phénomène dans lequel se trouvent *concrétées* la sensation actuelle de cet arbre et l'image de la sensation passée qu'on en a eue.

» Nous ne suivrons pas le professeur dans l'explication qu'il a donnée de la manière dont cette concrétion d'une sensation actuelle et de l'image d'une sensation passée semblable détermine le jugement par lequel nous reconnaissons l'arbre pour être le même que nous avons déjà vu; mais nous ferons remarquer avec lui que c'est par la concrétion qu'on doit expliquer une foule de phénomènes. Ainsi c'est par elle qu'on doit rendre compte d'un fait sur lequel l'illustre Laplace avait attiré l'attention de M. Ampère. Lorsqu'à l'Opéra on n'entend que les sons et non les mots, si on jette les yeux sur le libretto, on *entend* tout à coup ces mêmes mots, et avec une telle netteté, que si l'acteur a un accent particulier qu'on n'a pas même soupçonné, tant qu'on ne percevait que les sons, on s'en aperçoit tout à coup, et l'on peut reconnaître s'il est gascon ou normand; de sorte qu'il ne faut pas dire, ajoute M. Ampère, qu'au moyen du libretto on *sait* quels sont les mots prononcés, mais qu'on les *entend* réellement. Or, cela n'arrive que parce que les caractères imprimés rappellent, par commémoration, en vertu des habitudes acquises depuis qu'on sait lire, les images des mots, images qui se concrètent avec les sensations confuses que nous en avons en même temps, d'où résulte le phénomène d'articulation distincte, qui nous permet de reconnaître l'accent des chanteurs.

» C'est pour la même raison que, lorsque nous écoutons un homme, parlant dans une langue qui nous est tout à fait inconnue, nous ne distinguons nullement ce qu'il articule, tandis que s'il parle dans une langue qui nous est familière, nous percevons nettement tous les mots qu'il prononce, en raison de la concrétion qui a lieu entre les sensations présentes de sons et les images de ces mêmes sons que nous avons souvent entendus.

» C'est par ce phénomène de la concrétion, que M. Ampère explique les saillies et les creux qui nous apparaissent sur un tableau, quoiqu'il n'y ait réellement qu'une surface plane, couverte de diverses couleurs, mais où le peintre a reproduit les dégradations d'ombres et de lumières qui auraient lieu si les saillies et les creux existaient réellement. En effet, l'habitude a lié depuis long-temps, chez l'homme, les idées des formes, que le tact lui a fait découvrir dans les objets où les saillies et les creux existent réellement, avec ces dégradations d'ombres et de lumières, et leur vue lui retrace, par commémoration, ces idées de formes, lesquelles se concrètent avec des impressions qui, sans cela, n'auraient produit que le phénomène visuel d'une surface colorée, sans creux ni saillie, comme elle est réellement. C'est ce que M. Ampère a confirmé par une expérience, qui consiste à tracer, au simple trait, sur une surface plane, des losanges dont les angles soient de 60 et de 120°, ou bien des lignes parallèles, dont les extrémités sont jointes par des arcs de cercle.

» D'après les habitudes dont nous venons de parler, le premier de ces dessins nous offre des cubes, et le second les plis d'un rideau. Mais rien ne distingue, dans le premier cas, les angles en saillie de ceux qui doivent paraître en creux; rien n'indique, dans le second, si ces plis de rideau tournent leur convexité ou leur concavité du côté du spectateur. Alors, si on se figure que certains angles du premier dessin sont en saillie, ce qui met les autres en creux, on voit les cubes disposés de cette manière, et on continue à les voir ainsi jusqu'à ce que, par un autre effort d'imagination, on se figure, au contraire, les premiers en creux et les seconds en saillie.

» De même, dans le second dessin, si l'on s'imagine que les plis sont convexes, on les voit ainsi, et on continue de les voir jusqu'à ce que se figurant qu'ils sont concaves, on parvienne à les voir de cette manière.

» Tout cela évidemment ne peut avoir lieu que parce que, par le rappel volontaire des formes dont il est ici question, on a produit les idées qui se concrètent avec les sensations.

» Il n'y a personne qui n'ait remarqué le second fait à l'occasion des papiers peints qui représentent des tentures en draperies, et pour vérifier le premier, rien n'est plus aisé que de tracer sur un papier les losanges dont nous avons parlé. »

L'expression de *personnalité phénoménique* dont je viens de me servir, est celle que j'avais employée dans le travail dont j'ai parlé plus haut, pour indiquer la distinction qu'il est nécessaire d'établir entre ce phénomène, la substance même de l'âme et la conception que nous avons de cette substance; distinction analogue à celle qui a déjà été faite entre la sensation, le corps qui la produit, et la conception que nous avons de ce corps. Une distinction semblable doit encore être établie à l'égard de l'étendue et de la durée. Le ciel est à nos yeux une voûte bleue où les étoiles brillent comme autant de points lumineux, où le soleil est un disque plat et rayonnant, où les planètes sont tantôt stationnaires, tantôt animées d'un mouvement direct ou rétrograde, voilà l'*étendue phénoménique;* tandis que l'*étendue réelle* est un espace indéfini à trois dimensions, où les étoiles sont, comme le soleil, des globes beaucoup plus grands que la terre, où les planètes se meuvent toujours dans le même sens sur des orbites elliptiques; il y a enfin à signaler la *conception* même que nous avons de cette étendue réelle. Il faut de même distinguer la *durée phénoménique,* si rapide pour l'homme heureux, si lente pour celui qui souffre, soit de la *durée réelle* qui préside aux mouvemens des astres, que mesurent les instrumens inventés à cet effet, soit de la *conception* même que nous avons de cette durée.

Tant qu'il n'est question que des phénomènes, nous ne pouvons nous tromper dans les jugemens que nous en portons ; mais ces jugemens n'ont qu'une valeur subjective, tandis que les vérités objectives, les seules qui méritent le nom de vérité, consistent dans l'accord des rapports réels des êtres avec ceux que nous leur attribuons dans les conceptions que nous nous en formons.

TABLE

DES MATIÈRES CONTENUES DANS CE VOLUME.

PREMIÈRE PARTIE.

Pages.

Pages.

FIN DE LA TABLE.

ESSAI

SUR

LA PHILOSOPHIE
DES SCIENCES,

OU

EXPOSITION ANALYTIQUE D'UNE CLASSIFICATION NATURELLE DE TOUTES LES CONNAISSANCES HUMAINES.

INTRODUCTION.

CONSIDÉRATIONS GÉNÉRALES, BUT ET PLAN DE L'OUVRAGE.

§ Ier.

Des classifications en général, de leur utilité, et de ce qu'on doit entendre par classification des connaissances humaines.

Aussitôt que l'homme a acquis un certain nombre de notions sur quelque objet que ce soit, il est porté naturellement à les disposer dans un ordre déterminé, pour les mieux posséder, les retrouver, les communiquer au besoin. Telle est l'origine des classifications, qui non-seulement procurent à l'homme les avantages dont nous venons de parler, mais encore contribuent à augmenter la somme de ses connaissances relatives à chacun des objets dont il s'occupe, en l'obligeant à considérer cet objet sous différentes faces, et en lui faisant découvrir de nouveaux rapports, que, sans cela, il aurait pu ne pas apercevoir.

Il y a long-temps qu'on a senti combien une classification générale des sciences et des arts pouvait être utile, et l'on sait quels ont été sur ce sujet les travaux des Bacon, des d'Alembert et de tant d'autres. Mais ces tentatives n'ont pas eu le succès désiré, et l'on peut en assigner plusieurs causes. A l'époque de Bacon, il n'existait dans aucune science de classification fondée sur les véritables rapports de leurs objets, on n'avait pas même encore idée de ce qu'on nomme aujourd'hui une classification naturelle. Comme Bacon l'avait fait lui-même, ceux qui sont venus après lui n'ont cherché à classer que les groupes de vérités auxquels le caprice de l'usage avait donné des noms ; et ils n'ont pas senti la double nécessité soit de grouper d'abord toutes les vérités d'une manière rationnelle, soit d'imposer des noms nouveaux à chacun des groupes ainsi formés qui n'en avaient pas encore reçu. Enfin, on partait d'un principe choisi arbitrairement, d'après lequel on supposait qu'elles devaient être faites. Par exemple, le *Système figuré des connaissances humaines*, qui est à la tête de l'Encyclopédie, a pour principe, comme celui de Bacon, dont il est imité, de faire d'abord trois grandes divisions des sciences, correspondantes aux trois facultés auxquelles on avait cru, à cette époque, pouvoir réduire toute l'intelligence humaine; la mémoire, la raison et l'imagination. Pour que le résultat de ce travail pût être considéré comme une bonne classification, il faudrait du moins que les sciences les plus disparates ne fussent pas comprises dans une même division, et surtout que celles qui sont réellement rapprochées par de nombreuses analogies, ne se trouvassent pas, partie dans une division, partie dans une autre.

Or, il suffit de jeter les yeux sur ce *Système figuré*, pour voir, d'une part, l'histoire des minéraux, des végétaux, des animaux, des élémens, à côté de l'histoire civile, sciences entre lesquelles on n'aperçoit aucune analogie réelle; tandis que la minéralogie, la botanique, la zoologie et la chimie, qui se confondent avec les premières ou n'en diffèrent tout au plus que par le point de vue sous lequel les mêmes objets y sont considérés, se trouvent dans une autre des trois grandes divisions, réunies à la métaphysique, à la logique, à la morale et aux mathématiques; pour voir, d'autre part, la zoologie séparée de la botanique, par l'interposition entre ces sciences de l'astronomie, de la météorologie et de la cosmologie, qui sont à leur tour séparées des sciences physico-mathématiques par cette même zoologie.

Les classifications proposées depuis par divers auteurs ne présentent peut-être pas toujours des anomalies aussi singulières. Mais toutes offrent des rapprochemens dont il est difficile de deviner le motif, et séparent des sciences dont l'analogie est évidente. Il en est où la confusion est étrange. On trouve, par exemple, dans une classification toute récente, les mathématiques entre la chimie et l'anatomie; et la physique, qui a tant besoin des mathématiques, placée avant celles-ci, à la suite de la zoologie et de la botanique, par lesquelles elle est séparée de la minéralogie et de la géologie, liées à la physique par des rapports si intimes. Enfin, l'astronomie, qui est encore plus étroitement unie avec les mathématiques, dont elle n'est, pour ainsi dire, qu'une application, se trouve placée à la tête du tableau, comme la science *la plus simple de toutes, et la plus saisissable;* et voilà ce que l'auteur appelle *grouper les sciences en familles naturelles, de manière à passer facilement de l'une à l'autre et à n'avoir que peu de redites.*

Jusqu'à présent il n'y a que les classifications auxquelles on est parvenu en histoire naturelle, après tant de tentatives et d'essais malheureux, qui puissent soutenir un examen un peu sévère; et ce sont en effet celles qui devaient les premières atteindre un certain degré de perfection, parce que les objets qu'on y considère présentent des caractères déterminés avec précision, et dont le simple énoncé suffit pour définir les divers groupes qu'en forme le naturaliste ; au lieu que quand on entreprend de mettre de l'ordre dans cet immense ensemble de toutes les connaissances humaines, la première difficulté qui se présente, est de savoir ce qu'on doit précisément entendre par une *science*.

On distingue ordinairement les arts des sciences. Cette distinction est fondée sur ce que dans les sciences l'homme *connaît* seulement, et que dans les arts, il connaît et exécute ; mais si le physicien connaît les propriétés de l'or, telles que sa fusibilité, sa malléabilité, etc., il faut bien que l'orfèvre, de son côté, connaisse les moyens à employer pour le fondre, le battre en feuilles, ou le tirer en fil, etc. ; et dans les deux cas, il y a également *connaissance*. Il n'y a donc réellement, quand il s'agit de classer toutes les vérités accessibles à l'esprit humain, aucune distinction à faire entre les arts et les sciences : les premiers doivent, comme les secondes, entrer dans cette classification ; seulement les arts n'y entrent que relativement à la connaissance des procédés et des moyens qu'ils emploient, abstraction faite de l'exécution pratique, qui dépend de la dextérité de l'artiste, et non de l'instruction plus ou moins complète qu'il a acquise, suivant qu'il est plus ou moins *savant* dans son art.

Sous le rapport de la connaissance, tout art,

comme toute science, est un groupe de vérités démontrées par la raison, reconnues par l'observation ou perçues par la conscience, que réunit un caractère commun; caractère qui consiste soit en ce que ces vérités se rapportent à des objets de même nature, soit en ce que les objets qu'on y étudie y sont considérés sous le même point de vue.

Ainsi, la botanique est séparée de la zoologie par la nature des objets auxquels ces deux sciences sont relatives; elle est, au contraire, distinguée de l'agriculture, qui se rapporte comme elle aux végétaux, en ce que, dans la botanique, ils sont considérés sous le point de vue de la simple connaissance, et dans l'agriculture, sous celui de leur utilité et des procédés que nous employons pour les multiplier et en retirer les substances dont nous avons besoin.

L'agriculture nous offre un exemple de ces groupes de vérités relatives aux moyens dont nous nous servons pour atteindre un but déterminé, auxquels on a donné le nom d'art, par opposition aux sciences proprement dites, mais que, pour abréger, je comprendrai, comme ces dernières, sous le nom général de sciences, puisque ces deux sortes de groupes de vérités font également partie de l'ensemble de nos *connaissances*.

On peut dire que, dans la classification de toutes les connaissances humaines, le philosophe doit considérer les vérités individuelles comme le naturaliste considère les diverses espèces de végétaux et d'animaux. De même que celui-ci, pour classer les corps organisés, commence par réunir en genres les espèces les plus voisines ; qu'il rapproche ensuite dans une même famille les genres qui ont entre eux le plus d'analogie ; qu'il groupe à leur tour les familles en ordres, les ordres en classes, celles-ci en embranchemens, et les embranchemens en règnes ; de même le philosophe doit former successivement avec les vérités qu'il veut classer des groupes de différens ordres. Les groupes où se trouveront réunies les vérités qui ont entre elles les rapports les plus intimes, correspondront aux genres du naturaliste, et seront des sciences du dernier ordre. Elles se réuniront en sciences de l'ordre immédiatement précédent, comme les genres se réunissent en familles. De ces nouvelles sciences se formeront des sciences plus étendues qui correspondront aux ordres adoptés en histoire naturelle, et ainsi de suite, jusqu'à ce qu'on arrive à deux grandes divisions de vérités qu'on puisse comparer au règne végétal et au règne animal.

De même encore que la classification des espèces se compose, 1°. de la réunion des espèces en genres ; 2°. de la classification de ces genres ; ainsi, la classification de toutes les vérités que l'homme peut connaître se composera, 1°. de la réunion de ces vérités en sciences du dernier ordre, et 2°. de la classification de ces sciences.

Mais si, comme il arriva à l'égard des végétaux, lorsque Bernard de Jussieu eut formé ses familles naturelles de tous les genres alors connus, on avait déjà, à l'égard des connaissances humaines, réuni les vérités dont elles se composent en sciences plus étendues, correspondantes non aux genres, mais aux familles des plantes, il ne resterait plus qu'à classer ces dernières sciences comme le digne héritier du nom et du génie de ce grand botaniste acheva son ouvrage en classant lès familles naturelles.

Lorsque plusieurs sciences d'un certain ordre se trouvent ainsi comprises dans une science de l'ordre précédent, leur distinction peut provenir de ce que chacune d'elles n'embrasse qu'une partie des objets dont cette dernière étudie l'ensemble, ou bien de ce que ces sciences, en quelque sorte partielles, embrassent également tout cet ensemble, mais que chacune d'elles l'étudie sous un point de vue particulier. En réunissant, par exemple, sous le nom de zoologie toutes les vérités relatives à la connaissance des animaux, on dira, dans le premier cas, que la zoologie comprend la mammalogie, l'ornithologie, l'entomologie, etc.; et dans le second, qu'elle se compose de la zoographie, à laquelle s'est borné Buffon; de l'anatomie animale, objet des travaux de d'Aubenton; de l'anatomie comparée de l'illustre Cuvier, etc.; ces sciences embrassant également tout le règne animal, mais le considérant, la première sous le point de vue des formes extérieures et des mœurs des animaux, la seconde sous celui de leur organisation intérieure, la troisième sous le point de vue des lois générales de cette organisation, résultant de la comparaison de toutes les modifications qu'elle présente.

§ II.

Distinction entre les classifications naturelles et les classifications artificielles. — Caractère distinctif des premières, et conditions auxquelles elles doivent satisfaire.

On a distingué deux sortes de classifications : les naturelles et les artificielles. Dans ces dernières, quelques caractères choisis arbitrairement, servent à déterminer la place de chaque objet ; on y fait abstraction des autres, et les objets se trouvent par là même rapprochés ou éloignés souvent de la manière la plus bizarre. Dans les classifications naturelles, au contraire, on emploie concurremment tous les caractères essentiels aux objets dont on s'occupe, en discutant l'importance de chacun d'eux; et les résultats de ce travail ne sont adoptés qu'autant que les objets qui présentent le plus d'analogie se trouvent toujours les plus rapprochés, et que les groupes des divers ordres qui en sont formés, se trouvent aussi d'autant plus voisins qu'ils offrent des caractères plus semblables, de manière qu'il y ait toujours une sorte de passage plus ou moins marqué de chaque groupe au groupe qui le suit.

Par cela même que les classifications artificielles reposent sur des caractères dont le choix est arbitraire, on peut en imaginer à volonté. Mais ces différens systèmes qui se succèdent et s'effacent comme les flots de la mer, loin de contribuer au progrès des sciences, ne servent trop souvent qu'à y porter une confusion fâcheuse. Leur principal inconvénient est de disposer ceux qui les suivent à n'examiner dans les objets que ce qui se rapporte au mode de classification qu'ils ont adopté. C'est ainsi que les disciples de Linné ne tenaient souvent compte, dans leurs descriptions des végétaux et des animaux, que des caractères relatifs au système de leur maître. Au contraire, les classifications naturelles, précisément parce qu'elles emploient tous ceux qu'offrent les objets, exigent qu'on en considère toutes les faces, qu'on en étudie tous les rapports, et conduisent ainsi à la connaissance la plus complète qu'il soit donné à l'homme d'atteindre.

Mais cette nécessité même d'étudier à fond les objets dont on s'occupe, fait qu'à mesure qu'on découvre de nouveaux rapports, il faut modifier les classifications; modifications qui tendent de plus en plus à les rapprocher de la perfection, à laquelle elles ne pourraient parvenir. que si l'homme n'ignorait rien de tout ce qui est relatif aux objets classés. On ne doit donc pas s'étonner de ce que, occupé depuis trois ans d'une classification naturelle des sciences, j'ai fait de nombreux changemens à cette classification. Il serait tout à fait inutile que j'essayasse de retracer ici tous les motifs qui m'ont déterminé à ces divers changemens.

Ce sera au lecteur à juger si, en classant toutes les vérités dont se composent nos connaissances, je suis parvenu à les disposer de manière que chacune d'elles fût la plus rapprochée possible de celles avec lesquelles elle a le plus d'analogie, et si j'ai satisfait en même temps à d'autres conditions qui sont particulières à la classification naturelle des sciences, et dont je parlerai tout à l'heure. Je me bornerai ici à remarquer combien la marche de celui qui cherche à faire une classification vraiment naturelle, diffère de la marche suivie par l'auteur d'une classification artificielle. Ce dernier, maître des caractères d'après lesquels il l'établit, choisit d'abord ceux des premières divisions, et ensuite ceux d'après lesquels il forme leurs subdivisions successives; l'autre, au contraire, doit commencer par les dernières subdivisions, composées d'individus moins nombreux, et dont les analogies sont plus frappantes et plus aisées à déterminer. En réunissant celles de ces subdivisions qui se rapprochent le plus, il établit les divisions de l'ordre précédent, et n'arrive ainsi qu'en dernier lieu aux grandes divisions par lesquelles le premier avait commencé. Ce n'est qu'après ce travail qu'il doit chercher à déterminer les caractères par lesquels il définira chaque groupe, de même que ce ne fut qu'après la distribution en familles naturelles, faite par Bernard de Jussieu, des genres déjà formés par Linné et ses prédécesseurs, qu'on dut s'occuper de la classification de ces familles, et chercher dans le nombre des cotylédons, dans l'insertion des étamines, dans la présence ou l'absence de la corolle, les caractères d'après lesquels on devait définir les groupes composant cette classification.

§ III.

Caractère particulier à la classification naturelle des sciences. — De l'ordre général qui doit y être suivi.

D'après ce que nous avons dit plus haut, les deux principaux moyens de caractériser une science et de fixer les limites qui la séparent de toutes les autres, sont, d'une part, la nature des objets qu'on y étudie ; de l'autre, le point de vue sous lequel on considère ces objets. Ce n'est qu'en combinant ces deux moyens de définition et de classification, qu'on peut espérer de trouver l'ordre dans lequel elles s'enchaînent le plus naturellement, et les réunir en groupes de différens ordres, d'après leurs véritables analogies.

Il semble d'abord que la nature des objets devrait seule être consultée ; mais si c'est à ces objets que se rapportent les vérités qu'on a à classer, ces vérités sont conçues par l'intelligence humaine : les sciences sont faites par l'homme et pour l'homme, et de là la nécessité d'avoir égard aux divers points de vue dont nous venons de parler. C'est pour cela aussi qu'il y a deux sortes de caractères auxquels on peut reconnaître si une classification générale des connaissances humaines est vraiment naturelle ; tandis qu'il n'y en a qu'une sorte, ceux qui dépendent de la nature des objets, lorsque ce sont les êtres eux-mêmes qu'il s'agit de classer.

Quant à la première sorte de caractère, on reconnaîtra que les sciences sont effectivement classées comme elles doivent l'être, lorsque, excepté dans le cas où la nature même de la science exige une distribution différente, les groupes qu'on aura formés avec les vérités dont elles se composent, correspondront aux groupes qu'on aurait formés avec les objets eux-mêmes, s'il n'avait été question que de la classification de ces derniers ; et lorsque l'ordre dans lequel ces groupes sont rangés correspond de même à l'ordre naturel des objets. Mais relativement à la seconde espèce de caractère, il faudra en outre que l'on trouve en général réunies dans un même groupe les sciences dont les mêmes hommes s'occupent ; cette circonstance indiquant entre elles une analogie réelle. Il faudra aussi qu'elles soient disposées dans un ordre tel qu'un homme qui voudrait en parcourir toute la série, les trouve rangées à la suite les unes des autres, de manière qu'en les suivant dans cet ordre, il n'ait jamais besoin, du moins autant que cela est possible, d'avoir recours, pour l'étude d'une science, à d'autres connaissances qu'à celles qu'il aurait acquises en étudiant les sciences précédentes. Satisfaire à cette condition c'est faire à l'égard des sciences ce que M. de Jussieu a fait à l'égard des végétaux, en en commençant l'ordre naturel par ceux dont l'organisation est la plus simple, et en l'élevant graduellement à ceux dont l'organisation devient de plus en plus compliquée. Depuis, on a jugé préférable de renverser cet ordre, en commençant par ces derniers. L'une et l'autre méthodes peuvent être également suivies, lorsqu'il s'agit de la classification naturelle des êtres organisés ; mais on ne peut balancer quand il est question de celle des connaissances humaines ; puisqu'en commençant par les sciences qui reposent sur un plus petit nombre d'idées et de principes, celui qui les étudie n'a besoin, pour comprendre successivement chacune d'elles, que des connaissances qu'il a déjà acquises ; au lieu que, s'il voulait commencer par les plus compliquées, il lui faudrait continuellement recourir à des connaissances qu'il n'a pas encore.

C'est cette idée qui m'a guidé dans les premiers essais de mon travail, bien avant que je pusse soupçonner le développement qu'il prendrait. Je vis alors que dans toute classification vraiment naturelle des sciences, c'est par celles qu'on réunit ordinairement sous le nom de mathématiques, que l'on devait commencer ; parce que ces sciences, comparativement aux autres, ne se composent que d'un petit nombre d'idées qui dérivent toutes des notions de grandeur, d'étendue, de mouvemens et de forces, et parce qu'on peut les étudier sans rien emprunter aux autres sciences.

Aux mathématiques doivent succéder les sciences où l'on s'occupe des propriétés inorganiques des corps, celles-ci n'ayant, comme on sait, de secours à réclamer que des mathématiques. On doit placer ensuite toutes les sciences où l'on étudie les êtres vivans, le naturaliste et le médecin ayant souvent besoin de recourir aux sciences mathématiques et physiques; tandis que le mathématicien n'a jamais, et que le physicien n'a que bien rarement à emprunter quelques données aux sciences naturelles.

Mais l'ensemble de ces sciences qui nous font connaître le monde et les êtres organisés qui l'habitent, ne renferment qu'une moitié des vérités que nous avons à classer; car parmi ces êtres organisés qui peuplent la surface de la terre, il en est un qui doit nous intéresser et nous occuper à lui seul autant que le reste de l'univers : c'est l'homme lui-même, dont l'étude est si importante pour nous. De là toute la série des sciences philosophiques, morales et politiques.

L'étude de l'homme ne doit venir qu'après celle du monde et de la nature; car de même que nous nous servons de l'œil sans connaître sa structure et la manière dont s'opère la vision, de même le mathématicien, le physicien, le naturaliste peuvent se passer, dans leurs travaux, de l'étude philosophique des facultés qu'ils emploient à mesurer l'univers, à observer et à classer les faits relatifs à tous les êtres qu'il renferme. Tandis que c'est dans une connaissance au moins générale des sciences mathématiques, physiques et naturelles, que le philosophe trouvera des matériaux pour étudier les facultés de l'intelligence humaine, dont ces sciences mêmes sont le plus beau produit; c'est là qu'il voit les méthodes qui ont conduit l'esprit humain à la découverte de toutes les vérités dont elles se composent. Et d'ailleurs, dans ses recherches sur la nature des facultés intellectuelles et morales de l'homme, que de secours ne doit-il pas tirer de la connaissance physiologique de notre organisation, qui fait partie des sciences naturelles.

Alors il est temps d'étudier les moyens par lesquels les hommes se transmettent leurs pensées, leurs sentimens, leurs passions, etc. Ici vient se placer l'étude des langues, de la littérature et des arts libéraux, en comprenant parmi ces derniers, dans un rang à part, le premier de tous, celui d'instruire les hommes en les guidant dès leur jeunesse dans la route de la vertu et de la science. Sans doute le philosophe a besoin du langage pour fixer ses idées, pour déterminer les rapports qui existent entre elles et les signes qui les représentent; mais il en fait alors usage comme le mathématicien des méthodes de raisonnement, sans qu'il soit nécessaire qu'ils aient l'un ni l'autre examiné la nature des instrumens dont ils se servent. Au contraire, on ne peut se livrer à une étude approfondie des moyens par lesquels l'homme communique à ses semblables des pensées, des sentimens, des passions, etc., sans connaître ses facultés intellectuelles et morales, les différens sentimens qu'il peut éprouver, la manière dont il acquiert et combine ses idées, etc.

A l'étude des langues, à celle des lettres et des arts libéraux doit en succéder une autre, c'est l'étude des sociétés humaines et de tout ce qui se rapporte, soit aux faits relatifs à leur existence passée ou actuelle, soit aux institutions qui les régissent.

Ainsi se trouve réalisé le caractère, dont nous parlions tout à l'heure, du passage de chaque science à une science voisine. Car comment ne pas voir l'analogie qui existe entre les mathématiques et les sciences relatives aux propriétés inorganiques des corps ? entre ces sciences et celles qui ont pour objet les êtres organisés, entre ces dernières et l'étude des facultés humaines ? Enfin, de cette étude à celle des langues, de la littérature et des arts libéraux; et de celles-ci aux sciences sociales, la liaison n'est-elle pas également évidente ?

§ IV.

Avantages d'une classification naturelle des connaissances humaines.

Les nombreux essais qu'on a faits jusqu'ici pour classer les sciences, prouvent combien l'on sentait l'importance d'une telle classification. J'ai dit plus haut pourquoi ces tentatives ont eu en général si peu de succès, pourquoi elles ont si peu servi aux progrès des sciences. Mais il n'en serait pas ainsi d'une classification fondée sur la nature même des choses et de l'intelligence humaine, elle présenterait de grands avantages, dont plusieurs frappent au premier aperçu.

Tout le monde voit qu'une classification vraiment naturelle des sciences devrait servir de type pour régler convenablement les divisions en classes et sections, d'une société de savans qui se partageant entre eux l'universalité des connaissances humaines, voudraient que sciences mathématiques, physiques, morales et politiques, histoire, procédés des arts, etc., rien ne fût étranger à leurs travaux.

Qui ne voit également que la disposition la plus convenable d'une grande bibliothèque, et le plan le plus avantageux d'une bibliographie générale ou même d'un catalogue de livres plus restreint, serait encore le résultat d'une bonne classification de nos connaissances? que c'est à elle d'indiquer la meilleure distribution des objets d'enseignement et le nombre des cours, soit dans les établissemens destinés à l'instruction commune, soit dans les écoles supérieures?

Et si l'on voulait composer une encyclopédie vraiment méthodique où toutes les branches de nos connaissances fussent enchaînées, au lieu d'être dispersées par l'ordre alphabétique, dans un ou plusieurs dictionnaires, le plan de cet ouvrage ne serait-il pas tout tracé dans une classification naturelle des sciences? Quel avantage pour l'auteur de pouvoir éviter la confusion et les redites, et pour le lecteur de trouver ces sciences tellement graduées, qu'il n'eût, autant qu'il est possible, jamais besoin, pour comprendre celle qu'il étudie, de recourir à celles qui viennent après?

Il est d'autres avantages peut-être moins apparens, mais non moins réels. On sait comment, en général, les sciences se sont faites : trop souvent le hasard a présidé à leur formation. Ceux qui ont cherché à réunir les vérités relatives à un objet pour en former des sciences, n'ont pas toujours su ou embrasser cet objet, ou s'y borner; ils ont rarement songé à chercher les rapports des vérités dont ils s'occupaient, avec l'ensemble des connaissances humaines. De là tant de sciences dont les limites sont mal tracées; par exemple, pour séparer l'algèbre de l'arithmétique, au lieu de s'attacher au caractère essentiel fondé sur la nature même des opérations, qui ne change réellement que lorsqu'on arrive aux équations, on n'a eu égard qu'à un caractère artificiel, la différenee des signes par lesquels les grandeurs sont représentées. De même la cristallographie a été mal à propos associée à la minéralogie; car, concernant également tous les corps, produits de la nature ou de l'art, qui présentent des formes déterminées, c'est une science purement géométrique, et qui ne s'applique à la minéralogie, bornée aux corps que la nature nous offre tout formés, que comme les autres branches des mathématiques s'appliquent elles-mêmes aux sciences physiques et naturelles. La minéralogie, de son côté, que l'usage réunit à la botanique et à la zoologie, sous le nom d'histoire naturelle, ne doit réellement être considérée que comme une partie de la géologie, ainsi que je le ferai voir en son lieu; dans les sciences médicales, les limites qui en séparent les diverses parties ont été fixées arbitrairement, et quelquefois même entièrement méconnues; on est allé, par exemple, jusqu'à prendre la matière médicale et la thérapeutique pour une seule et même science, comme si connaître les propriétés générales des médicamens était la même chose que de savoir les appliquer convenablement à chaque maladie. La confusion est plus grande encore dans les sciences philosophiques : les divers noms donnés à leurs subdivisions ont été pris dans des acceptions toutes différentes, selon les systèmes divers des auteurs; en sorte, par exemple, qu'une science qui, selon les uns, n'est qu'une branche d'une autre, devient, suivant d'autres philosophes, la science générale dont cette dernière fait partie.

On verra, quand je parlerai des sciences médicales et philosophiques, la manière dont j'ai circonscrit chacune de leurs subdivisions, et les raisons qui m'ont déterminé dans le choix des caractères distinctifs par lesquels je les ai définies. Celui qui entreprend une classification générale des connaissances humaines, doit planer en quelque sorte au-dessus de ce vaste ensemble, en bien démêler les parties, et assigner à toutes leur rang et leurs véritables limites; s'il est assez heureux pour être à la hauteur d'une telle entreprise, il produira un travail véritablement utile, où le lecteur pourra voir clairement l'objet et l'importance relative de chaque science, et les secours qu'elles se prêtent mutuellement.

C'est ce que je me suis efforcé de faire; et pour qu'on puisse apprécier mon travail, ou du moins avant qu'on ne condamne les réformes qu'il m'a paru nécessaire d'introduire, soit dans les noms des sciences, soit dans les coupes que j'ai établies entre elles, je désire qu'on daigne peser les motifs qui m'ont déterminé à les proposer.

Une distribution plus naturelle des sciences, si elle était admise dans l'enseignement public, contribuerait certainement à le rendre plus méthodique et même plus facile à comprendre. Si j'ai atteint mon but, celui qui se proposerait de faire un cours sur une partie quelconque des connaissances humaines, ou de l'exposer dans un traité, trouverait dans la manière dont j'ai divisé les sciences du premier ordre en sciences du second et du troisième, une sorte de plan tout fait, pour disposer dans l'ordre le plus naturel les matières qu'il doit traiter dans son cours ou dans son ouvrage. Voudrait-il embrasser tout l'ensemble d'une science du premier ordre, il verrait qu'il doit le distribuer en autant de parties séparées que cette science en contient du troisième. S'il voulait, au contraire, se borner à une science du second, les sciences du troisième ordre qui y sont renfermées lui donneraient encore une division naturelle de son ouvrage. Mais c'est surtout dans ces établissemens où l'enseignement supérieur est partagé entre plusieurs professeurs isolés, que cette meilleure distribution des sciences serait utile, pour que rien ne fût omis, et que chaque cours fût renfermé dans ses limites naturelles.

L'ouvrage qu'on va lire n'est que le programme d'un traité de mathésiologie plus complet, que j'aurais publié, à la place de cet Essai, si le temps m'eût permis de l'écrire. Alors, j'aurais eu soin, en parlant de chaque science, de ne pas me borner à en donner une idée générale : je me serais appliqué à faire connaître les vérités fondamentales sur lesquelles elle repose ; les méthodes qu'il convient de suivre, soit pour l'étudier, soit pour lui faire faire de nouveaux progrès ; ceux qu'on peut espérer suivant le degré de perfection auquel elle est déjà arrivée : j'aurais signalé les nouvelles découvertes, indiqué le but et les principaux résultats des travaux des hommes illustres qui s'en occupent ; et quand deux ou plusieurs opinions sur les bases mêmes de la science partagent encore les savans, j'aurais exposé et comparé leurs systèmes, montré l'origine de leurs dissentimens, et fait voir comment on peut concilier ce que ces systèmes offrent d'incontestable.

C'est ce que j'ai essayé de faire au collége de France, où, chargé du cours de physique, j'ai senti la nécessité de montrer les rapports de cette science avec les sciences voisines. Le grand intérêt qu'offraient ces rapprochemens m'a entraîné plus loin, et j'ai conçu le plan d'un cours ou d'un ouvrage spécial, dont je ne publie ici qu'une esquisse; mais qui, s'il existait, ne serait certainement pas sans influence sur les progrès ultérieurs des sciences.

Et celui qui s'intéresse à ces progrès, et qui, sans former le projet insensé de les connaître toutes à fond, voudrait cependant avoir de chacune une idée suffisante pour comprendre le but qu'elle se propose, les fondemens sur lesquels elle s'appuie, le degré de perfection auquel elle est arrivée, les grandes questions qui restent à résoudre, et pouvoir ensuite, avec toutes ces notions préliminaires, se faire une idée juste des travaux actuels des savans dans chaque partie, des grandes découvertes qui ont illustré notre siècle, de celles qu'elles préparent, etc., c'est dans le cours ou dans l'ouvrage dont je parle que cet ami des sciences trouverait à satisfaire son noble désir.

Il pourrait ensuite, et sans études spéciales,

s'intéresser également aux discussions qui partagent les diverses écoles en histoire naturelle, en médecine, en philosophie, en littérature, en politique, etc.; comprendre et apprécier jusqu'à un certain point ce qu'il entend dans une séance académique, ce qu'il lit dans un journal ou dans un compte rendu des travaux d'une société savante; et lorsqu'il aurait le bonheur de se trouver avec ces hommes qui ont jeté un si grand éclat dans les sciences, retirer plus de fruit de leurs conversations instructives et profondes.

Enfin, les membres eux-mêmes de ces sociétés, quelquefois étrangers aux travaux de leurs confrères, se plairaient peut-être à trouver dans l'ouvrage dont je parle tout ce qui leur serait nécessaire pour écouter avec plus d'intérêt les savantes communications des membres, soit d'une même classe, soit surtout d'une classe différente.

§ V.

Plan de cet ouvrage.

Si, pour conduire le lecteur aux résultats auxquels je suis parvenu, je voulais tracer ici la route que j'ai suivie moi-même, je ne lui offrirais qu'un chaos de tentatives d'abord infructueuses, de fréquens retours sur mes pas. Je dois cependant m'en rapprocher autant qu'il me sera possible, pour présenter mes idées dans l'ordre le plus naturel. Voici, pour cela, la marche que je suivrai.

Je m'occuperai d'abord des groupes formés de vérités qui, se ressemblant à la fois par la nature de l'objet et le point de vue sous lequel il est considéré, me paraissent correspondre aux familles naturelles des végétaux et des animaux. C'est à ces groupes que je donnerai le nom de sciences du troisième ordre.

a. Je parcourrai successivement ces sciences; je les définirai en indiquant l'objet auquel elles se rapportent, et le point de vue sous lequel cet objet y est considéré; et lorsque la limite entre une d'elles et les sciences voisines ne résultera pas immédiatement de cette indication, j'insisterai sur les caractères d'après lesquels cette limite doit être tracée. C'est à cette occasion que, quand l'usage aura établi une distinction qui ne me paraîtra pas fondée sur la nature des choses, j'exposerai les motifs qui m'ont déterminé à la changer.

b. Mais si je parcourais ainsi, sans interruption, toute la série des sciences du troisième ordre, je n'offrirais au lecteur qu'une énumération sans fin, qui lui ferait perdre de vue des rapports que je veux lui faire saisir. Dès que j'aurai examiné toutes les sciences du troisième ordre relatives à un même objet spécial considéré sous tous ses points de vue, je m'arrêterai un instant pour former, de leur ensemble, une science du premier ordre. Et comme parmi les sciences du troisième ordre comprises dans une science du premier, les unes contiendront des vérités qu'on trouve par une étude directe des objets considérés en eux-mêmes, les autres des vérités qui résultent de l'observation et de la comparaison des changemens que ces mêmes objets éprouvent en différens lieux et en différens temps, observation et comparaison d'où l'on déduit des lois qui conduisent elles-mêmes à découvrir les causes des faits observés, je diviserai chaque science du premier ordre en deux sciences du second, entre lesquelles se partageront les sciences du troisième ordre, comprises dans celles du premier ; l'une pour ainsi dire élémentaire, l'autre donnant sur l'objet en question les connaissances les plus approfondies auxquelles les hommes aient pu parvenir.

Pour continuer de rapporter ma classification des sciences à celles des végétaux et des animaux qui sont bien connues, je dirai que dans cette classification les sciences du premier ordre correspondent aux classes, et celles du second à ces divisions intermédiaires entre les classes et les familles auxquelles Cuvier a donné le nom d'*ordres* dans son Tableau du règne animal.

Quoique chaque science du premier ordre ait son objet spécial, on peut considérer cet objet comme un simple point de vue d'un objet plus général ; et alors toutes les sciences du premier ordre relatives à un même objet général formeront un groupe plus étendu de vérités, et les groupes ainsi composés correspondront aux *embranchemens* que ce grand naturaliste a établis entre les règnes et les classes.

a. Mais pour réunir en embranchemens les sciences du premier ordre, il ne suffit pas qu'elles soient déterminées par les définitions individuelles des sciences du troisième ordre qu'elles comprennent; il faut qu'elles soient définies elles-mêmes indépendamment des sciences qu'elles renferment; que leurs caractères propres soient tracés, et que les limites qui les séparent des sciences voisines soient fixées avec précision. C'est de ce travail que je m'occuperai d'abord.

b. Ensuite, pour ne pas tomber dans l'inconvénient que j'ai déjà signalé page 25, dès que j'aurai examiné les sciences du premier ordre relatives au même objet général, je m'arrêterai un instant pour opérer leur réunion en embranchemens.

Un embranchement résultera pour moi de toutes les sciences du premier ordre qui se rapporteront à un même objet général considéré sous tous les points de vue possibles. Mais comme nous verrons qu'il y a, d'un coté, de ces sciences où l'objet général sera étudié en lui-même; de l'autre, des sciences où l'objet sera considéré dans ses rapports de changemens et de causalité, il s'ensuivra que chaque embranchement devra être partagé en deux sous-embranchemens, entre lesquels se distribueront les diverses sciences du premier ordre relatives à un même objet général.

Enfin, comme toutes les vérités que l'homme

peut connaître se rapportent en définitive à deux objets plus généraux encore, le MONDE matériel et la PENSÉE,

A. Je m'occuperai d'abord des embranchemens relatifs au premier de ces grands objets, pour les classer, les définir, et fixer par des caractères précis les limites qui les séparent les uns des autres.

B. Quand j'aurai passé en revue tous ces embranchemens, je les réunirai en un groupe d'un ordre supérieur, auquel je donnerai le nom de règne des SCIENCES COSMOLOGIQUES, de κόσμος, *monde*, et λόγος, *discours*, *connaissance*.

Je ferai ensuite une second travail tout semblable au premier, sur les embranchemens des sciences relatives à la pensée humaine, aux sociétés que l'homme a formées sur la terre, aux institutions qui les régissent, etc., et j'obtiendrai ainsi un second groupe de vérités auquel je donnerai le nom de règne des SCIENCES NOOLOGIQUES, de Νόος, *pensée*; en admettant avec les philosophes des écoles les plus opposées, depuis Descartes jusqu'à Condillac, que ce mot *pensée* comprend dans son acception toutes les facultés de l'entendement et toutes celles de la volonté.

Chacun de ces règnes sera à son tour divisé en deux sous-règnes. Les sciences cosmologiques contiendront, dans leur premier sous-règne, toutes les vérités relatives à l'ensemble inorganique du monde; et, dans le second, toutes celles qui se rapportent aux êtres organisés. Le premier sous-règne des sciences noologiques aura pour objet l'étude de la pensée et des moyens par lesquels les hommes se communiquent leurs idées, leurs sentimens, leurs passions; tandis que le second s'occupera des sociétés humaines et des institutions qui les régissent.

Je remarquerai ici que la détermination des divers points de vue sous lesquels un objet, soit spécial, soit général, peut être étudié, donne lieu à des considérations qui jettent une grande lumière sur ma classification. Elles en lient entre elles toutes les parties, en font saisir les rapports et la dépendance mutuelle, et en sont en quelque sorte la clef. Mais, comme cette classification en est indépendante, qu'elle était même presque achevée lorsque je me suis aperçu qu'on pouvait l'en déduire, je les ai rejetées à la fin de chaque paragraphe, sous le titre d'*observations*, et imprimées en plus petits caractères, pour avertir le lecteur qu'elles ne sont pas indispensables à l'intelligence du reste de mon ouvrage.

Dans ma classification, je ne suis descendu que jusqu'aux sciences qui me semblent correspondre aux *familles* des naturalistes. Si j'avais tenté d'en venir jusqu'à ce qu'on peut considérer comme des *genres* ou des *sous-genres* de vérités; si j'avais, par exemple, divisé la zoologie en autant de sciences différentes qu'il y a dans le règne animal d'*embranchemens* ou de *classes*; si, dans l'histoire, j'avais voulu poursuivre toutes les subdivisions possibles, celles des diverses époques et des divers pays, et en venir jusqu'à l'histoire spéciale d'une petite contrée, d'une ville, d'une institution, d'une science, d'un homme, etc., je me serais jeté dans des détails infinis et sans aucun avantage réel.

Il est encore un objet sur lequel je dois appeler l'attention du lecteur : ce sont les noms par lesquels j'ai désigné les sciences des divers ordres. Loin de chercher dans les désinences de ceux que j'ai employés une symétrie qui, toujours conforme aux divisions de la classification, n'eût indiqué rien de plus que ce qu'expriment ces divisions elles-mêmes, j'ai fait en sorte, quand j'ai été obligé d'établir des dénominations nouvelles, d'indiquer, par le choix des mots, les modifications qu'éprouvent, d'après la nature des objets, les caractères mêmes sur lesquels repose ma classification. Toutes les fois que les noms consacrés par l'usage s'accordaient avec les limites que j'avais jugé nécessaire d'assigner aux diverses sciences, je les ai religieusement conservés ; quand des auteurs, faute d'avoir embrassé tout l'ensemble d'une science, et ne se proposant que d'en traiter une partie, ont donné à cette partie le nom qui aurait convenu à l'ensemble, et quand l'usage, en adoptant ce nom, a consacré cette restriction souvent peu rationnelle, j'ai cru qu'il valait encore mieux conserver ce nom et en étendre la signification, que d'en imaginer un nouveau.

Mais lorsque j'ai rencontré des sciences encore sans nom, et pour lesquelles notre langue ne me fournissait aucune périphrase qui pût les désigner, j'ai bien été forcé de leur en donner, comme Linné, Bernard de Jussieu et tous les auteurs de classifications quelconques, ont été obligés d'en faire pour les diverses divisions, classes, ordres, familles, qu'ils établissaient. On a vu dans la Préface d'après quels principes j'ai dérivé tous les termes nouveaux de la langue grecque; quant aux sciences elles-mêmes auxquelles j'ai donné ces noms, je ne me flatte point de les avoir inventées; elles existaient déjà réellement, puisque la plupart avaient été l'objet de nombreux ouvrages; et, pour n'en citer qu'un exemple, avant que j'eusse donné le nom de cinématique à la science que j'appelle ainsi, ne se trouvait-elle pas, du moins en partie, dans ce qu'a écrit Carnot sur le mouvement géométrique, et dans le Traité sur la composition des machines de Lanz et Bétancourt?

Que s'il n'existe pas encore de traité complet sur cette science et sur plusieurs autres, peut-être me saura-t-on gré d'avoir indiqué des lacunes à combler, des travaux à entreprendre ou à achever; et, si j'en crois un pressentiment qui m'est cher, j'aurai peut-être indirectement donné naissance à de nouveaux ouvrages spéciaux qui ne pourront manquer de répandre de plus en plus les sciences et leurs salutaires effets; et ce ne sera pas à mes yeux un des moindres bienfaits de la mathésiologie. C'est sous ce nom formé du mot grec μάθησις, *enseignement*, que j'ai désigné dans ma classification une science dont cette classification elle-même est la base, et qui a pour objet, non-seulement de classer toutes les connaissances humaines, comme les naturalistes classent les végétaux et les animaux, mais encore de déduire de leurs rapports mutuels les lois générales de la manière dont elles doivent être enseignées, pour que celui qui les étudie puisse tirer un jour de ce qu'il aura appris le plus grand parti possible, pour que son intelligence se fortifie en même temps qu'elle s'enrichit, et qu'il apprenne à déduire des sciences qu'il aura cultivées toutes les applications qu'il peut être dans le cas d'en faire. Ce n'est qu'après avoir long-temps médité sur la nature et les rapports mutuels de nos connaissances, qu'on peut bien juger des avantages et des inconvéniens des diverses méthodes d'enseignement, ainsi que des perfectionnemens dont elles sont susceptibles, et comprendre tout ce qu'il reste à faire à cet égard. Si j'éprouve un regret en publiant mon ouvrage, c'est que les limites dans lesquelles j'ai été obligé de le restreindre ne m'aient pas permis de parler des méthodes qu'il convient de préférer dans l'enseignement de chaque science, en même temps que je marquais la place que cette science devait occuper dans la classification générale des connaissances humaines.

PREMIÈRE PARTIE.

DÉFINITION ET CLASSIFICATION DES SCIENCES COSMOLOGIQUES.

CHAPITRE PREMIER.

Sciences cosmologiques qui n'empruntent à l'observation que des notions de grandeurs ou des mesures.

C'EST par ces sciences, comme nous l'avons déjà dit, qu'il convient de commencer la série des connaissances humaines, parce que ce sont elles qui exigent pour point de départ et qui ont pour objet un plus petit nombre d'idées. De plus, on peut étudier les vérités dont elles se composent sans recourir aux autres branches de nos connaissances, et celles-ci leur empruntent, au contraire, de nombreux secours, tels, par exemple, que les calculs et les théorèmes sur lesquels s'appuient les sciences physiques et industrielles; la mesure des champs et le calendrier, si nécessaires à l'agriculture; la mesure précise des différens degrés de probabilité de celles de nos connaissances qui ne sont pas susceptibles d'une certitude complète, et les exemples les plus frappans de la diversité des méthodes, que la philosophie doit examiner; la détermination des lieux et des temps, bases de la géographie et de l'histoire; et, parmi les sciences politiques où leurs applications sont si nombreuses, quels indispensables secours ne prêtent-elles pas surtout à toutes les parties de l'art militaire ?

§ Ier.

Sciences du troisième ordre relatives à la mesure des grandeurs en général.

Parmi les vérités relatives à la *mesure* des grandeurs, les unes se rapportent à toutes les grandeurs, de quelque nature qu'elles soient ; les autres à des grandeurs particulières, telles que l'étendue, la durée, les mouvemens et les forces. Ces dernières supposant la connaissance des premières, c'est par celles-ci que je dois commencer.

Mais comme, dès le premier pas, se présente ici une de ces réformes dont j'ai parlé plus haut, je dois entrer dans quelques détails sur les motifs qui m'ont porté à la proposer, et sur l'idée que je me suis faite des premières vérités qui ont pour objet la détermination des grandeurs.

On en divise ordinairement l'ensemble en arithmétique et algèbre, et on comprend sous ce dernier nom deux sortes de vérités essentiellement différentes. Les unes nous servent de guide dans des opérations toutes semblables à celles de l'arithmétique, et qui n'en diffèrent que parce qu'au lieu de représenter les nombres par des chiffres, on les représente par des lettres, circonstance tout à fait indépendante de la nature de ces vérités, et qui, par conséquent, ne saurait établir entre elles une distinction réelle. J'ai donc cru devoir ne faire de cette première partie de l'algèbre, et de ce qu'on nomme ordinairement arithmétique, qu'une seule science du troisième ordre ; tandis que l'autre partie de l'algèbre, contenant les procédés par lesquels on remonte aux valeurs des quantités inconnues, en partant des conditions auxquelles elles doivent satisfaire, doit former de son côté une science du troisième ordre, bien distincte de la première.

a. Énumération et définitions.

1. *Arithmographie*. Tout le monde sait que pour *écrire* les valeurs des grandeurs dont la composition est connue, on emploie :

1°. Les dix caractères 0, 1, 2, 3, 4, 5, 6, 7, 8, 9, qu'on appelle chiffres ;

2°. Cinq signes à l'aide desquels on exprime les résultats des opérations connues sous les noms d'addition, soustraction, multiplication, division, extraction ;

3°. Des lettres dont on se sert pour représenter les nombres, lorsque les opérations qu'on a à exécuter sur ces nombres doivent être indépendantes de toute valeur particulière qui leur serait assignée.

Toute combinaison de chiffres, de signes ou de lettres, représente un nombre, et la numération elle-même n'a pour objet que de faire connaître à quel nombre répondent celles de ces combinaisons qui ne contiennent que des chiffres.

Le même nombre peut être exprimé par une multitude de combinaisons différentes, et l'arithmographie ou l'art d'écrire les nombres n'a qu'un seul objet, celui de transformer ces diverses expressions en expressions équivalentes, jusqu'à ce qu'on arrive à celle qui est la plus simple et la mieux appropriée à l'usage qu'on se propose d'en faire (1). C'est ainsi que $\frac{132}{18}$ se transforme successivement en $7+\frac{6}{18}$, $7+\frac{3}{9}$, $7+\frac{1}{3}$, 7,333.....

Toutes les opérations qui sont du ressort de l'arithmétique et de cette première partie de l'algèbre dont je viens de parler, se réduisent évidemment à de pareilles transformations. Il faut que les quantités sur lesquelles on opère soient *écrites* ou puissent l'être par une première combinaison de chiffres, de signes ou de lettres, pour qu'il y ait lieu de remplacer cette expression par une expression plus simple, et, en définitive, par une expression ou exacte, ou aussi rapprochée qu'on le veut, et qui ne contienne

---

(1) L'expression des nombres fractionnaires en décimales, est en général la plus commode; elle est la seule qui ne contienne que des chiffres, et je la considère comme faisant partie de la numération, où l'on doit dire qu'il faut placer une virgule entre les unités simples et les dixièmes, pour marquer l'espèce d'unité désignée par chaque chiffre; mais on a cependant assez souvent besoin de laisser ces nombres sous la forme de fractions ordinaires, quoiqu'alors cette expression ne contienne pas seulement des chiffres, mais encore le signe d'une opération, la division.

que des chiffres, pourvu toutefois qu'on ait les valeurs en chiffres de chacune des lettres contenues dans cette combinaison. C'est à la science qui apprend à faire ces transformations que j'ai donné le nom *d'arithmographie*, d'ἀριθμος, *nombre*, et γράφω, *j'écris*. Et l'on peut dire que l'élève à qui l'on enseigne cette science, la possède parfaitement, lorsqu'il sait ramener à une valeur exprimée seulement avec des chiffres, toutes sortes d'expressions telles que

$$\frac{(3+4)^2-2\sqrt[3]{10^2-36}}{(5+2)\,(8-3)-\frac{40}{7}}+8-\frac{2}{3},$$

ou

$$\frac{4a^2-c^2+3\sqrt{b\,(2a+c)}}{2a+c}-\frac{4}{3}a;$$

bien entendu que, pour la dernière, il connaisse les valeurs des lettres a, b, c, et qu'avant de remplacer chaque lettre par sa valeur, il sache mettre cette expression sous la forme plus simple :

$$\frac{2}{3}a-c+3\sqrt{\frac{b}{2a+c}}$$

2. *Analyse mathématique.* Dans l'arithmographie ainsi définie, les valeurs de toutes les lettres qui entrent dans des expressions de la nature de celles que je viens de mettre sous les yeux du lecteur, sont connues ou censées l'être. Mais quand, au contraire, les valeurs d'une ou de quelques-unes de ces lettres sont inconnues, qu'on donne entre des expressions

qui les contiennent des relations auxquelles doivent satisfaire ces inconnues, et qu'on demande de les déterminer d'après ces relations, au lieu de trouver, comme dans l'arithmographie, *par voie de composition*, les valeurs des expressions dont on connaît les élémens, il faut, au contraire, *décomposer* les expressions entre lesquelles ces relations sont données, pour en déduire les valeurs des élémens inconnus. La science du troisième ordre, qui enseigne les procédés par lesquels on peut atteindre ce but, est cette seconde partie de ce qu'on appelle ordinairement algèbre, à qui, d'après la nature des opérations par lesquelles elle nous conduit à la détermination des inconnues, convient si bien le nom d'*analyse mathématique*. On sait que les relations dont je viens de parler s'expriment par ce qu'on appelle des *équations*, et l'on peut dire que le caractère distinctif qui sépare cette science de l'arithmographie, consiste en ce que, dans cette dernière, les transformations successives qu'on fait éprouver à une expression, n'en altèrent point la valeur, tandis que celles qu'on fait subir aux équations, changent à la fois la valeur de leurs deux membres, mais de manière que l'égalité de ces deux membres subsiste toujours, parce qu'ils éprouvent les mêmes changemens.

3. *Théorie des fonctions*. Jusque-là les quantités dont on s'occupe ont ou sont censées avoir des valeurs déterminées, connues ou inconnues. Mais lors-

qu'on applique les nombres à la mesure de diverses sortes de grandeur dépendantes les unes des autres, comme dépendent, par exemple, le volume d'un corps terminé par une surface donnée, de l'aire des tranches qu'on y forme, en le coupant par des plans parallèles; l'aire d'une surface, de la longueur des droites par lesquelles on la divise en bandes parallèles; l'espace qu'un point parcourt dans un temps donné, de la vitesse avec laquelle il se meut; cette vitesse, de la force qui agit sur le point mobile, etc., on découvre que les nombres qui expriment ces différentes grandeurs, ont des relations qui peuvent être ramenées, en général, à ce double problème : Connaissant les relations par lesquelles sont liées des quantités qui varient simultanément, trouver celles qui en résultent entre ces mêmes quantités et les *limites* des rapports de leurs accroissemens respectifs, et quand on connaît, au contraire, ces dernières relations, remonter à celles des variables primitives. Les lois mathématiques, sur lesquelles repose la solution de ce double problème, sont l'objet du calcul différentiel et du calcul intégral, dont la réunion donne naissance à une autre science du troisième ordre, que, pour la désigner plus simplement, j'appellerai *théorie des fonctions*, à l'exemple de l'illustre Lagrange.

4. *Théorie des probabilités*. L'homme est porté naturellement à rechercher les causes plus ou moins

probables des événemens dont il est témoin ; son imagination et ses désirs le transportent sans cesse dans un avenir toujours incertain ; de là l'idée de *probabilité*, soit dans la recherche des causes, soit dans la prévision des événemens futurs ; et une des plus belles conceptions du génie de l'homme a été d'exprimer par des nombres ces divers degrés de probabilité, qui, au premier aspect, semblent si peu susceptibles de mesure. C'est de l'ensemble des vérités relatives à cet objet, que je formerai une quatrième science du troisième ordre, qui complétera toutes nos connaissances relatives à la mesure des grandeurs en général ; connaissances parmi lesquelles on doit placer ce dernier genre de recherches dont nous trouvons partout à faire des applications, quelle que soit la nature de l'objet que nous étudions. A cette science je conserve le nom de *théorie des probabilités*, qu'elle a d'ailleurs toujours porté.

b. Classification.

Les quatre sciences que nous venons d'énumérer et de définir, embrassent l'ensemble de nos connaissances relativement à leur objet spécial, la mesure des grandeurs en général. Leur réunion constituera une science du premier ordre, à laquelle je donnerai le nom d'ARITHMOLOGIE, d'ἀριθμος, *nombre*, et λόγος, *discours*, *connaissance*. Mais de ces quatre sciences, les deux premières renferment des notions plus simples, et les deux dernières une connaissance plus approfondie de leur objet. L'arithmologie se divisera donc naturellement en deux sciences du second ordre, dont la première, sous le nom d'ARITHMOLOGIE ÉLÉMEMTAIRE, comprendra l'arithmographie et l'analyse mathématique.

Quant à la seconde, formée par la réunion de la théorie des fonctions et de celle des probabilités, j'ai d'abord hésité sur le nom que je devais lui donner, et il m'a semblé nécessaire d'éviter de tirer ce nom du mot ἀριθμος, parce que ce ne sont pas des nombres proprement dits, mais des grandeurs exprimées en nombre, qu'on y considère. Je me suis arrêté à la dénomination de MÉGÉTHOLOGIE, de μέγεθος, *grandeur*. Le tableau suivant expliquera cette classification.

Science du 1er ordre.	*Sciences du 2e ordre.*	*Sciences du 3e ordre.*
ARITHMOLOGIE....	ARITHMOLOGIE ÉLÉMENTAIRE	Arithmographie.
		Analyse mathématique.
	MÉGÉTHOLOGIE.................	Théorie des fonctions.
		Théorie des probabilités.

OBSERVATIONS. Il est aisé de voir que ces quatre sciences du troisième ordre ne diffèrent entre elles qu'en ce que l'objet commun auquel elles se rapportent, et que je viens de signaler, y est considéré sous divers points de vue. Dans l'arithmographie, les différentes expressions d'un même nombre que nous transformons les unes dans les autres, sont en quelque sorte sous nos yeux, et nous voyons immédiatement, sinon avec les yeux du corps, du moins avec l'œil de l'intelligence, que ces divers changemens n'altèrent en rien la valeur du nombre exprimé. C'est là un premier point de vue où nous ne nous occupons que de ce qui est susceptible *d'intuition* immédiate. — Dans l'analyse mathématique, il ne s'agit plus de calculer des quantités dont la composition nous est connue ; il faut les décomposer pour *déterminer* les valeurs des inconnues enveloppées et en quelque sorte cachées dans les équations qu'on a à résoudre, second point de vue. — Le troisième, celui de la théorie des fonctions, est caractérisé par les *changemens* successifs des quantités qui varient simultanément, et par les *lois* que nous déduisons de la *comparaison* de leurs accroissemens respectifs. — Enfin, dans la théorie des probabilités, quatrième point de vue, on cherche à découvrir des inconnues plus cachées encore, si l'on peut s'exprimer ainsi, que celles dont s'occupe l'analyse mathématique, et qui se lient à cette relation de causes et d'effets qui est comme la grande loi à laquelle tout est subordonné dans l'univers.

Ces quatre points de vue n'ont pas lieu seulement à l'égard des nombres ; ils se représenteront dans tous les objets des sciences dont j'aurai à traiter par la suite, parce que, comme je l'ai expliqué dans la Préface, où j'ai exposé la série des idées qui m'ont conduit à la classification que je publie aujourd'hui, il est de l'essence même de l'intelligence humaine de s'élever successivement dans l'étude d'un objet quelconque, en examinant d'abord ce qu'il nous présente immédiatement, et qu'il met en quelque sorte sous nos yeux ; ensuite de chercher à déterminer ce qu'il y a de caché dans ces mêmes objets ; et c'est à ces deux points de vue que se bornerait notre étude, s'ils s'offraient à nous les mêmes en tout temps et en tout lieu. Mais dans la nature, tout éprouve de continuelles variations, que nous comparons, pour déduire de cette comparaison les lois générales qui président à ces variations. Enfin, sous un quatrième point de vue, qui complète tout ce que l'homme peut savoir de l'objet qu'il étudie, il cherche à découvrir quelque chose de plus caché encore que les inconnues déterminées dans le second point de vue, et c'est ici que se présente à nos recherches tout ce qui est relatif à l'enchaînement des causes et des effets. — En un mot, observer ce qui est patent ; découvrir ce qui est caché ; établir les lois qui résultent de la comparaison des faits observés et de toutes les modifications qu'ils éprouvent suivant les lieux et les temps ; enfin, procéder à la recherche d'une inconnue plus cachée encore que celle dont nous venons de parler, c'est-à-dire, remonter aux causes des effets connus, ou prévoir les effets à venir, d'après la connaissance des causes ; voilà ce que nous faisons successivement, et les seules choses que nous puissions faire dans l'étude d'un objet quelconque, d'après la nature de notre intelligence.

La nécessité de rappeler souvent ces points de vue, m'a déterminé à leur donner des noms qui pouvaient seuls me dispenser de recourir sans cesse à des circonlocutions aussi embarrassantes pour l'auteur, que fastidieuses pour le lecteur.

J'ai donc donné le nom d'*autoptique* au premier point de vue, c'est-à-dire, à l'étude qu'on fait de ce qui s'aperçoit à la simple *inspection* d'un objet, de *αὐτός*, *l'objet même*, et de *ὄπτομαι*, *je vois*.

Le second point de vue où nous nous proposons de déterminer ce qui est *caché* dans un objet, s'appellera *cryptoristique*, de *κρυπτός*, *caché*, et de *ὁρίζω*, *je détermine*, d'où l'adjectif *ὁριστικός*, *qui détermine*.

Quant au troisième point de vue, son caractère essentiel est d'étudier les *changemens* qu'éprouvent les mêmes objets, suivant les lieux et les temps, et de déduire de la comparaison des êtres ainsi modifiés, les *lois* qui président à ces *changemens*; je le désignerai sous le nom de *troponomique*, de *τροπή*, *changement*, et de *νόμος*, *loi*.

Enfin, le quatrième point de vue, où l'on achève de découvrir ce qu'il y a de plus caché dans l'objet qu'on étudie, recevra le nom de *cryptologique*.

Mais en disant que ces divers points de vue se reproduisent dans toutes les branches des connaissances humaines, je n'entends pas dire que ce soit toujours identiquement de la même manière. Restant les mêmes quant au fond, ils éprouvent nécessairement quelques modifications, d'après la nature des objets auxquels ils s'appliquent, comme on l'observe si souvent dans les classifications naturelles des végétaux et des animaux, relativement aux caractères qui en distinguent les divers groupes. Ainsi, par exemple, dans la plupart des sciences noologiques, le point de vue cryptoristique prend un caractère interprétatif, qu'il présente plus rarement dans les sciences cosmologiques: et dans les unes comme dans les autres, les changemens qu'étudie et compare le point de vue troponomique, ont lieu tantôt successivement dans le même objet, tantôt entre des objets de même nature, existant en divers lieux, ou à des époques différentes ; et dans les sciences connues sous le nom d'*art*, et dont le but est l'utilité, la grande inconnue à déterminer, ce sont les profits et les pertes effectifs ou éventuels des entreprises industrielles ; c'est pourquoi les moyens d'arriver à cette détermination sont l'objet du point de vue cryptoristique, tandis que le point de vue cryptologique s'occupe principalement d'une autre sorte d'inconnues, les perfectionnemens à apporter aux procédés utiles. J'aurai soin, dans la suite de cet ouvrage, de signaler ces modifications à mesure qu'elles se présenteront.

L'ordre dans lequel je présente ici ces quatre points de vue est celui que suit l'intelligence humaine en s'élevant graduellement dans la connaissance de l'objet qu'elle étudie. C'est donc aussi l'ordre qu'on doit suivre dans une classification naturelle des sciences ; mais il ne doit pas alors empêcher de remarquer l'analogie qui existe,

1°. Entre le premier et le troisième points de vue, fondés également sur l'observation ou l'intuition, et qui ne diffèrent qu'en ce que, dans le premier, on étudie l'objet tel qu'il se présente, indépendamment des changemens qu'il peut éprouver, et de ses rapports avec d'autres objets, tandis que, sous le troisième point de vue, on l'observe relativement à ces changemens et à ces rapports ;

2°. Entre le second et le quatrième points de vue, qui recherchent tous deux ce qu'il y a d'inconnu dans cet objet, et dont la seule différence consiste en ce que, dans le second, il suffit, pour découvrir ces inconnues, des connaissances acquises dans le premier, et que, dans le quatrième, la recherche plus difficile d'inconnues plus cachées encore ne doit être tentée qu'après qu'on a réuni sur cet objet toutes les notions acquises dans les trois précédens. C'est cette dernière analogie qu'il m'a paru convenable d'indiquer par les noms même *cryptoristique* et *cryptologique*, déduits d'une même racine, que je leur ai donnés.

On verra dans la suite de cet ouvrage que tous les *arts* appartiennent à l'un de ces deux derniers points de vue ; la raison en est simple : toutes les vérités dont ils se composent ne sont que la découverte des moyens par lesquels l'homme peut atteindre un but déterminé. Ces moyens étaient une chose cachée pour celui qui se proposait de l'atteindre. Au reste, on se tromperait fort si on concluait de ce que je dis ici que toutes les sciences cryptoristiques ou cryptologiques sont des arts.

§ II.

Sciences du troisième ordre relatives à la mesure et aux propriétés de l'étendue.

Les sciences relatives à la mesure et aux propriétés de l'étendue sont tellement liées avec celles qui se rapportent à la détermination des grandeurs en général, qu'on les a souvent entremêlées dans les ouvrages qui en traitent. Ainsi, dans la plupart de ceux qui ont été publiés dans le siècle dernier, on joignait à l'arithmétique et aux notions les plus élémentaires de l'algèbre, la partie de la science de l'étendue à laquelle, à l'exemple des anciens, on restreignait alors le nom de géométrie. On les a séparées depuis dans les traités plus modernes, mais on réunit encore à la théorie des fonctions ses applications à l'étendue ; et l'illustre Lagrange, dans le premier ouvrage qu'il a publié sur cette théorie, y a même réuni ses applications à la mécanique. Ces réunions peuvent être sans doute justifiées par le but que se propose un auteur, ou par l'avantage qui peut en résulter pour un professeur, de trouver dans le même traité toutes les parties qu'il veut embrasser dans un cours. Mais comme la distinction des objets auxquels se rapportent les sciences doit être un des principaux fondemens de leur classification, j'ai dû faire cesser cette confusion, et cependant rapprocher, autant qu'il m'était possible, des sciences si étroitement unies ; c'est donc ici que les sciences relatives aux propriétés de l'étendue, doivent trouver leur place.

a. Énumération et définitions.

1. *Géométrie synthétique.* Parmi les sciences du troisième ordre qui ont pour objet spécial les propriétés de l'étendue, se présente d'abord la *géométrie synthétique,* où en partant de vérités évidentes et très-simples, et les combinant de toutes les manières possibles, on parvient à en découvrir d'autres de plus en plus compliquées, par une intuition continuelle du rapport de dépendance nécessaire qui enchaîne toutes ces vérités. Ce que je nomme ici géométrie synthétique, est cette partie des mathématiques approfondie par les anciens, qui lui avaient donné le nom de géométrie, et à laquelle les modernes n'ont presque rien ajouté, tout en créant les autres sciences du troisième ordre relatives à l'étendue, et dont nous allons parler.

2. *Géométrie analytique.* La première est celle où l'on se propose de déterminer ce qui est encore inconnu dans les figures dont on s'occupe, en appli-

quant l'analyse mathématique à cette espèce particulière de grandeurs. On la désigne ordinairement sous le nom d'*application de l'algèbre à la géométrie*; mais il me semble préférable de l'appeler *géométrie analytique*, pour mieux indiquer son but et la nature des procédés qu'elle emploie.

3. *Théorie des lignes et des surfaces.* Quand un point change de situation dans l'espace d'une manière continue, il en résulte une ligne; et cette ligne, en éprouvant à son tour un changement semblable, décrit une surface. Pendant le déplacement qui a lieu dans l'un et l'autre cas, des relations constantes subsistent entre les droites ou les angles qui déterminent à chaque instant la situation *continuement* variable de ce point ou de cette ligne. De là, l'idée si féconde de représenter les lignes et les surfaces par les équations qui expriment ces relations. Déjà sans doute on a fait usage, dans l'analyse mathématique, d'équations de ce genre, pour représenter les courbes ou les surfaces qu'on y considère, et en démontrer diverses propriétés; mais par l'application de la théorie des fonctions aux variations simultanées des lignes ou des angles dont nous venons de parler, on parvient à des lois générales communes à toutes les courbes, à toutes les surfaces, telles que les formules par lesquelles on représente toutes les quantités qui en dépendent, longueurs, aires ou volumes. Je désignerai cette application de la théorie des fonctions à la

mesure de l'étendue, sous le nom de *théorie des lignes et des surfaces*.

4. *Géométrie moléculaire*. Maintenant se présente une autre science du troisième ordre, que l'on ne compte pas ordinairement parmi les sciences dont nous nous occupons ici, mais qui doit y entrer, parce qu'elle n'emprunte à l'observation que des mesures, circonstance qui, comme on le verra bientôt, est le caractère distinctif de l'embranchement auquel elles appartiennent. Cette science qui a pour objet la détermination de ce qu'on nomme formes primitives dans les corps susceptibles de cristalliser, d'après les formes secondaires données par l'observation, ou, réciproquement, d'expliquer l'existence des formes secondaires quand on connaît les primitives, est connue sous le nom de cristallographie. Il suffit d'ouvrir l'ouvrage où elle a été exposée par le grand physicien qui l'a créée, pour s'assurer qu'elle est purement mathématique, et que tout s'y borne à combiner des figures polyédriques de manière à en produire d'autres. J'ai cru devoir lui donner le nom de *géométrie moléculaire*, qui me semble exprimer d'une manière plus précise son objet, et sa liaison intime avec les sciences dont je viens de parler.

b. Classification.

Le nom de GÉOMÉTRIE, en n'y comprenant pas seulement les travaux des anciens, mais ceux des modernes, sur les propriétés de l'étendue, est évidemment celui qui convient pour désigner la science du premier ordre, formée par la réunion des quatre sciences du troisième que je viens de définir. Si nous réunissons d'une part la géométrie synthétique avec la géométrie analytique, et de l'autre la théorie des lignes et des surfaces avec la géométrie moléculaire, nous aurons deux sciences du second ordre, dont la première peut être considérée comme élémentaire, relativement à la seconde, qui nous donne une connaissance plus approfondie des formes que nous présentent les corps ou que nous concevons dans l'espace; c'est pourquoi je donnerai à la première le nom de GÉOMÉTRIE ÉLÉMENTAIRE, et à la seconde celui de THÉORIE DES FORMES, ainsi qu'on le voit dans le tableau suivant :

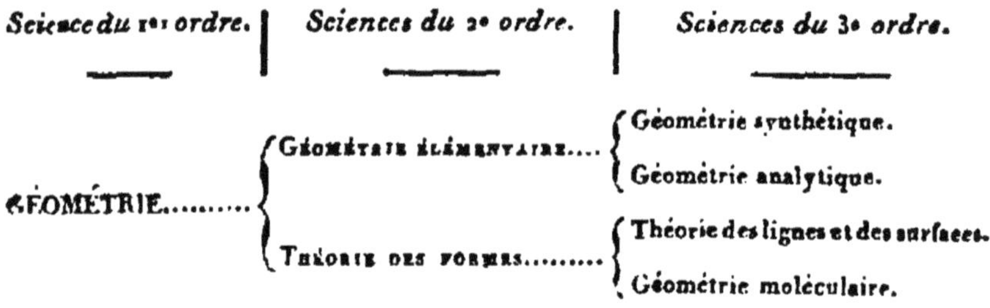

OBSERVATIONS. Le lecteur aura sans doute déjà fait de lui-même, à ces sciences du troisième ordre, l'application des quatre points de vue que j'ai signalés et définis à l'occasion des sciences qui concernent la détermination des grandeurs en général. Ici qu'il s'agit d'une espèce de grandeur en particulier, de l'étendue, le point de vue autoptique a donné lieu à la géométrie synthétique, qui est toute fondée sur les propriétés qu'on peut en quelque sorte *voir* immédiatement dans les figures. Le point de vue cryptoristique est facile à reconnaître dans la géométrie analytique, qui a pour but de déterminer des portions d'étendue qui étaient inconnues. La théorie des lignes et des surfaces, fondée sur la considération du déplacement continu du point qui décrit la ligne, ou de la ligne qui engendre la surface, et où l'on déduit de cette considération les lois générales qui déterminent toutes les quantités relatives à ces lignes et à ces surfaces, présente évidemment tous les caractères du point de vue troponomique. Enfin, nous retrouvons le point de vue cryptologique dans la géométrie moléculaire, qui a pour but de pénétrer un des mystères les plus cachés de la nature, les causes pour lesquelles une même substance affecte les diverses formes cristallines dont cette science étudie la dépendance mutuelle.

§ III.

Sciences du troisième ordre relatives à la détermination générale des mouvemens et des forces.

A la suite des sciences qui ont pour objet la mesure et les propriétés de l'étendue, tout le monde s'accorde à placer celles qui sont relatives à la détermination des mouvemens et des forces; et c'est évidemment la place qui leur convient dans une classification naturelle des sciences.

a. Énumération et définitions.

1. *Cinématique.* Long-temps avant de m'occuper du travail que j'expose ici, j'avais remarqué qu'on omet généralement, au commencement de tous les livres qui traitent de ces sciences, des considérations qui, développées suffisamment, doivent constituer une science du troisième ordre, dont

quelques parties ont été traitées, soit dans des mémoires, soit même dans des ouvrages spéciaux, tels, par exemple, que ce qu'a écrit Carnot sur le mouvement considéré géométriquement, et l'Essai sur la composition des machines de Lanz et Bétancourt. Cette science doit renfermer tout ce qu'il y a à dire des différentes sortes de mouvemens, indépendamment des forces qui peuvent les produire. Elle doit d'abord s'occuper de toutes les considérations relatives aux espaces parcourus dans les différens mouvemens, aux temps employés à les parcourir, à la détermination des vitesses d'après les diverses relations qui peuvent exister entre ces espaces et ces temps. Elle doit ensuite étudier les différens instrumens à l'aide desquels on peut changer un mouvement en un autre; en sorte qu'en comprenant, comme c'est l'usage, ces instrumens sous le nom de machines, il faudra définir une machine, non pas comme on le fait ordinairement, *un instrument à l'aide duquel on peut changer la direction et l'intensité d'une force donnée*, mais bien *un instrument à l'aide duquel on peut changer la direction et la vitesse d'un mouvement donné*. On rend ainsi cette définition indépendante de la considération des forces qui agissent sur la machine; considération qui ne peut servir qu'à distraire l'attention de celui qui cherche à en comprendre le mécanisme. Pour se faire une idée nette, par exemple, de l'engrenage à l'aide duquel l'aiguille des minutes d'une montre fait douze tours, tandis que l'aiguille des heures n'en fait qu'un, est-ce qu'on a besoin de s'occuper de la force qui met la montre en mouvement ? L'effet de l'engrenage, en tant que ce dernier règle le rapport des vitesses des deux aiguilles, ne reste-t-il pas le même, lorsque le mouvement est dû à une force quelconque autre que celle du moteur ordinaire ; quand c'est, par exemple, avec le doigt qu'on fait tourner l'aiguille des minutes ?

Un traité où l'on considérerait ainsi tous les mouvemens indépendamment des forces qui peuvent les produire, serait d'une extrême utilité dans l'instruction, en présentant les difficultés que peut offrir le jeu des diverses machines, sans que l'esprit de l'élève eût à vaincre en même temps celles qui peuvent résulter des considérations relatives à l'équilibre des forces.

C'est à cette science où les mouvemens sont considérés en eux-mêmes tels que nous les observons dans les corps qui nous environnent, et spécialement dans les appareils appelés machines, que j'ai donné le nom de *cinématique*, de *κίνημα*, *mouvement*.

Après ces considérations générales sur ce que c'est que *mouvement* et *vitesse*, la cinématique doit surtout s'occuper des rapports qui existent entre les vitesses des différens points d'une machine, et, en général, d'un système quelconque de points matériels dans tous les mouvemens que cette machine ou ce système est susceptible de prendre ; en un mot, de la détermination de ce qu'on appelle *vitesses virtuelles*, indépendamment des forces appliquées aux points matériels, détermination qu'il est infiniment plus facile de comprendre quand on la sépare ainsi de toute considération relative aux forces. Lorsque, parvenu à la science du second ordre qui va suivre, on voudra enseigner aux élèves qui auront bien saisi cette détermination, et qui seront familiarisés avec elle depuis long-temps, le théorème général connu sous le nom de *principe des vitesses virtuelles*, ce théorème, qu'il est si difficile de leur faire comprendre en suivant la marche ordinaire, ne leur présentera plus aucune difficulté.

2. *Statique*. A la cinématique doit succéder la science du troisième ordre, où l'on traite, au contraire, des forces indépendamment des mouvemens, et que, conformément à l'usage universellement reçu, je désignerai sous le nom de *statique*. La statique ne doit venir qu'après la cinématique, parce que l'idée de mouvement est celle qui est donnée par l'observation immédiate, tandis que nous ne voyons pas les forces qui produisent les mouvemens dont nous sommes témoins, et que nous ne pouvons même conclure leur existence que de celle des mouvemens observés. Il convient, d'ailleurs, que les rapports des vitesses virtuelles aient déjà été calculés dans la cinématique, pour que la statique puisse s'en servir à déterminer les conditions d'équilibre des différens systèmes de forces.

3. *Dynamique*. Après que la cinématique a étudié les mouvemens indépendamment des forces, et que la statique a traité de ces dernières indépendamment des premiers, il reste à les considérer simultanément, à comparer les forces aux mouvemens qu'elles produisent, et à déduire de cette comparaison les lois connues sous le nom de *lois générales du mouvement*, d'après lesquelles, les mouvemens étant donnés, on calcule les forces capables de les produire, ou, au contraire, on détermine les mouvemens quand on connaît les forces. Ces deux problèmes généraux et les lois dont nous venons de parler, constituent une science à laquelle on a donné le nom de *dynamique*, que je lui conserverai.

4. *Mécanique moléculaire*. Enfin, il est une quatrième science du troisième ordre, relative aussi à la détermination des mouvemens et des forces, dont il n'existe pas encore de traité qui en embrasse l'ensemble, mais dont les différentes parties se trouvent dispersées dans divers mémoires et quelques ouvrages spéciaux, dus aux plus illustres mathématiciens, qui transportant aux molécules dont les corps sont composés, les mêmes lois obtenues dans la dynamique pour des points isolés ou des corps d'un volume fini, ont trouvé dans l'équilibre et les mouvemens de ces molécules les causes des phénomènes que nous présentent les corps. C'est à cette théorie de l'équilibre et du

mouvement des molécules que j'ai donné le nom de *mécanique moléculaire*.

b. Classification.

La réunion de ces quatre sciences du second ordre, relatives à la détermination des mouvemens et des forces, forme une science du premier ordre, appelée généralement MÉCANIQUE, et qui doit conserver ce nom. Seulement, comme elle contient une partie élémentaire, formée de la cinématique et de la statique, et une partie où l'esprit humain s'élève à une connaissance plus approfondie, relativement aux mouvemens et aux forces, nous devons considérer la mécanique, science du premier ordre, comme composée de deux sciences du second, la MÉCANIQUE ÉLÉMENTAIRE et la MÉCANIQUE TRANSCENDANTE, conformément au tableau suivant :

Science du 1er ordre.	*Sciences du 2e ordre.*	*Sciences du 3e ordre.*
MÉCANIQUE	MÉCANIQUE ÉLÉMENTAIRE	Cinématique.
		Statique.
	MÉCANIQUE TRANSCENDANTE	Dynamique.
		Mécanique moléculaire.

OBSERVATIONS. Si on compare maintenant ces quatre sciences du troisième ordre, également composées de vérités relatives à un même objet, la détermination des mouvemens et des forces, à celles qui occupent le même rang, tant dans l'arithmologie, relativement à la mesure des grandeurs en général, que dans la géométrie, relativement à la mesure et aux propriétés de l'étendue, on reconnait sur-le-champ qu'elles résultent des quatre mêmes points de vue appliqués à cet objet spécial. En effet, dans une science qui a pour objet les mouvemens et les forces, ce sont les mouvemens qui sont susceptibles d'observation immédiate : les forces sont cachées. On ne saurait donc méconnaître le point de vue autoptique dans la cinématique, et le point de vue cryptoristique dans la statique. A l'égard de la dynamique, on aperçoit déjà une de ces modifications des quatre points de vue que j'ai annoncées plus haut. Le caractère essentiel de ce point de vue est dans les changemens qu'éprouvent les êtres dont nous nous occupons, ou leurs propriétés, et il se présentait déjà dans les changemens de lieu d'un mobile, produits par les mouvemens qu'étudie la cinématique; mais, sous ce rapport, on pourrait dire que toute la mécanique est troponomique, et c'est ce dont nous verrons bientôt la raison. Quant à présent, nous remarquerons seulement que ce caractère général n'est pas le seul qui soit propre au point de vue troponomique; les lois déduites de la comparaison de ces mêmes changemens forment comme un caractère plus spécial, qui achève de préciser l'idée que l'on doit se faire de ce point de vue, et ce dernier caractère ne se trouve que dans la dynamique. D'ailleurs, entre les formules, soit de la théorie des fonctions, soit de la théorie des lignes et des surfaces, et celles qui, dans la dynamique, lient les mouvemens et les forces, il y a une analogie si complète qu'elle ne peut laisser de doute sur le rang que la dynamique doit occuper dans la mécanique. Enfin, la science qui applique les mêmes considérations aux molécules des corps qui se dérobent à toute investigation directe, présente le point de vue cryptologique de la mécanique, comme la géométrie moléculaire celui de la géométrie.

§ IV.

Sciences du troisième ordre relatives à la détermination des mouvemens et des forces qui existent réellement dans l'étendue.

L'étude qu'on a faite dans la mécanique des mouvemens et des forces considérés en général, conduit naturellement à s'occuper des mouvemens des corps répandus dans l'espace, et des forces qui déterminent ces mouvemens. C'est par conséquent ici la place des sciences du troisième ordre relatives à cet objet.

a. Énumération et définitions.

1. *Uranographie.* La première de ces sciences s'occupe de tout ce que le spectacle du ciel offre à l'observation immédiate. Elle décrit ces groupes d'étoiles qu'on a nommés *constellations*, et le mouvement diurne commun à tous les astres ; celui du soleil, l'inclinaison de l'écliptique, la manière dont cette inclinaison produit l'inégale durée des jours et des nuits, et toutes les vicissitudes des saisons ; elle étudie le mouvement des planètes, celui de la lune et ses phases ; et, à l'aide du télescope, elle observe les taches du soleil, les divers accidens qu'offrent le disque de la lune et ceux des planètes, les phases de ces dernières, etc. Les Hipparque et les Ptolémée reculèrent les limites de cette science aussi loin qu'il était possible sans le secours de cet instrument ; mais ils ne surent point les dépasser ; car les vains systèmes imaginés alors pour rendre raison de ces mouvemens au moyen d'épicycles, ne peuvent être considérés comme faisant partie de la science. Je donnerai à l'ensemble des vérités qui y sont relatives le nom d'*uranographie*, d'οὐρανός, *ciel*.

2. *Héliostatique*. Depuis Copernic, il existe une autre science du troisième ordre, qui a pour objet d'expliquer toutes les apparences célestes, en montrant comment elles résultent des mouvemens réels de la terre sur son axe, de la terre et des planètes autour du soleil, et en supposant ce dernier immobile au centre du système planétaire. Nous savons aujourd'hui que cette immobilité n'est que relative; mais qu'elle soit absolue ou relative, les mouvemens apparens restent toujours les mêmes; en sorte qu'afin de ne pas embarrasser les explications qu'on en donne de considérations étrangères, on doit regarder, dans ces explications, le soleil comme immobile; et c'est pour cela que j'ai cru devoir donner à cette science le nom d'*héliostatique*, d'ἥλιος, *soleil*, et στάσις, *repos*, *immobilité*.

3. *Astronomie*. Alors vint Képler. Il compara d'abord à différens intervalles de temps les distances du soleil et les positions de la planète de Mars, soit entre elles, soit avec ces intervalles; et ensuite les distances au soleil des différentes planètes avec les temps de leurs révolutions. C'est ainsi qu'il découvrit les lois auxquelles il a donné son nom, et qu'il suffit de combiner avec les élémens de leurs orbites, pour pouvoir calculer toutes les circonstances de leurs mouvemens, et former des tables à l'aide desquelles on puisse déterminer leurs positions à toutes les époques passées ou futures.

Les vérités relatives à ces lois, et aux procédés

par lesquels on donne aux observations astronomiques toute la perfection dont elles sont susceptibles, et on corrige les erreurs des instrumens, forment une science du troisième ordre, qui est l'astronomie proprement dite, et que je désignerai simplement sous le nom d'*astronomie*.

4. *Mécanique céleste*. Pour compléter nos connaissances relativement à l'objet qui nous occupe, il restait à découvrir la cause de tous les mouvemens célestes. Cette grande inconnue nous a été révélée par Newton; il nous a appris comment l'attraction universelle, force inhérente à toutes les particules de la matière, produit ces mouvemens; et cette admirable découverte, en nous faisant connaître la cause des inégalités planétaires, et en nous procurant les moyens de les calculer, a donné naissance à une quatrième science du troisième ordre, que j'appellerai *mécanique céleste*, titre de l'ouvrage où elle a été si admirablement développée par l'illustre interprète de Newton. Quelle que soit l'analogie qui existe entre cette science et la précédente, elles ont toujours été distinguées dans les ouvrages qui en traitent, et un cours d'*astronomie* est tout autre chose qu'un cours de *mécanique céleste*.

b. Classification.

Ces quatre sciences du troisième ordre correspondantes aux quatre grandes époques des longs travaux par lesquels le génie de l'homme a pénétré les mystères du ciel, sont, pour ainsi dire, les quatre degrés d'une science plus étendue ou science du premier ordre, que je nommerai URANOLOGIE. Cette science présente deux parties, dont la première ne suppose que des connaissances élémentaires en mathématiques, et doit entrer dans l'instruction commune; tandis que la seconde qui, pour être bien comprise, en exige de plus approfondies, doit être réservée pour l'enseignement supérieur. Elles comprennent, l'une l'uranographie et l'héliostatique, sous le nom d'URANOLOGIE ÉLÉMENTAIRE, et l'autre l'astronomie et la mécanique céleste, sous celui d'URANOGNOSIE, qui indique une connaissance plus approfondie de l'objet dont il est ici question. Voici le tableau de ces sciences :

Science du 1er ordre.	*Sciences du 2e ordre.*	*Sciences du 3e ordre.*
URANOLOGIE........	URANOLOGIE ÉLÉMENTAIRE...	Uranographie.
		Héliostatique.
	URANOGNOSIE....................	Astronomie.
		Mécanique celeste.

OBSERVATIONS. Si maintenant on veut faire à l'objet spécial de ces quatre sciences du troisième ordre, l'application des points de vue, comme on l'a faite pour les précédentes, il sera aisé de reconnaître le point de vue autoptique dans l'uranographie, qui emprunte à la seule observation toutes les vérités dont elle se compose ; le point de vue cryptoristique dans l'héliostatique, où l'on détermine les mouvemens réels, cachés, en quelque sorte, sous les mouvemens apparens étudiés en premier lieu ; le point de vue troponomique dans l'astronomie, qui observe les divers changemens du ciel, et déduit les lois de ces vicissitudes ; enfin, le point de vue cryptologique dans la mécanique céleste, qui révèle aux hommes les causes plus cachées encore de ces grands phénomènes.

§ V.

Définitions et classification des sciences du premier ordre qui n'empruntent à l'observation que des idées de grandeurs et des mesures.

Jusqu'à présent j'ai défini toutes les sciences du troisième ordre dont j'ai parlé, en faisant connaître les caractères qui leur sont propres et qui déterminent leurs limites respectives. Quant à celles du premier et du second ordre, je les ai circonscrites en indiquant seulement les sciences du troisième ordre qu'elles contiennent ; mais je ne me suis pas occupé de leurs rapports avec les sciences voisines des mêmes ordres. Il n'est pas nécessaire de le faire pour les sciences du second, suffisamment déterminées par ce que j'en ai dit ; mais ayant maintenant à classer celles du premier, je ne puis me dispenser d'examiner, à leur égard, ces rapports, et d'en déterminer avec plus de précision la nature et les limites.

a. Énumération et définitions.

1. *Arithmologie.* L'arithmologie est la science de la mesure des grandeurs en général. Mesurer une grandeur, c'est exprimer par un nombre, soit entier, soit fractionnaire, la manière dont elle

est composée avec une autre qui a été choisie arbitrairement parmi les grandeurs de même nature, pour servir de terme commun de comparaison à toutes les grandeurs de cette sorte, et qu'on désigne sous le nom d'unité. Ce nombre est ce qu'on appelle le *rapport* (1) de la grandeur qu'on mesure à cette unité.

Ainsi, pour mesurer un poids, par exemple, on cherche de combien de poids d'un gramme il est composé, et si on trouve qu'il l'est précisément de 35 grammes, on dit qu'il est *mesuré* par ce nombre 35. Mais si, pour le composer avec un gramme, il faut, après en avoir réuni 35, partager un autre gramme en cinq parties égales, et ajouter deux de ces parties à ces 35 grammes, ou, ce qui est la même chose, partager le même gramme en dix parties égales, et en ajouter quatre aux 35 grammes déjà obtenus, la mesure de ce poids sera exprimée par le nombre $35\frac{2}{5}$ ou 35,4, ce qui revient au même.

---

(1) Le rapport d'une première grandeur à une seconde doit être défini, *la manière dont cette première grandeur est composée de la seconde*. Newton disait, avec raison, qu'un nombre n'est qu'un rapport; cette définition est exacte, mais elle suppose qu'on sait déjà ce que c'est qu'un rapport. En expliquant ce mot comme je viens de le faire, toute difficulté disparaît. Le nombre 6, par exemple, est la manière dont un tas de 6 pommes est composé avec une pomme, dont la réunion de 6 étoiles est composée avec une étoile, dont la longueur d'une toise est composée avec la longueur d'un pied, etc.

Soit qu'on emploie des chiffres ou des lettres dans les expressions sur lesquelles on opère en arithmologie, ces expressions n'ont de sens qu'autant que ces lettres, comme ces chiffres, représentent exclusivement des nombres, c'est-à-dire, les rapports des diverses grandeurs que l'on considère, à leurs unités respectives. Et lors même que dans les applications qu'on en fait à diverses sortes de grandeurs, on obtient des équations qui ont toujours lieu, à quelque unité que les grandeurs que l'on considère soient rapportées, les lettres qui entrent dans ces équations n'en expriment pas moins toujours des nombres qui changent réellement de valeur quand on change d'unité, mais qui éprouvent ce changement de manière que les deux membres d'une même équation augmentent ou diminuent simultanément dans le même rapport, en sorte que l'égalité de ces deux membres subsiste toujours. Ce n'est pas ici le lieu de développer cette idée, sur laquelle repose la nécessité de ce qu'on appelle l'*homogénéité* des termes d'une même équation relativement à chaque espèce de grandeur qui entre dans cette équation, toutes les fois qu'on n'a pas déterminé les unités de ces diverses espèces de grandeurs; nécessité fondée sur ce que l'homogénéité est la condition sans laquelle les différens termes des équations ne changeraient pas de valeur dans le même rapport, lorsque ces unités viendraient à être changées.

C'est dans l'identité des diverses expressions par lesquelles on passe successivement, que se trouve le caractère distinctif de l'arithmologie à l'égard de sa première partie, l'arithmographie ; et ce même caractère consiste dans celle des différentes équations que l'on déduit les unes des autres, lorsque, soit dans l'analyse mathématique, soit dans la théorie des fonctions, on fait éprouver des changemens équivalens aux deux membres de ces équations ; savoir : dans l'analyse mathématique, en leur faisant subir les mêmes opérations d'addition, de soustraction, de multiplication, de division ou d'extraction ; dans la théorie des fonctions, en les différenciant ou en les intégrant simultanément. Quant à la théorie de probabilités, elle repose toute entière sur une idée qui paraît d'abord étrange à ceux qui n'ont aucune notion de cette théorie ; c'est que toute probabilité n'est qu'une partie déterminée de la certitude, et que, comme telle, elle est représentée par une fraction dont la certitude est l'unité. En sorte que quand deux probabilités représentées par deux fractions telles, par exemple, que $\frac{2}{5}$ et $\frac{3}{5}$ dont la somme est 1, se trouvent réunies, la certitude résulte de cette réunion. Il est aussi faux de dire, comme on l'a fait quelquefois, que la certitude est une probabilité infinie, qu'il le serait de dire que la longueur d'un mètre est infinie relativement aux diverses fractions du mètre. C'est ainsi que toute probabilité n'est réellement qu'un nombre, que la théorie des probabilités fait essentiellement partie de l'arithmologie, et que, dans le calcul des probabilités, il ne peut jamais être question de changer l'unité, comme on change à volonté les unités auxquelles on rapporte l'étendue, le temps, les forces, etc., parce qu'il n'y a qu'une certitude.

2. *Géométrie.* La science la plus voisine de l'arithmologie, est la géométrie. Le premier caractère qui les distingue, consiste en ce qu'aux rapports de grandeur dont s'occupe la première, se joignent, dans la seconde, les rapports de position dans l'espace, des points, des lignes et des surfaces. C'est à la géométrie à combiner ces nouveaux rapports avec les premiers, et à montrer comment ils peuvent y être ramenés en déterminant la distance de deux points par la mesure de la droite qui les joint; la position respective de deux droites par celle de leur plus courte distance et de l'angle que forment leurs directions, etc.

Un second caractère propre à la science de l'étendue, c'est qu'un certain nombre de rapports, soit de grandeur, soit de position, existant entre les points, les lignes ou les surfaces dont une *figure* est composée, il en résulte entre ces points, lignes ou surfaces, une multitude d'autres rapports, suite nécessaire des premiers, et dont la détermination est le but que se propose le géomètre.

Enfin, on peut remarquer un troisième caractère distinctif entre l'arithmologie et la géométrie;

savoir, que les vérités dont se compose l'arithmologie résultent de l'identité des nombres représentés sous différentes formes au moyen des signes convenus, tandis que les théorèmes de la géométrie ne sont vrais qu'en vertu des propriétés de l'espace, et ne sont nécessaires qu'en admettant avec Clarke et les métaphysiciens qui l'ont suivi, que l'étendue est elle-même nécessaire et infinie, et que la portion d'espace occupée par un corps reste nécessairement, lorsqu'il en est enlevé, avec les mêmes rapports de grandeur et de position qu'avaient auparavant les parties de ce corps, même dans le cas où Dieu anéantirait tout ce qu'il y a de créé dans le lieu qu'il occupe. En effet, quand le géomètre dit : «Appelons volume une portion déterminée de l'espace; elle sera séparée du reste de ce même espace par une limite nécessairement sans épaisseur; car si elle en avait, ce serait une portion de volume qui aurait elle-même deux limites, une intérieure, l'autre extérieure. — Appelons surface cette limite, et distinguons une portion de la surface du reste, la limite qui l'en séparera n'aura ni épaisseur, puisqu'elle appartient à la surface, ni largeur, puisque ce serait une portion de surface qui aurait elle-même deux limites.—Appelons ligne cette nouvelle sorte de limite, et distinguons dans une ligne deux portions, elles seront séparées par un point, et le point ne pourra plus avoir aucune étendue; car s'il lui en restait, ce serait une petite ligne qui serait elle-même terminée par deux points.»

Or, que ces distinctions successives s'arrêtent à la troisième, cela ne dépend pas de la nature de notre esprit, mais d'une propriété de l'espace tel qu'il existe réellement, et qu'on exprime en disant qu'il a trois dimensions.

Il y a plus. Reid a montré que si l'homme était réduit au simple sens de la vue, ne pouvant dès lors connaître que l'étendue superficielle à deux dimensions, et prenant pour des lignes droites ce qui serait réellement des arcs de grands cercles tracés sur une surface sphérique dont le centre serait dans son œil, les triangles qu'il considérerait comme rectilignes pourraient avoir deux angles ou même leurs trois angles droits ou obtus, et que la géométrie d'un tel homme serait toute différente de la nôtre ; deux de ces lignes qu'il prendrait pour droites se rencontrant, par exemple, toujours en deux points, en sorte que la notion de deux droites parallèles serait contradictoire pour lui.

Enfin, on sait que le théorème fondamental de la théorie des parallèles, lorsqu'on les considère comme existant réellement dans l'espace à trois dimensions, ne peut être rigoureusement démontré. C'est que ce théorème est fondé sur des propriétés de l'espace qui supposent les trois dimensions et l'infinité de l'étendue. — Les vérités géométriques ont donc une réalité objective, qui ne se trouve pas dans celles de l'arithmologie.

Tels sont les caractères distinctifs qui séparent ces

deux sciences, quelle que soit, d'ailleurs, l'analogie qui existe entre elles ; analogie qui a porté les auteurs dont j'ai parlé plus haut à placer la géométrie synthétique à la suite de l'arithmographie, à exposer la théorie des lignes et des surfaces dans les mêmes ouvrages où ils traitaient de la théorie des fonctions, et Newton lui-même à réunir dans son *Arithmétique universelle* la géométrie synthétique à l'analyse mathématique.

Quelques parties de la géométrie synthétique en ont été séparées, sous des noms particuliers, comme si c'étaient autant de sciences à part. Telle est, par exemple, la *géométrie descriptive*, qui n'est à l'égard de la géométrie synthétique à trois dimensions, que ce qu'est, relativement à la géométrie plane, la solution des divers problèmes graphiques, sur la construction des perpendiculaires, des parallèles, des polygones, etc., que personne n'a jamais songé à séparer de cette dernière science. Quant à la *trigonométrie rectiligne* et à la *trigonométrie sphérique*, lorsqu'elles sont traitées synthétiquement, comme elles l'ont été long-temps dans tous les cours élémentaires de mathématiques, elles doivent être comprises, la première dans la géométrie plane, la seconde dans la géométrie à trois dimensions, qui sont les deux subdivisions de la géométrie synthétique. Je crois que cette manière de les exposer était de beaucoup préférable ; elle n'empêchait pas, lorsqu'on en était à la géométrie analytique, de les traiter à l'aide de l'algèbre, par la méthode adoptée aujourd'hui, et qui conduit surtout lorsqu'il s'agit de la trigonométrie sphérique, à des calculs fort compliqués, et qui ne sauraient laisser des idées bien nettes dans l'esprit des élèves. Quoi qu'il en soit, quand on se sert de cette dernière méthode, les mêmes sciences appartiennent évidemment à la géométrie analytique.

3. *Mécanique*. Il semble d'abord que quand on a dit que la mécanique est la réunion de toutes les vérités relatives aux mouvemens ou aux forces considérés en général, on a suffisamment distingué cette science de toutes les autres. Mais on pourrait objecter que, dans la géométrie, et surtout dans la théorie des lignes et des surfaces, on définit ces lignes et ces surfaces en déterminant le déplacement du point ou de la ligne qui les décrit, et que ce déplacement est déjà un mouvement. La réponse que je ferai à cette objection, c'est qu'il n'y a réellement *mouvement* que quand l'idée du temps pendant lequel a lieu le déplacement étant jointe à celle du déplacement lui-même, il en résulte la notion de la vitesse plus ou moins grande avec laquelle il s'opère; considération tout à fait étrangère à la géométrie, qui fait le caractère propre de la mécanique, et la distingue à cet égard de la géométrie.

On est dans l'usage de diviser la statique en statique proprement dite, et hydrostatique, et de faire la même division dans la dynamique. Ces distinctions sont du genre de celles qui existent en histoire naturelle entre les genres d'une même famille, et qui, ainsi que je l'ai dit, doivent être considérées comme des sciences du quatrième ordre. Mais alors ce n'est pas seulement pour ces deux sciences qu'il faudrait adopter cette division, on devrait aussi la faire dans la mécanique moléculaire, entre les calculs qui sont, par exemple, relatifs aux vibrations des corps solides, et ceux qui se rapportent aux mouvemens vibratoires des fluides, ce qui n'est nullement admissible. Il faudrait encore la faire dans la cinématique ; car, comment séparer la description de la presse hydraulique de celle des autres machines ? Comment ne pas s'occuper de la détermination du rapport des vitesses virtuelles des deux pistons en raison inverse de leurs surfaces, fondée sur ce que le volume du liquide interposé reste le même, lorsque l'on traite de considérations analogues sur les autres machines ?

4. *Uranologie*. Dans la mécanique, les mouvemens ne sont considérés que comme possibles ; car l'espace où se meuvent les corps étant, de sa nature, immobile, ce n'est qu'autant qu'il y existe des corps qu'il y a effectivement lieu à des mouvemens. C'est ce qui distingue la mécanique de l'uranologie, où il est question des mouvemens *effectifs*, soit apparens, soit réels, des globes semés dans l'espace.

b. Classification.

Les quatre sciences du premier ordre que nous venons de définir sont réunies par un caractère commun, celui de n'emprunter à l'observation que des notions de grandeurs et des mesures. J'en formerai un embranchement, que je désignerai, conformément à l'usage, sous le nom de SCIENCES MATHÉMATIQUES, et je le partagerai en deux sous-embranchemens; celui des SCIENCES MATHÉMATIQUES PROPREMENT DITES, comprenant l'arithmétique et la géométrie, et celui des SCIENCES PHYSICO-MATHÉMATIQUES, où seront réunies la mécanique et l'uranologie, ainsi qu'on le voit dans le tableau suivant :

Embranchement.	*Sous-embranchemens.*	*Sciences du 1er ordre.*
SCIENCES MATHÉMATIQUES.	MATHÉMATIQUES PROP^{t} DITES	Arithmologie.
		Géométrie.
	PHYSICO-MATHÉMATIQUES...	Mécanique.
		Uranologie.

OBSERVATIONS. Ces quatre sciences, indépendamment du caractère commun que je viens d'énoncer, en présentent un autre, celui de se rapporter toutes à un objet général, l'univers considéré dans son ensemble, par opposition à l'étude des matériaux dont il est composé, qui sera l'objet de l'embranchement suivant. Tout ce que nous pouvons connaître de cet ensemble, ce sont des rapports de grandeur et de position, les propriétés de l'étendue où il existe, les mouvemens des globes semés dans l'espace, et les forces qui déterminent ces mouvemens; c'est pour cela que, dans les trois premières, on s'occupe des vérités relatives à ces différens objets, abstraction faite de leur réalisation, et telles qu'elles seraient dans tous les mondes possibles ; tandis que, dans la dernière, on les applique à l'étude du monde réel.

En considérant maintenant ces quatre sciences relativement à leur objet général, l'ensemble de l'univers, on est conduit à une remarque bien singulière, savoir que, quoique ces quatre sciences offrent, comme je l'ai dit, dans leurs subdivisions les quatre points de vue dont nous avons déjà tant de fois parlé, relativement aux objets spéciaux qui y sont considérés, elles présentent, chacune dans son ensemble, un des quatre mêmes points de vue quand on les rapporte à cet objet général. En effet, dans l'arithmologie, où il n'est question que de transformations identiques d'expressions que nous avons sous les yeux, il est évident que ces transformations constituent un point de vue autoptique. Dans la géométrie, où un petit nombre de rapports de grandeur et de position sont d'abord connus entre les différentes parties dont une *figure* est composée, et où il est question de découvrir les autres rapports, suites nécessaires des premiers, qui sont comme cachés dans la figure, le point de vue est en général cryptoristique. En mécanique, où il s'agit de la comparaison des positions occupées successivement par un mobile, pour en déduire les lois générales du mouvement des corps, et celles de l'équilibre entre les forces qui peuvent être cause de ces mouvemens, on retrouve tous les caractères du point de vue troponomique ; aussi avons-nous vu qu'un premier caractère de ce point de vue se manifeste dès la cinématique, et que la dynamique n'en diffère que parce que s'occupant également des *changemens* de position des corps ou des points mobiles, elle réunit à ce premier caractère celui de comparer ces changemens avec les forces qui les produisent, et de déduire des lois générales de cette comparaison. Enfin, l'uranologie, dans son ensemble, n'est qu'un grand problème, où il s'agit de déterminer les causes si profondément cachées des vicissitudes que nous offre le spectacle du ciel ; ce qui suffit pour faire reconnaître ici le point de vue cryptologique. Le caractère explicatif propre à ce point de vue se présente même dès l'uranographie, où l'on étudie des mouvemens trop lents pour que l'œil les aperçoive immédiatement, seulement on reconnaît que les astres se sont déplacés lorsqu'après en avoir observé les positions relativement à l'horizon, on vient quelque temps après observer de nouveau ces positions, et qu'on les trouve changées : c'est ce qui faisait dire aux philosophes grecs, comme une chose digne de remarque, que *les astres se mouvaient, quoiqu'ils parussent immobiles.* En sorte que même ces mouvemens apparens que nous fait connaître l'uranographie, nous ne les admettons que comme expliquant les changemens de position que nous avons ainsi constatés ; et le système de Copernic qu'est-il autre chose qu'une seconde explication qui rend compte de ces mouvemens apparens par les mouvemens réels de la terre et des autres planètes ? Sans doute, l'explication finale est celle qu'a donnée Newton en partant des lois de Képler : c'est la partie la plus essentiellement cryptologique d'une science dont toutes les vérités le sont plus ou moins.

Ce n'est pas seulement à l'égard des sciences mathématiques que nous trouverons ainsi que les sciences du premier ordre comprises dans un embranchement, correspondent, eu égard à leur objet général, aux quatre mêmes points de vue auxquels correspondent aussi, mais relativement à leur objet spécial, les sciences du troisième ordre comprises dans chacune de ces sciences du premier. C'est là le dernier pas que j'ai fait dans l'investigation des caractères fondés sur la nature même de notre intelligence, et on peut le regarder comme une des bases, et, en quelque sorte, le principe générateur de la classification naturelle de toutes les connaissances humaines. Ce n'est qu'après avoir arrêté, du moins pour tout l'ensemble des sciences cosmologiques, ma classification telle qu'elle est présentée dans cet ouvrage ; ce n'est qu'après l'avoir fait connaître, dans mes leçons au collége de France, et dans la *Revue encyclopédique*, que j'ai découvert ce principe au mois d'août 1832. C'est lui qui doit remplacer la clef beaucoup plus compliquée et moins naturelle dont je m'étais servi jusqu'alors, et qui a été expliquée par M. le docteur Roulin, dans le *Temps* du 11 juin 1832.

CHAPITRE SECOND.

Sciences cosmologiques qui ont pour objet les propriétés inorganiques des corps, et l'arrangement de ces corps dans le globe terrestre.

Nous allons maintenant étudier ce même univers, non plus dans son ensemble, et en n'empruntant à l'observation que des notions de grandeurs et des mesures, mais relativement aux matériaux dont il est composé, et en recourant à l'expérience pour découvrir toutes les propriétés de ces matériaux; en nous bornant toutefois aux propriétés inorganiques, et en remettant au chapitre suivant la classification des vérités relatives aux êtres organisés.

§ I.

Sciences du troisième ordre relatives aux propriétés inorganiques des corps, et aux phénomènes qu'ils présentent considérés en général.

C'est ici que nous avons à examiner les propriétés inorganiques et les phénomènes que présentent les corps indépendamment de la diversité des lieux et des temps.

a. Énumération et définitions.

1. *Physique expérimentale.* La première science relative à l'objet spécial qui nous occupe, renferme toutes les vérités qui résultent de l'observation

immédiate des corps. Elle décrit leurs divers états, leur dureté, leur élasticité, leur pesanteur, tous les phénomènes dus à leur action mutuelle, et les instrumens à l'aide desquels nous les constatons. Cette science a reçu le nom de *physique expérimentale*.

C'est bien à tort, suivant moi, qu'on a voulu borner la physique expérimentale a l'étude des propriétés générales des corps, et de celles de leurs propriétés particulières, qui dépendent de l'action de la chaleur, de la lumière, de l'électricité, etc. Elle doit embrasser toutes celles qui ne supposent, pour se manifester, ni changement dans la combinaison des élémens des corps, ni *vie* dans ceux qui sont soumis à l'expérience. Si dans un cours, dans un traité élémentaire, où l'on n'offre qu'un précis de la science, on peut ne s'occuper que des propriétés dont je viens de parler comme les plus importantes, il n'en est pas de même quand il s'agit d'un ouvrage destiné à l'exposer dans son ensemble. Tous les faits donnés immédiatement par l'expérience lui appartiennent; mais elle doit laisser à une autre partie de la physique générale, dont je vais parler sous le nom de *stéréonomie*, l'emploi des formules d'interpellation ou autres, à l'aide desquelles on parvient à donner aux résltats qu'on en déduit le plus haut degré de précision possible.

2. *Chimie*. Alors si l'on va chercher dans les corps les élémens dont ils se composent et les proportions dans lesquelles ces élémens sont combinés, toutes les vérités résultant de cette étude

composeront une seconde science du troisième ordre, déjà connue sous le nom de *chimie*. Elle doit être placée à la suite de la physique expérimentale, qui lui prête la connaissance de propriétés auxquelles la chimie a recours à chaque instant, tandis qu'elle n'a rien à en emprunter, si ce n'est des corps tout préparés, sans que le physicien ait à s'enquérir de la manière dont ils l'ont été.

3. *Stéréonomie*. En comparant les diverses valeurs que prend une des propriétés que présentent les corps, lorsqu'on fait varier successivement les circonstances dont cette propriété peut dépendre, on détermine les lois des phénomènes, et de ces lois exprimées en formules, on déduit ensuite, à l'aide du calcul, toutes les vérités qui en dépendent. De là une autre branche de la physique générale, que j'ai cru devoir nommer *stéréonomie*, de στερεὸς, corps, et νόμος, loi. Il est vrai que le mot στερεὸς ne s'applique proprement qu'aux corps solides; mais les Grecs eux-mêmes l'ont employé dans un sens plus général quand ils ont fait le mot στερεομετρία.

4. *Atomologie*. Pour connaître à fond l'objet des sciences qui nous occupent, il reste à découvrir les causes des phénomènes, et, quand on les connaît, à en conclure ce qui doit arriver dans les cas qui n'ont pas encore été observés. Or, ces causes résident dans les forces que les molécules de la matière exercent les unes sur les autres; c'est pourquoi j'ai donné à cette science le nom d'atomologie, d'ἄτομος.

Elle suppose évidemment l'étude des trois précédentes ; car, à moins d'en faire un roman semblable aux rêveries des anciens sur la nature, on ne peut remonter convenablement aux causes des phénomènes qu'après qu'on a acquis dans la physique expérimentale une connaissance générale des propriétés des corps ; dans la chimie, celle des élémens dont ils se composent ; et surtout qu'après que la physique mathématique nous a fait connaître les lois des phénomènes, puisque la pierre de touche de toute hypothèse sur la valeur et le mode d'action des forces moléculaires est dans la détermination, à l'aide du calcul, des diverses valeurs que doivent prendre, dans cette hypothèse, les qualités des corps à mesure que varient les circonstances dont elles dépendent, et dans la comparaison des résultats ainsi obtenus avec ceux que fournit l'expérience.

Dans la plupart des traités qui existent sur les quatre parties de la physique générale, on sépare la chimie, qui en est la seconde. Mais on n'a pas eu jusqu'à présent le soin de faire la même chose pour les autres parties de la même science. — L'art de faire les expériences précises, d'en corriger les résultats, les formules qui résultent de la comparaison de ces expériences, en un mot, ce que j'appelle *physique mathématique*, se trouve intimement mêlé dans la plupart des traités destinés à l'enseignement, avec ce que j'ai désigné sous le nom de *physique expérimentale*. Les traités élémentaires où elle ne se rencontre pas, ne peuvent être regardés comme des traités de physique expérimentale proprement dite, parce qu'en abrégeant, pour les faire, des traités complets, on a ôté indifféremment des choses qui appartiennent à la physique expérimentale, et d'autres qui sont du ressort de la physique mathématique. Cependant rien ne serait plus utile à l'enseignement qu'un traité de physique expérimentale qui décrirait tous les phénomènes, qui en montrerait l'enchaînement et la dépendance mutuelle. en réservant pour un autre traité également complet tout ce qui est relatif à la physique mathématique. Alors le premier pourrait être étudié avec fruit par des hommes qui n'auraient que quelques teintures de mathématiques, et devrait faire partie de l'instruction commune ; le second serait destiné à ceux qui se proposent de connaître la physique à fond, et, par leurs propres travaux, d'en étendre le domaine.

b. Classification.

Ces quatre sciences renferment toutes les connaissances que nous pouvons acquérir relativement à leur objet spécial. J'en ferai donc une science du premier ordre, à laquelle je donnerai le nom de PHYSIQUE GÉNÉRALE ; nom consacré par l'usage, mais dont j'étends seulement un peu la signification, en y comprenant la chimie. Maintenant, des quatre sciences que renferme la physique générale, les deux premières réunies formeront la science du second ordre que j'appellerai PHYSIQUE GÉNÉRALE ÉLÉMENTAIRE, et les deux dernières celle que je nommerai PHYSIQUE MATHÉMATIQUE.

Voici le tableau de ces divisions :

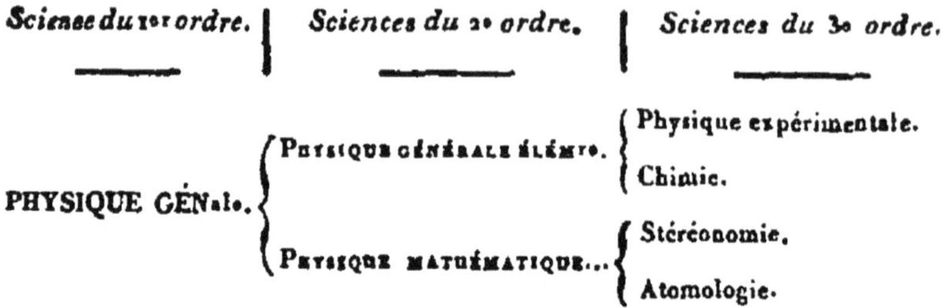

Science du 1er ordre.	*Sciences du 2e ordre.*	*Sciences du 3e ordre.*
PHYSIQUE GÉNale.	PHYSIQUE GÉNÉRALE ÉLÉMte.	Physique expérimentale.
		Chimie.
	PHYSIQUE MATHÉMATIQUE...	Stéréonomie.
		Atomologie.

OBSERVATIONS. Qui pourrait, dans ces diverses branches de la physique générale, ne pas reconnaître une nouvelle application des quatre points de vue à l'objet spécial de cette science du premier ordre ? La physique expérimentale n'est-elle pas le point de vue autoptique ; la chimie le point de vue cryptoristique ? Le point de vue troponomique ne s'offre-t-il pas dans les changemens de valeur qu'observe la physique mathématique, et dans les lois qu'elle en déduit, aussi évidemment que le point de vue cryptologique dans la recherche des causes cachées, qui est le but de l'atomologie ?

§ II.

Sciences du troisième ordre relatives aux procédés par lesquels nous transformons les corps de la manière la plus convenable à l'utilité ou à l'agrément que nous nous proposons d'en retirer.

Maintenant que nous connaissons les propriétés inorganiques des corps, et les phénomènes qui résultent de leur action mutuelle, il est temps de nous occuper des procédés que les arts emploient pour les approprier à nos besoins.

a. Enumération et définitions.

1. *Technographie*. Pour approprier les corps aux divers usages auxquels ils sont destinés, il faut leur faire subir diverses transformations; par exemple, changer successivement la laine en fils, en draps, en habits; un lingot d'acier en ressorts, en instrumens tranchans; les substances alimentaires en mets qui puissent flatter notre goût; un sable grossier en verres et en cristaux, etc. : il faut les transporter des lieux où ils sont en abondance dans ceux où la consommation les réclame, les conserver jusqu'au moment de les livrer au consommateur. Des instrumens et des machines sont nécessaires pour opérer ces transformations. Or, la connaissance des procédés par lesquels on les opère, des instrumens ou des machines qu'on y emploie, constitue une science du troisième ordre, que j'appelle *technographie*, de τέχνη, *art*.

2. *Cerdoristique industrielle*. Il ne suffit pas de connaître les procédés, les machines, tous les instrumens employés dans les arts; il faut encore qu'on sache se rendre compte des profits et des pertes d'une entreprise en activité, et prévoir ce qu'on peut attendre d'une entreprise à tenter.

Pour cela il faut calculer exactement, dans les deux cas, les mises de fonds nécessaires, soit pour les locaux et appareils convenables, soit pour l'achat des matières premières et la main-d'œuvre;

il faut apprendre à connaître les qualités diverses et les prix relatifs de ces matières premières ; celui qu'elles acquièrent par les transformations qu'on leur fait subir. Mille autres circonstances analogues doivent être prises en considération, et de toutes les recherches de ce genre se compose une science du troisième ordre, à laquelle je donne le nom de *cerdoristique industrielle*, de κέρδος, *gain*, *profit*, ὁρίζω, *je détermine*. A cette science appartient évidemment l'*art de tenir les livres*, au moyen duquel un industriel peut à tout instant se rendre compte de ses profits ou de ses pertes.

3. *Economie industrielle*. Tant que, dans l'étude des procédés des arts, l'homme se borne à ces deux sciences du troisième ordre, il n'apprend qu'à répéter ce qu'on fait dans le lieu qu'il habite, il reste sous le joug de la routine. Pour que l'industrie puisse faire des progrès, il est nécessaire de comparer les procédés, les instrumens, les machines, etc., usités en différens temps et en différens lieux. Cette comparaison peut se faire de deux manières ; la première consiste à comparer les résultats qu'ils donnent, tant sous le rapport de la perfection des produits obtenus, que sous celui des frais qu'exigent l'emploi de ces procédés ou de ces instrumens, la construction de ces machines, etc., pour juger quels sont les plus avantageux, et en déduire des lois générales qui puissent diriger dans une entreprise industrielle. C'est par des comparaisons de cette espèce

qu'on a découvert et démontré, par exemple, les avantages de la division du travail pour obtenir les produits les plus économiques, c'est-à-dire, réunissant les conditions les plus favorables au producteur et au consommateur. C'est à cette science que je donne le nom d'*économie industrielle.*

4. *Physique industrielle*. Par ce mode de comparaison, purement empirique, il faudrait souvent faire beaucoup de dépenses en essais de procédés, en constructions d'instrumens ou de machines, pour n'arriver qu'à des résultats qui tromperaient les espérances qu'on aurait conçues. Il est un autre mode de comparaison, qui consiste à s'aider des connaissances de physique générale, acquises précédemment, à étudier les phénomènes qui se passent dans les transformations que les arts font subir aux corps, à remonter à leurs causes, à prévoir ainsi les résultats qu'on peut attendre des nouveaux procédés et des nouvelles machines, avant d'en faire l'essai. Cette application de la théorie à la pratique a un autre avantage : la connaissance des causes peut seule conduire à perfectionner les procédés connus, à en inventer de nouveaux, et à faire également prévoir dans ces deux cas le succès qu'on peut espérer. Tel est l'objet de la *physique industrielle.* C'est à cette science que la plupart des arts doivent leurs progrès et les perfectionnemens qu'ils ont atteints. Ainsi, par exemple, depuis des siècles, on blanchissait les toiles en les exposant à l'air et à la

rosée. L'illustre Berthollet chercha la cause de ce phénomène ; il découvrit que c'est l'oxigène de l'atmosphère qui brûle et détruit la matière colorante; il remplaça cet oxigène de l'air par celui que le chlore dégage de l'eau, et parvint à décolorer en quelques instans ces mêmes toiles dont le blanchîment, par les procédés ordinaires, aurait exigé plusieurs mois.

b. Classification.

Ces quatre sciences embrassent tout ce qu'il nous est donné de connaître relativement à leur objet spécial, les procédés par lesquels nous transformons les corps pour les approprier à nos besoins ou à nos jouissances. J'en composerai une science du premier ordre, la TECHNOLOGIE. Dans les deux premières, on n'emploie que des procédés usités, et je donnerai à leur réunion le nom de TECHNOLOGIE ÉLÉMENTAIRE ; les deux autres ont un autre but : on y compare tous les procédés qui peuvent être employés, pour choisir les plus avantageux ; seulement, dans la première, cette comparaison est fondée uniquement sur les résultats obtenus, et dans la seconde, sur ceux que la théorie nous fait prévoir. C'est pourquoi je désignerai sous le nom de TECHNOLOGIE COMPARÉE la réunion de ces deux sciences du troisième ordre. L'analogie m'avait d'abord porté à donner à cette science du second ordre, qui en résulte, le nom de *technognosie* ; mais cette expression, déduite de γνῶσι *connaissance*, ne m'a pas semblé devoir s'appliquer à une science où l'on n'étudie pas les corps pour les *connaître*, mais pour en retirer l'utilité qu'ils peuvent nous procurer. Les deux sciences du troisième ordre qui y sont comprises ayant également pour objet de choisir entre les différens procédés qu'on peut suivre pour atteindre un même but, supposent toutes deux la comparaison de ces divers procédés, et c'est pour cela que l'expression de technologie comparée convient à la science du second ordre qui les réunit.

Le tableau suivant représente les divisions de la technologie :

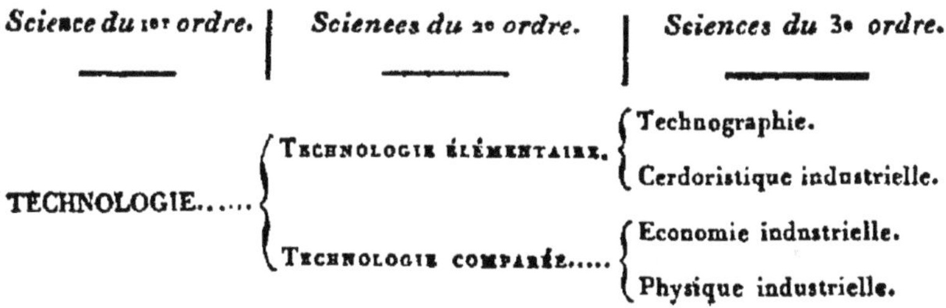

Science du 1er ordre.	*Sciences du 2e ordre.*	*Sciences du 3e ordre.*
TECHNOLOGIE......	TECHNOLOGIE ÉLÉMENTAIRE.	Technographie.
		Cerdoristique industrielle.
	TECHNOLOGIE COMPARÉE.....	Economie industrielle.
		Physique industrielle.

OBSERVATIONS. Il est aisé de voir qu'on retrouve encore ici les quatre points de vue dont nous avons parlé, appliqués à l'objet spécial de ces sciences. Remarquons seulement dans ce tableau un nouvel exemple des modifications que ces points de vue éprouvent quelquefois, selon la nature de l'objet auquel ils se rapportent. Dans la physique, par exemple, le point de vue autoptique contemplait les propriétés des corps; ici il observe des procédés qui tombent également sous les sens. Le point de vue cryptoristique, dans la physique, cherchait les élémens constitutifs des corps; dans la technologie il se propose de découvrir le profit résultant d'une entreprise industrielle. Pour le point de vue troponomique, ce sont aussi des changemens qu'il compare dans l'un et l'autre cas ; mais ici ce sont des procédés divers, comme là c'étaient des changemens produits dans les propriétés des corps, suivant les circonstances où ils se trouvaient. Enfin, le point de vue cryptologique étudie toujours des causes : mais, en physique, c'est pour les connaître ; en technologie, pour appliquer la connaissance de ces causes au choix des moyens les plus propres à atteindre le but qu'on se propose.

§ III.

Sciences du troisième ordre relatives à la composition du globe terrestre, à la nature et à l'arrangement des diverses substances dont il est formé.

C'est le globe que nous habitons qui va maintenant nous occuper. Les sciences que nous avons parcourues jusqu'ici nous ont fourni les mesures, les procédés d'expérience et d'analyse, les instrumens, les moyens de transport, et, en général, tout ce qui est nécessaire pour qu'on puisse se livrer, avec succès, à cette nouvelle étude.

a. Énumération et définitions.

1. *Géographie physique.* La première chose que doit faire celui qui se propose de connaître le globe, c'est d'étudier non-seulement les accidens de sa surface, les mers, les fleuves, les plaines, les montagnes, les directions et les hauteurs respectives de leurs chaînes ; mais encore tout ce qui est relatif à l'aspect général qu'offrent dans chaque pays les végétaux et les animaux qui l'habitent, aux variations que présentent, en divers lieux et en divers

temps, les phénomènes dont la physique expérimentale ne traite que d'une manière générale, tels que sont l'inclinaison et la déclinaison de l'aiguille aimantée, la pression atmosphérique, la température moyenne et les températures extrêmes, celle des mers à différentes profondeurs, celle des eaux thermales, la nature et la quantité des substances que les unes et les autres tiennent en dissolution, la quantité plus ou moins grande des pluies, la direction ordinaire des vents suivant les diverses saisons, etc., etc., et surtout la nature des différens terrains qui, par leur superposition, forment le sol des plaines, et qui s'offrent à découvert sur les flancs des montagnes. En décrivant ces différens terrains, on doit les caractériser par les phénomènes physiques et chimiques qu'ils présentent, et les débris organiques de différente nature qu'ils renferment, sans toutefois s'occuper en détail des diverses substances minérales dont ils sont composés, ce qui est l'objet d'une autre science du troisième ordre, dont nous allons parler, sous le nom de *minéralogie*. Quant à celle dont il est ici question, je lui conserve le nom qu'on lui a donné depuis long-temps de *géographie physique*, et j'y comprends l'hydrographie, qui n'est évidemment qu'une de ses subdivisions.

2. *Minéralogie*. Les divers terrains, qui recouvrent le globe terrestre jusqu'à la profondeur où il est donné à l'homme de pénétrer, ne sont étudiés

dans la géographie physique que sous le rapport des propriétés qu'ils offrent à l'observation immédiate : nous avons maintenant à examiner les matériaux dont ils sont composés. Ces matériaux ont reçu le nom de minéraux, et la science qui en traite celui de *minéralogie*.

Ce ne sont pas seulement les substances minérales homogènes, soit simples, comme le soufre, un métal à l'état natif; soit composées, telles qu'un oxide, un sulfure, un sel, etc., qu'on doit étudier en minéralogie; mais encore les substances hétérogènes, telles que le granite et les autres roches composées, qui diffèrent des précédentes en ce qu'elles sont formées par la réunion de plusieurs minéraux homogènes qu'on peut séparer mécaniquement; ces deux sortes de substances entrent l'une et l'autre dans la composition des terrains dont le minéralogiste doit, sans distinction, déterminer tous les matériaux, tandis que c'est au chimiste qu'appartient la décomposition ultérieure, en leurs principes constituans, de ceux de ces matériaux qui sont homogènes. Il est, d'ailleurs, évident que la minéralogie ne peut venir, dans la classification naturelle de toutes nos connaissances, qu'après la géographie physique, puisqu'il faut bien, quand on parle d'un minéral, pouvoir dire dans quelles parties du globe, dans quelles chaînes de montagnes, dans quelles sortes de terrains, ce minéral se trouve.

On s'étonnera peut-être ici de deux choses, 1°. de

ce que je ne réunis pas la minéralogie à la botanique et à la zoologie, comme on a coutume de le faire sous la dénomination commune d'histoire naturelle; 2°. de ce que j'en fais une science du troisième ordre, tandis que j'élève au premier ordre la botanique et la zoologie, ainsi qu'on le verra dans le chapitre suivant. Je dois donner ici quelques explications à cet égard.

1°. La réunion qu'on fait ordinairement de la minéralogie et des deux sciences dont je viens de parler, ne saurait être admise dans une classification naturelle des sciences. Nous avons vu que, dans une telle classification, on a d'abord à considérer un premier règne qui comprend toutes les vérités relatives au monde matériel, et qui doit être divisé en deux sous-règnes, dont le premier se compose de celles qui se rapportent aux propriétés inorganiques des corps, et le second, des vérités que nous fait connaître l'étude des êtres vivans. Dès lors, la minéralogie ne peut être placée que dans le premier sous-règne, et se trouve ainsi entièrement séparée de la botanique et de la zoologie qui appartiennent au second.

2°. La minéralogie en elle-même, séparée des sciences qu'on y a jointes mal à propos, n'est réellement qu'une science du troisième ordre. En effet, lorsque la simple observation d'un minéral a fait connaître ses propriétés géométriques, c'est-à-dire, ses formes cristallines quand il en présente; ses propriétés physiques, telles que sa pesanteur spécifique, sa dureté, sa transparence ou son opacité, sa conducibilité pour le calorique ou l'électricité, et que la chimie nous a appris de quels élémens il est composé, la connaissance qu'on a de ce minéral est complète. D'ailleurs, pour les minéraux, l n y a point d'autre classification à faire que celle qui est fondée sur leur composition. Ajoutons qu'il n'y a point chez eux ces changemens continuels qui constituent la vie des végétaux et des animaux, qu'il n'y a point de fonctions à expliquer, et que, par conséquent, dans leur étude, il n'y a rien qu'on puisse comparer à ces divisions de la botanique et de la zoologie, que je nommerai physiologie végétale et physiologie animale. La minéralogie se trouve ainsi bornée à décrire, dénommer, ranger, d'après la nature de leurs élémens, toutes les substances inorganiques qu'offre le globe, soit dans son sein, soit à sa surface; elle y parvient à l'aide des emprunts qu'elle fait aux sciences précédentes : la géométrie moléculaire, la physique, la chimie, etc., et n'est, dès lors, qu'une des sciences du troisième ordre comprises dans celle du premier, qui a pour objet spécial l'étude complète de notre planète.

3. *Géonomie*. Quand on a étudié, dans la géographie physique, la configuration et la nature des différens terrains, les propriétés physiques et chimiques qui les caractérisent; que la minéralogie nous a appris de quelles substances minérales, de quels agrégats de ces substances chaque terrain est

composé, il est temps de déterminer les lois de leur situation respective, et celles de la dépendance mutuelle par laquelle certains minéraux ne se trouvent que là où se rencontrent aussi certains autres minéraux. Tel est l'objet d'une science du troisième ordre que j'appelle *géonomie*, de γῆ ou γαῖα, *terre*, et νόμος, *loi*.

4. *Théorie de la terre.* Remonter aux causes des lois dont nous venons de parler, découvrir quels changemens successifs ou quelles révolutions soudaines ont mis le globe dans l'état où nous le voyons, les causes qui ont amené ces formations successives dont nous reconnaissons aujourd'hui l'existence, et qui ont incliné ou brisé çà et là les couches composant l'écorce du globe ; tout cela est l'objet d'une science du troisième ordre, qui complète l'ensemble de nos connaissances relatives au globe terrestre, et que je nommerai *théorie de la terre*. Sous ce nom on a désigné autrefois des hypothèses qui n'étaient que de vains romans ; mais aujourd'hui, grâce aux travaux des géologues modernes, et surtout à ceux de M. Elie de Beaumont, la théorie de la terre s'est élevée au rang d'une véritable science.

b. Classification.

La réunion de ces quatre sciences, qui ont pour objet spécial de nous faire connaître le globe que nous habitons, constitue une science du premier ordre, embrassant toutes les connaissances qui y sont relatives. Je donnerai à cette science le nom de GÉOLOGIE. Les deux premières forment une science du second ordre, que j'appellerai GÉOLOGIE ÉLÉMENTAIRE. Quant à la science du même ordre, qui comprend les deux dernières, comme celles-ci reposent uniquement sur la comparaison des faits géologiques, je pense que le nom le plus convenable pour en désigner la réunion, est celui de GÉOLOGIE COMPARÉE, d'autant que le mot *géognosie*, que j'avais cru d'abord devoir assigner à cette réunion, est employé par ceux qui en font usage, dans une acception toute différente, comme un synonime du mot géologie, à cela près qu'ils en écartent précisément les recherches dont se compose la théorie de la terre.

Ces divisions de la géologie nous donnent le tableau suivant :

Science du 1er ordre.	*Sciences du 2e ordre.*	*Sciences du 3e ordre.*
GÉOLOGIE..........	GÉOLOGIE ÉLÉMENTAIRE......	Géographie physique.
		Minéralogie.
	GÉOLOGIE COMPARÉE.........	Géonomie.
		Théorie de la terre.

OBSERVATIONS. Le point de vue autoptique de l'étude du globe se reconnaît évidemment dans la géographie physique; comme son point de vue cryptoristique dans la minéralogie, qui va chercher dans les divers terrains les matériaux dont ils sont composés. La géonomie, qui classe ces terrains, et compare leurs situations respectives dans tous les lieux où l'on a pu jusqu'à présent les observer, pour en déduire des lois, est essentiellement troponomique; de même que la théorie de la terre, qui remonte aux causes si long-temps cachées de son état actuel, est le point de vue cryptologique de l'ensemble de nos connaissances sur le globe que nous habitons.

§ IV.

Sciences du troisième ordre relatives aux procédés par lesquels nous nous procurons les substances qui se trouvent à la surface ou dans le sein de la terre, destinées à être ensuite transformées de la manière qui nous est la plus avantageuse.

De même que la connaissance des propriétés inorganiques des corps, acquise dans la physique, a été appliquée à l'utilité de l'homme dans les diverses branches de la technologie ; de même, quand la géologie nous a fait connaître la nature des diverses substances qui entrent dans la composition du globe terrestre, et leur disposition, soit dans son sein, soit à sa surface, nous sommes naturellement conduits à étudier tout ce qui est relatif aux moyens par lesquels l'homme se procure celles de ces substances qui peuvent lui être utiles.

a. Énumération et définitions.

1. *Exploitation des mines.* La première science qui se présente ici, a pour objet de décrire tous les procédés par lesquels on se procure les substances minérales, soit qu'il faille les aller chercher dans le sein de la terre, soit qu'on les trouve à sa surface, comme le sable aurifère sur le bord de certains fleuves, soit que la mer les recèle. Elle doit comprendre en outre l'indication des lieux et des terrains où se rencontrent les diverses substances minérales que peuvent réclamer les besoins de la société. Je donnerai à cette science le nom d'*Exploitation des*

mines, qu'on emploie généralement pour la désigner. Seulement, il faut en étendre la signification de manière à y comprendre, non-seulement les procédés employés dans le premier cas, mais encore ceux qui le sont dans les deux autres : par exemple, toutes les opérations par lesquelles on retire le sel marin des eaux de la mer ou des sources salées. Car, comme je l'ai déjà dit, il vaut mieux étendre la signification d'un mot, lors même que l'étymologie semblerait s'y refuser, que de tomber dans l'inconvénient infiniment plus grave de séparer d'une science des objets d'étude qui doivent en faire partie, d'après la nature même des choses.

2. *Docimasie*. Pour diriger une exploitation de mines, pour en tenter une nouvelle, il importe surtout de déterminer le bénéfice ou la perte qui peut résulter d'une entreprise de ce genre. Pour cela, la première chose à faire c'est de découvrir la richesse du minerai qu'on veut exploiter. L'art de faire les essais nécessaires, ou d'évaluer par les procédés du travail en petit les produits et les avantages du travail en grand, s'appelle *docimasie*, de δοκιμάζω, *j'éprouve*, *j'essaie*. Il faut de plus calculer tous les frais de main d'œuvre, de combustible, de transport, d'administration, etc., pour pouvoir les comparer au profit qu'on espère, et aux chances de ventes. Je comprendrai toutes ces recherches sous le nom de *docimasie*, aimant mieux étendre ainsi la signification ordinaire de ce mot, que d'en faire un nouveau.

3. *Oryxionomie.* Il n'est pas moins de l'intérêt de celui qui a une mine à exploiter de comparer les divers procédés qui peuvent être employés, pour choisir les plus avantageux. Cette comparaison peut se faire de deux manières : d'abord, en partant des résultats obtenus par des procédés usités en différens temps et en différens lieux, ce qui suffit souvent pour déduire de cette comparaison des lois ou des règles sûres d'après lesquelles il puisse juger quels sont ceux qu'il doit préférer. Pour désigner cette science, j'ai formé le mot d'*oryxionomie*, du grec ὄρυξις, *action de fouiller le sein de la terre*, et νόμος, *loi*. J'avais d'abord cru pouvoir lui donner le nom de métallurgie ; j'y trouvais l'avantage d'employer un mot connu, mais il fallait en altérer le sens ; car ce qu'on entend ordinairement par métallurgie, c'est cette partie de l'exploitation des mines qui enseigne les procédés qu'on emploie pour séparer les métaux des minerais qui les contiennent. Ce sens m'a paru depuis trop éloigné de l'idée que j'avais à rendre, et c'est ce qui m'a déterminé à créer un nom nouveau.

4. *Physique minérale.* Mais cette comparaison de résultats que souvent on ne pourrait obtenir qu'avec beaucoup de temps et de dépenses, peut se faire bien plus facilement quand on remonte aux causes des phénomènes physiques et chimiques qui se passent dans les divers traitemens qu'on fait subir aux minerais, ce qui d'ailleurs peut seul con-

duire à découvrir de nouveaux agens ou de nouveaux procédés, et en faire prévoir les résultats. C'est la science que j'appellerai *physique minérale*, parce que, comme je l'ai dit plus haut, je comprends la chimie dans la physique générale.

b. Classification.

Ces quatre sciences du troisième ordre nous font connaître tout ce que nous pouvons savoir relativement à leur objet spécial, l'étude des moyens par lesquels nous nous procurons les substances minérales destinées à nos usages. Leur réunion formera une science du premier ordre, que j'appellerai ORYCTOTECHNIE, d'ὀρυκτά, *minéraux*, et de τέχνη, *art*. Cette science du premier ordre peut se diviser en deux du second, dont l'une, l'ORYCTOTECHNIE ÉLÉMENTAIRE, comprendra l'exploitation des mines et la docimasie; tandis que l'autre renfermera l'oryxionomie et la physique minérale, sous le nom d'ORYCTOTECHNIE COMPARÉE; j'ai été conduit à choisir cette expression par les motifs que j'ai exposés plus haut, en parlant de la technologie comparée.

Voici le tableau de cette division :

Science du 1er ordre.	*Sciences du 2e ordre.*	*Sciences du 3e ordre.*
ORYCTOTECHNIE..	ORYCTOTECHNIE ÉLÉMENTre.	Exploitation des mines.
		Docimasie.
	ORYCTOTECHNIE COMPARÉE..	Oryxionomie.
		Physique minérale.

Observations. Il est impossible de méconnaître, dans ces quatre sciences du troisième ordre, une nouvelle application de nos quatre points de vue, autoptique, cryptoristique, etc., précisément comme dans les quatre sciences du troisième ordre qu'embrasse la technologie. Voyez pages 84 et 85.

§ V.

Définitions et classification des sciences du premier ordre qui ont pour objet les propriétés inorganiques des corps et leur arrangement dans le globe de la terre.

Après avoir parcouru toutes les sciences du premier ordre qui se rapportent à cet objet général, et qui doivent, par conséquent, être réunies en un même embranchement, il nous reste à les définir indépendamment des sciences du troisième ordre renfermées dans chacune d'elles, à en déterminer l'ordre et les limites respectives, et à les classer.

a. Énumération et définitions.

1. *Physique générale.* Dans toutes les sciences qui ont précédé la physique générale, le monde était considéré dans son ensemble; celle-ci examine en détail les propriétés des corps inorganiques dont se compose ce vaste ensemble; et quelle que soit l'analogie qui existe entre elle et l'uranologie, ce caractère suffit pour tracer entre deux sciences, d'ailleurs si voisines, la ligne de démarcation qui les sépare, et distingue en même temps l'embranchement des sciences mathématiques de celui des

sciences physiques. L'homme se propose ici un nouvel objet de recherches, et acquiert en même temps un nouveau moyen d'investigation : jusque-là borné à la simple observation, il pourra désormais y joindre l'expérience.

2. *Technologie*. La technologie est distinguée de la physique générale, en ce que, dans cette dernière, nous n'étudions les corps que pour connaître leurs propriétés et les phénomènes qu'ils nous offrent, tandis que, dans la première, c'est pour découvrir l'utilité qu'ils peuvent nous procurer, et les moyens par lesquels nous les approprions à nos besoins.

3. *Géologie*. La distinction de la physique générale et de la géologie est suffisamment déterminée, par cela seul que la première considère les corps en général, et que la seconde les étudie seulement comme faisant partie du globe terrestre. Cette distinction, quand on en vient au détail, est cependant sujette à quelques difficultés, et c'est ce qui m'a engagé à la préciser, en disant que l'étude des propriétés et des phénomènes que présentent les corps partout et en tout temps, est l'objet de la physique générale; tandis que l'étude comparative des modifications dont ces propriétés et ces phénomènes sont susceptibles en divers lieux et en divers temps, est celui de la géologie.

En effet, il appartient à la physique générale de dire que l'aiguille aimantée se dirige vers le nord, en déclinant plus ou moins, soit à l'est, soit à l'ouest; que la pression atmosphérique fait équilibre à une colonne de mercure sujette à varier par un grand nombre de circonstances; que l'eau s'évapore, se condense en nuages, et retombe en pluie; que les diverses substances dont se compose le sol sur lequel nous marchons sont ordinairement disposées en couches sensiblement parallèles, et plus ou moins inclinées, etc. Mais c'est à la géographie physique de dire quelle est la déclinaison de l'aiguille aimantée, la hauteur moyenne du baromètre, la quantité plus ou moins grande de pluie qui tombe dans les différens lieux et les différens temps; et c'est à la géonomie à nous apprendre quelle est, dans ces divers lieux, la nature et l'inclinaison des couches dont le sol est formé. De même la météorologie, tant qu'elle considère d'une manière générale des phénomènes atmosphériques, n'est qu'une division de la physique générale; mais quand elle s'occupe des différences que ces phénomènes présentent en divers lieux, elle appartient à la géographie physique.

4. *Oryctotechnie.* L'oryctotechnie est séparée de la géologie par le même caractère qui distingue la technologie de la physique générale. La géologie étudie les matériaux du globe terrestre, seulement dans le but de les connaître; et l'oryctotechnie dans celui de nous procurer ceux que réclament nos besoins.

Quant à la distinction de la technologie et de l'oryctotechnie, elle est sujette à une difficulté relativement au point précis où l'une cesse et l'autre commence. La technologie a pour objet de transformer les corps de la manière la plus avantageuse, pour les approprier à nos besoins ; celui de l'oryctotechnie est de nous procurer les substances minérales sur lesquelles s'exercent les arts. Pour les substances qui, comme les pierres, la houille, l'ardoise, le peroxide de manganèse et plusieurs autres, sont livrées à l'industrie dans l'état même où elles sortent de la carrière ou de la mine, cette difficulté n'existe pas ; les travaux d'extraction appartiennent à l'oryctotechnie ; l'emploi qu'on fait de ces substances, à la technologie. Mais lorsqu'il s'agit des métaux, par exemple, il faut les retirer des minerais qui les recèlent, par des travaux plus ou moins compliqués, et qu'on peut regarder comme des transformations qu'on fait subir aux matières tirées de la terre, pour commencer à les approprier aux usages auxquels nous les destinons. On serait donc porté à ranger ces travaux dans la technologie; mais comme, d'un autre côté, ils font aussi partie de ceux qu'il est nécessaire d'exécuter pour se procurer le métal, l'oryctotechnie les réclame à son tour. Une considération doit décider en sa faveur : c'est qu'on doit, comme nous l'avons remarqué plus haut, placer en général, dans un même groupe, les vérités dont les mêmes hommes s'occupent, et qu'il convient dès lors de réunir dans les ouvrages où ils doivent les apprendre. Nous fixerons donc la limite entre les deux sciences du premier ordre dont il est ici question, à l'époque où les substances minérales sortent des mains de celui qui exploite la mine, pour être livrées au commerce et à l'industrie.

J'ai aussi hésité d'abord sur la priorité à donner dans l'ordre naturel à la technologie, ou à l'oryctotechnie. Il me semblait, au premier coup-d'œil, qu'on devait s'occuper des moyens de se procurer les substances minérales nécessaires aux arts, avant d'étudier ceux de les mettre en œuvre; et alors non-seulement l'oryctotechnie, mais les sciences relatives à l'utilité que nous retirons des végétaux et des animaux, et dont nous parlerons tout à l'heure, auraient dû être placées, dans l'ordre naturel, avant la technologie; mais je vis bientôt, en y réfléchissant, qu'il n'en était pas ainsi. En effet, on peut comprendre tous les procédés relatifs aux arts qui transforment les substances qu'on trouve dans le commerce, sans s'inquiéter des moyens par lesquels on se les procure; au lieu que c'est la technologie qui fournit à celui qui a des mines à exploiter, tous les instrumens, machines et appareils qui lui sont nécessaires, et dont on ne peut bien comprendre l'usage que quand on a acquis une connaissance suffisante des procédés des arts. Celui qui cultive les végétaux, qui nourrit les animaux, n'a pas moins besoin de cette connaissance; et, d'après ce qui a été dit au commencement de cet ouvrage, cette seule raison suffit pour placer la technologie avant les sciences où l'on étudie les moyens de se procurer les substances de tout genre qu'elle emploie. Or, suivant que ces substances sont minérales, végétales ou animales, les procédés pour les obtenir sont différens, et doivent, par conséquent, être l'objet de sciences différentes; tandis que la même division ne saurait avoir lieu dans la technologie, parce que les procédés qu'elle emploie n'offrent aucune différence essentielle, quelle que soit l'origine des substances qu'elle transforme, et parce qu'elle en réunit souvent dans un même ouvrage, qui proviennent de ces différentes origines, comme lorsque le layetier emploie fer, bois et peaux pour la fabrication d'une malle.

b. Classification.

Ces quatre sciences du premier ordre embrassent l'ensemble des connaissances que nous pouvons avoir relativement à leur objet général indiqué plus haut. J'en formerai donc un embranchement auquel je donnerai le nom de SCIENCES PHYSIQUES, et qui se divisera en deux sous-embranchemens comprenant, le premier, la physique générale et la technologie, sous le nom commun de SCIENCES PHYSIQUES PROPREMENT DITES; et le second, la géologie et l'oryctotechnie, sous celui de SCIENCES GÉOLOGIQUES. Les motifs de cette subdivision des sciences physiques sont trop évidens pour avoir besoin d'être expliqués.

Le tableau suivant rendra sensible cette classification.

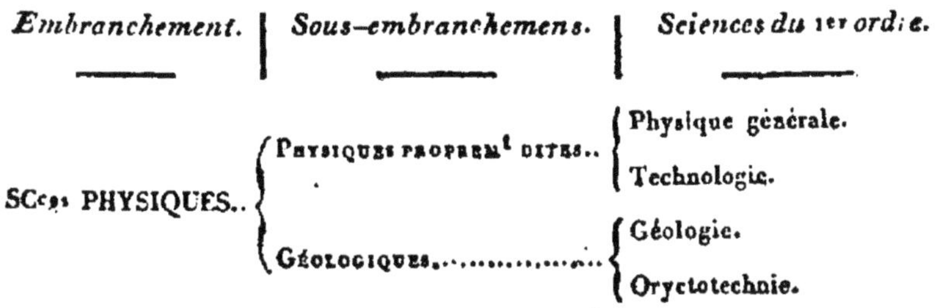

Embranchement.	*Sous-embranchemens.*	*Sciences du 1er ordre.*
SCes PHYSIQUES..	PHYSIQUES PROPREMt DITES..	Physique générale.
		Technologie.
	GÉOLOGIQUES..................	Géologie.
		Oryctotechnie.

OBSERVATIONS. Ici se présente la même remarque que nous avons faite au sujet des quatre sciences du premier ordre, comprises dans l'embranchement des sciences mathématiques. Toutes les recherches du physicien étant fondées sur l'observation immédiate des faits, et celle-ci étant constamment la pierre de touche de la vérité des formules qu'il déduit, soit de l'expérience, soit des hypothèses qu'il fait sur la nature des forces des atomes, il est facile de reconnaître dans cette science le point de vue autoptique de l'embranchement auquel elle appartient. La technologie a pour but de découvrir l'utilité que nous pouvons retirer des corps, et les moyens que nous devons employer pour les approprier à nos besoins; ce sont là autant de *problèmes* qui constituent le point de vue cryptoristique des sciences physiques. La géologie détermine et compare les changemens qu'éprouvent, en divers lieux et en divers temps, soit les propriétés et les phénomènes que présentent les corps, soit leur disposition à la surface et dans le sein de la terre: c'est bien là le point de vue troponomique. Enfin, c'est à l'oryctotechnie qu'il appartient d'aller chercher dans le sein de la terre les substances qui y sont cachées, de découvrir les moyens auxquels nous devons recourir pour les en retirer, et de surmonter tous les obstacles que la nature oppose à leur extraction; point de vue cryptologique relativement à l'objet général des sciences dont se compose l'embranchement dont il est ici question.

CHAPITRE TROISIÈME.

Sciences cosmologiques relatives aux êtres vivans, végétaux et animaux.

A L'ÉTUDE du globe terrestre et des matériaux dont il se compose, il est naturel de faire succéder d'abord celle des végétaux qui naissent de son sein et couvrent sa surface, ensuite celle des animaux qui en habitent les diverses régions.

§ I.

Sciences du troisième ordre relatives à la connaissance des végétaux et des phénomènes qu'offre la vie dans ces êtres organisés mais privés de sensibilité et de locomotion.

Dans l'étude des végétaux, nous devons d'abord avoir égard à leur simple *connaissance*, et ce sera l'objet du présent paragraphe ; dans le suivant, nous parlerons des sciences relatives à l'utilité que nous en retirons.

a. Énumération et définitions.

1. *Phytographie.* De l'observation immédiate des végétaux résulte la connaissance de leurs caractères extérieurs, celle de la nature des sols où ils existent, des climats qu'ils habitent et des hauteurs auxquelles on les y trouve au-dessus du niveau de la mer. Ce premier degré de la connais-

sance des végétaux, est l'objet d'une science du troisième ordre, que j'appellerai *phytographie*, de φύτον, *plante*. J'y comprends tous les recueils de figures et de descriptions, soit d'espèces isolées, soit de genres ou de familles, soit des plantes de certaines contrées, de celles qui ont été recueillies dans un voyage, etc.

2. *Anatomie végétale*. Dans la géologie, après avoir étudié la configuration du globe et les divers terrains qu'il offre immédiatement à notre observation, nous avons pénétré dans son sein pour y chercher ce qu'il nous cache; et la minéralogie, qui est pour ainsi dire *l'anatomie de la terre*, nous en a fait connaître la composition jusqu'à la profondeur où nous pouvons pénétrer. Nous devons aussi étudier dans les plantes ce qu'elles dérobent à l'observation immédiate, c'est-à-dire, leur organisation intérieure; et de même que le minéralogiste a deux choses à considérer, les minéraux homogènes et les aggrégats qui en sont formés, celui qui s'occupe d'anatomie végétale a aussi à considérer les tissus végétaux homogènes et les organes qui sont formés par la réunion de divers tissus; il doit décrire ces tissus et ces organes comme le minéralogiste décrit les minéraux et les roches. Toutes les vérités qui résultent de cette nouvelle étude composeront une seconde science du troisième ordre, que je ne crois pas pouvoir mieux nommer qu'en l'appelant *anatomie végétale*.

3. *Phytonomie*. Si maintenant nous comparons les végétaux les uns avec les autres, soit un même végétal avec lui-même à différens instans de son existence, pour en conclure les lois de la classification naturelle des végétaux en familles, classes et embranchemens (1), et celles qui régissent leur naissance, leur accroissement, leur décadence et leur mort, nous recueillerons ainsi de nouvelles vérités, objet d'une science du troisième ordre que j'appellerai *phytonomie*.

Outre la classification naturelle des vegétaux et les lois dont je viens de parler, je comprends dans la phytonomie la distribution des différens groupes de végétaux sur la surface de la terre, dans les diverses *régions* qu'ont distinguées les botanistes. L'étude de cette distribution nous fait aussi connaître des lois ; et d'ailleurs, de même que c'est dans la phytographie, où l'on décrit les diverses espèces de plantes, que l'on doit indiquer *l'habitation* de chacune, c'est dans la phytonomie, où les végétaux sont classés en groupes naturels de différens ordres, que l'on doit déterminer les régions qu'habitent ceux de ces groupes qui sont bornés à certains climats, et présenter une sorte de tableau général de la manière dont ils sont distribués

(1) On sait que le règne végétal se divise en trois embranchemens, qui ont reçu le nom de plantes acotylédones, monocotylédones, dicotylédones.

sur le globe. Cette partie de la phytonomie se trouve liée à la géographie physique ; elle en emprunte de nombreux secours, et complète les notions que cette dernière science nous donne sur l'aspect général du sol dans les différens pays qu'elle décrit.

4. *Physiologie végétale.* Enfin, pour compléter la connaissance des végétaux, il reste à examiner les causes de leur vie, la formation et les fonctions de leurs organes ; c'est la *physiologie végétale.*

b. Classification.

La réunion de ces quatre sciences du troisième ordre, en forme une du premier, la BOTANIQUE. En réunissant seulement les deux premières, on aura une science du second ordre qui recevra le nom de BOTANIQUE ÉLÉMENTAIRE ; et la PHYTOGNOSIE, ou connaissance plus approfondie des végétaux, deuxième science du second ordre comprise dans la botanique, embrassera la phytonomie et la physiologie végétale, ainsi que le montre le tableau suivant :

Science du 1er ordre.	*Sciences du 2e ordre.*	*Sciences du 3e ordre.*
BOTANIQUE.........	BOTANIQUE ÉLÉMENTAIRE....	Phytographie.
		Anatomie végétale.
	PHYTOGNOSIE..................	Phytonomie.
		Physiologie végétale.

OBSERVATIONS. Dans les définitions que nous venons de donner des quatre sciences qui ont pour objet spécial la connaissance des plantes, il est trop facile de reconnaître les quatre points de vue que nous avons signalés tant de fois, pour qu'il soit nécessaire d'entrer dans aucun détail à cet égard.

§ II.

Sciences du troisième ordre, relatives à l'utilité ou à l'agrément que nous retirons des végétaux, et aux travaux et aux soins par lesquels nous nous procurons les matières premières qu'ils nous fournissent.

Après l'étude que la botanique fait des végétaux seulement pour les connaître, vient se placer naturellement celle des mêmes végétaux sous le rapport de l'utilité ou de l'agrément que nous en retirons.

a. Énumération et définitions.

1. *Géoponique.* Les travaux de la campagne et des jardins soit d'utilité, soit d'agrément, la connaissance des époques où il convient de les faire, et celle des instrumens qu'on y emploie; les soins à donner aux végétaux indigènes ou exotiques, la construction des serres, la manière dont on recueille ce que les plantes offrent d'utile, soit lorsque nous les avons cultivées, soit lorsqu'elles ont crû spontanément, et qu'il faut les aller chercher dans les champs incultes, sur les montagnes et dans les forêts; les procédés employés pour séparer les substances diversement utiles qu'elles contiennent, et

retirer de chacune d'elles tous les avantages qu'elles peuvent procurer; les préparations que ces substances exigent pour être livrées à la consommation et à l'industrie, les moyens de les conserver jusqu'à cette époque, etc.; voilà ce qu'on peut observer immédiatement, et c'est l'objet d'une première science du troisième ordre à laquelle j'ai donné, d'après Varron, le nom de *géoponique*, de γεωπονικός, *relatif aux travaux des champs*.

On s'étonnera peut-être que j'y comprenne les travaux du bûcheron et de l'herboriste; mais il est évident que ces travaux, comme tous ceux que je viens d'indiquer, ont pour objet de nous procurer les substances végétales qui peuvent nous être utiles ou agréables. Les auteurs qui ont écrit sur l'agriculture ne comprennent-ils pas dans cette science la chasse et la pêche, que j'y aurais réunies moi-même, si, comme on va le voir, je n'avais pas fait une science à part de tout ce qui concerne l'utilité ou l'agrément que nous retirons des animaux ?

2. *Cerdoristique agricole*. Un autre objet d'étude se présente ici. Déterminer tout ce qui se rapporte au profit qu'on peut retirer d'une entreprise agricole en activité, ou aux avantages qu'on peut espérer lorsqu'il s'agit d'en former une nouvelle; apprécier la valeur d'un terrain d'après son étendue et sa qualité; calculer les mises de fonds nécessaires pour construction de bâtimens, achat d'instrumens

ruraux et de bétail, pour le desséchement d'un marais, un défrichement, etc., tout cela est l'objet d'une autre science, bien distincte de la précédente, et que j'appellerai *cerdoristique agricole*.

3. *Agronomie*. Bornée aux deux sciences dont nous venons de parler, l'agriculture resterait stationnaire; les divers procédés employés en différens pays, s'y perpétueraient sans s'améliorer. Pour qu'ils puissent se perfectionner, pour que les meilleures méthodes se propagent, il faut d'abord les comparer sous le rapport des résultats obtenus par toutes celles qui ont été mises en usage, soit afin de choisir les meilleures, soit pour déduire de ces comparaisons des lois générales qui puissent diriger l'agriculteur dans ses travaux. Par exemple, celle que les mêmes végétaux ne peuvent pas avec succès se cultiver constamment sur le même terrain, d'où la théorie des assolemens; celles qui déterminent les engrais les plus convenables à chaque végétal, à chaque espèce de terrain, et quelles plantes conviennent, dans les divers climats, aux différens sols, suivant leur nature, leur exposition, leur degré d'humidité, etc. C'est à cette science du troisième ordre que je crois qu'on doit donner le nom d'*agronomie*, quoique j'avoue que ce mot a été employé, mal à propos, à ce qu'il me semble, dans un sens à peu près semblable à celui que j'ai donné au mot cerdoristique agricole, pour désigner une des parties de cette science.

4. *Physiologie agricole*. Mais ces comparaisons

purement empiriques, outre le temps et les dépenses qu'elles exigeraient, n'étant dirigées par aucune théorie, ne pourraient pas toujours conduire au but proposé, et surtout seraient insuffisantes pour l'amélioration des méthodes par de nouveaux procédés déduits de la connaissance des causes. La recherche des causes, la comparaison de ce qui se passe en grand dans la culture des végétaux, avec ce que l'on observe dans les expériences en petit, appartiennent à une quatrième science du troisième ordre, qui complète toutes nos connaissances relatives à la culture des végétaux, et prendra le nom de *physiologie agricole.*

b. Classification.

Je conserverai le nom d'AGRICULTURE à la science du premier ordre qui comprend les quatre sciences du troisième, que je viens d'énumérer et de définir, et l'agriculture se divisera naturellement en deux sciences du second ordre : l'AGRICULTURE ÉLÉMENTAIRE, comprenant la géoponique et la cerdoristique agricole; et l'AGRICULTURE COMPARÉE, formée par la réunion de l'agronomie et de la physiologie agricole. Voici le tableau de cette classification :

Science du 1er ordre.	*Sciences du 2e ordre.*	*Sciences du 3e ordre.*
AGRICULTURE......	AGRICULTURE ÉLÉMENTAIRE.	Géoponique.
		Cerdoristique agricole.
	AGRICULTURE COMPARÉE.....	Agronomie.
		Physiologie agricole.

Observations. Les quatre points de vue autoptique, cryptoristique, etc., sont ici trop évidens pour avoir besoin d'être signalés.

§ III.

Sciences du troisième ordre relatives à la connaissance des animaux et des phénomènes qu'offre la vie dans les êtres où elle est jointe à la sensibilité et à la locomotion.

L'ordre naturel amène maintenant les sciences qui ont pour objet de *connaître* les animaux.

a. Énumération et définitions.

1. *Zoographie.* La première de ces sciences a pour objet l'étude de tout ce que les animaux offrent à l'observation immédiate, leurs formes, leurs caractères extérieurs, les alimens dont ils se nourrissent, leurs mœurs, les lieux qu'habite chaque espèce, etc.; je lui donnerai le nom de *zoographie*, de ζῶον, *animal*, et γράφω, *je décris*. C'est à cette science du troisième ordre qu'a été borné, en général, le travail de Buffon sur les animaux dont il s'est occupé, tel que l'avait conçu ce grand homme, et c'est ici que viennent se placer tous les recueils de descriptions et de figures, soit des animaux d'un même genre ou d'une même famille, soit de ceux qui habitent certaines régions, ou qui ont été observés dans un voyage, etc.

2. *Anatomie animale.* Ici vient l'*anatomie* des

animaux, comme la minéralogie qui est une espèce d'anatomie du globe terrestre à dû succéder à la géographie physique, comme nous avons placé l'anatomie végétale à la suite de la phytographie. Elle cherche de même dans les animaux ce qu'ils dérobent à l'observation immédiate, décrit les tissus homogènes et les organes qui en sont composés. C'est la partie de l'histoire naturelle des animaux qu'a traitée Daubenton dans des travaux moins brillans, mais aussi utiles à la science que ceux de son illustre collaborateur.

3. *Zoonomie*. Alors le génie est venu s'emparer des résultats de ces divers travaux; il a comparé toutes les modifications dont l'organisation animale est susceptible, et de cette comparaison il a déduit ces lois d'après lesquelles il lui a suffi d'un fragment d'os que recelait un rocher dont la masse l'avait soustrait aux ravages du temps, pour retrouver toute l'organisation et jusqu'aux mœurs d'un animal dont les révolutions du globe avaient fait disparaître l'espèce; lois dont la découverte n'a pas seulement conduit à cet étonnant résultat, mais a donné naissance à la première classification naturelle des animaux, celle qu'on doit à l'illustre Cuvier, et qui, perfectionnée par son frère, est devenue la plus parfaite des classifications; car celle des végétaux, premier exemple d'une méthode vraiment naturelle, ne me paraît pas encore parvenue au même degré de perfection, surtout parce qu'on

ne s'est pas encore occupé des ordres naturels des plantes, divisions intermédiaires entre les familles et les classes, dont on ne peut méconnaître l'existence dans l'ensemble des rapports mutuels des végétaux. C'est à cette science que j'ai donné le nom de *zoonomie*, à l'exemple de quelques naturalistes modernes. J'y comprends, comme je l'ai fait dans la phytonomie, à l'égard des végétaux, les lois générales de la distribution des divers groupes naturels du règne animal sur la surface de la terre.

4. *Physiologie animale.* Enfin la *physiologie animale*, où se trouve comprise l'organogénie, étudie les causes de la vie dans les animaux, la formation et les fonctions de leurs organes, ainsi que la physiologie végétale le fait pour les plantes.

b. Classification.

L'ordre dans lequel nous rangeons ici ces sciences ne présente aucune difficulté ; la zoonomie ne peut établir des lois qu'en partant des faits observés par le zoographe et l'anatomiste, et la classification naturelle qui résulte de ces lois peut seule guider le physiologiste dans ses travaux, quand il veut embrasser tout l'ensemble du règne animal.

La science du premier ordre qui a pour objet spécial la *connaissance* de cet ensemble, et qui comprend les sciences du troisième ordre dont nous venons de parler, s'appelle la ZOOLOGIE. Je n'ai pas besoin d'avertir qu'elle renferme tout ce qui est relatif à l'homme, considéré sous le rapport de son organisation; que c'est par conséquent dans la zoographie que se place l'histoire des différentes *races* du genre humain, et que l'anatomie et la physiologie humaine sont comprises dans l'anatomie et la physiologie animale. La zoologie se divise en deux sciences du second ordre : d'abord la ZOOLOGIE ÉLÉMENTAIRE, qui comprend la zoographie et l'anatomie animale; puis la ZOOGNOSIE, qui contient la zoonomie et la physiologie animale. Le tableau suivant expliquera cette classification.

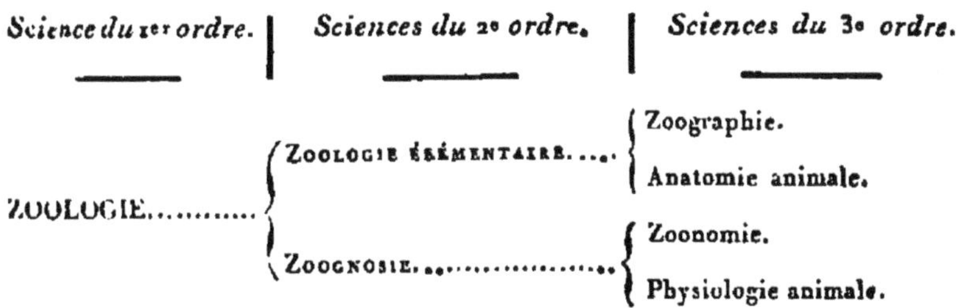

Science du 1er ordre.	*Sciences du 2e ordre.*	*Sciences du 3e ordre.*
ZOOLOGIE...........	ZOOLOGIE ÉLÉMENTAIRE.......	Zoographie.
		Anatomie animale.
	ZOOGNOSIE....................	Zoonomie.
		Physiologie animale.

OBSERVATIONS. Le lecteur a sans doute reconnu ici une nouvelle application des quatre points de vue qui se sont déjà présentés tant de fois, et il n'a pu méconnaître le point de vue autoptique dans la zoographie ; le point de vue cryptoristique dans l'anatomie animale ; le troponomique (1) dans la zoonomie, et le cryptologique dans la physiologie animale, où en étudiant la formation et les fonctions des organes, on s'occupe par là même de ce qu'on peut appeler les *causes* de la vie.

(1) Il est presque inutile de remarquer que ce ne sont pas des comparaisons quelconques, mais seulement celles qui ont pour objet d'établir des lois générales, des classifications naturelles, ou des règles pour déterminer dans chaque cas les méthodes qu'il convient d'employer, qu'on doit considérer comme constituant le point de vue troponomique ; en sorte que quand après avoir décrit dans le plus grand détail, soit pour les caractères extérieurs, soit pour les organes internes, un animal comme le type d'un embranchement, d'une classe, d'un genre, on se borne, au lieu de décrire les autres de la même manière, à en signaler les différences avec le premier, on ne fait que de la zoographie ou de l'anatomie animale, et non de la zoonomie.

§ IV.

Sciences du troisième ordre relatives à l'utilité ou à l'agrément que nous retirons des animaux aux travaux et aux soins par lesquels no.. nous procurons les matières premières tirées du règne animal.

La zoologie nous ayant fait connaître les animaux en eux-mêmes, il nous reste à les étudier sous le rapport des avantages qu'ils peuvent procurer à l'homme.

a. Énumération et définitions.

1. *Zoochrésie*. La première science qui se présente ici a pour but de faire connaître, d'une part, les procédés par lesquels on obtient, on nourrit, on rend propres aux différens services que nous pouvons en retirer, les animaux qui nous sont soumis; de l'autre, ceux par lesquels nous nous procurons les espèces sauvages qui peuplent la terre, les fleuves ou les mers. Ainsi, la nourriture des troupeaux et des animaux domestiques de toute espèce, jusqu'aux oiseaux dont le chant nous récrée; l'éducation des abeilles et des vers à soie, la chasse et la pêche, la préparation des matières animales pour les amener à l'état où elles sont livrées au commerce et à l'industrie, et les moyens de les conserver jusqu'à cette époque, sont également compris dans cette science que j'appelle *zoochrésie*, de χρῆσις, *usage*, *action de se servir*.

2. *Zooristique.* Une seconde science du troisième ordre relative au même objet, comprend tout ce qui se rapporte à la détermination des profits et des pertes qui peuvent résulter d'une spéculation sur les animaux, soit réalisée, soit simplement projetée, comme d'un troupeau, d'un haras, d'un rucher, d'une magnanière, d'un étang, de l'affrétement d'un navire pour la pêche de la morue ou de la baleine, etc. De même que l'évaluation d'un champ qu'on se proposait de louer ou d'acheter faisait partie de la cerdoristique agricole, de même la détermination de la valeur des animaux qu'on est dans le cas d'acheter pour quelque usage que ce soit, et, par conséquent, les signes auxquels on reconnaît leur âge, leurs forces, leurs défauts, etc., appartient à la science pour laquelle j'ai fait le nom de *Zooristique.*

3. *OEcionomie.* Pour compléter nos connaissances relatives aux procédés d'éducation des animaux, de préparation et de conservation des substances qu'ils nous fournissent, procédés qui souvent sont si différens selon les temps et les lieux, il faut comparer ces divers procédés, dans la vue de choisir les meilleurs; c'est ce qui peut se faire de deux manières : l'une, purement expérimentale, consiste à partir des résultats obtenus, et à déduire de cette comparaison des règles d'après lesquelles on puisse se diriger dans le choix de ceux qui offrent le plus d'avantages. J'ai donné à cette science le nom d'*œ-*

cionomie, du grec οἰκεῖος, *domestique*, que j'entends ici des animaux, et dont je me suis servi, parce que, hors le cas d'une volière ou d'une ménagerie, il n'y a guères que les animaux domestiques qui puissent être l'objet des comparaisons et des améliorations dont elle s'occupe.

4. *Threpsiologie*. L'autre manière de comparer les divers procédés, pour choisir les meilleurs, consiste à en prévoir les résultats sans en faire l'essai, en étudiant les causes des phénomènes physiologiques qui ont lieu dans l'organisation des animaux, suivant les manières diverses dont on les nourrit et dont on les soigne. Outre les avantages d'une marche qui dispense d'une multitude d'essais infructueux, on y trouve celui d'être conduit, par la théorie, à la découverte de nouveaux procédés ou de nouvelles combinaisons des procédés connus. Les effets généraux de toutes les circonstances qui influent sur la nutrition des animaux, telles que la diversité des alimens solides ou liquides, la température, le degré d'humidité des lieux où ils vivent, les effets de la castration, etc., sont les principaux objets de cette science, à laquelle j'ai donné le nom de *threpsiologie*, formé de θρέψις, *action de nourrir*, *d'élever*.

b. Classification.

Ces quatre sciences renferment toutes les connaissances relatives à leur objet spécial indiqué plus haut, et composent une science du premier ordre, que je nomme ZOOTECHNIE. La zoochrésie réunie à la zooristique, sous le nom de ZOOTECHNIE ÉLÉMENTAIRE, en seront le premier degré; et le second, la ZOOTECHNIE COMPARÉE, se compose de l'œcionomie et de la threpsiologie.

Voici le tableau de ces sciences.

Science du 1er ordre.	*Sciences du 2e ordre.*	*Sciences du 3e ordre.*
ZOOTECHNIE.........	ZOOTECHNIE ÉLÉMENTAIRE...	Zoochrésie.
		Zooristique.
	ZOOTECHNIE COMPARÉE.........	Œcionomie.
		Threpsiologie.

OBSERVATIONS. La zootechnie est relativement à la zoologie ce que l'agriculture est par rapport à la botanique. La considération des mêmes points de vue donne ici naissance à des divisions absolument analogues. Il serait superflu de les expliquer en détail.

§ V.

Définitions et classification des sciences du premier ordre relatives aux êtres vivans, végétaux et animaux.

Reprenons maintenant les quatre sciences du premier ordre que nous venons de parcourir, pour justifier l'ordre dans lequel nous les avons rangées, déterminer avec plus de précision le caractère distinctif de chacune d'elles, et les limites qui la séparent des autres.

a. Énumération et définitions.

1. *Botanique.* La botanique est suffisamment définie quand on a dit que c'est la science qui a pour objet la connaissance des végétaux. Je me bornerai à remarquer ici que ce n'est pas parce que l'on a toujours placé les végétaux entre les corps inorganiques et les animaux, que je leur ai assigné cette place. Il est aisé de voir que, dans l'ordre naturel, les végétaux doivent précéder les animaux. La vie n'y est, pour ainsi dire, qu'à son premier degré : ce n'est que dans les animaux qu'elle atteint tout son développement par la sensibilité et la locomotion. D'ailleurs, l'on conçoit très-bien que la terre a pu être couverte de végétaux sans qu'il y eût un seul animal, tandis que les animaux ne peuvent exister sans les végétaux. Enfin, le botaniste peut se faire une idée très-nette d'un végétal, sans penser aux animaux qui s'en nourrissent ; tandis que le zoologiste, pour avoir une connaissance complète des animaux, doit savoir de quels végétaux se nourrit le ruminant ou le rongeur, sur quelle plante vit l'insecte dont il étudie les mœurs. Comment parler du ver à soie, sans dire quel est l'arbre dont la nature a destiné les feuilles à lui servir d'aliment ?

2. *Agriculture.* C'est encore là une science suffisamment définie, quand on a fait connaître le but qu'elle se propose. Elle est d'abord distinguée de la botanique, parce qu'au lieu de s'occuper seu-

lement de la connaissance des végétaux, elle a pour objet d'en retirer l'utilité ou l'agrément qu'ils peuvent nous procurer. Elle se distingue de la zootechnie, dont nous allons parler, et qui a été confondue avec elle dans la plupart des ouvrages sur 'agriculture, en ce qu'elle doit être restreinte à la culture et à l'utilité que nous retirons des végétaux, comme la zootechnie à l'éducation des animaux et aux avantages qu'ils nous procurent. La seule difficulté que puisse présenter la circonscription de cette science, c'est la détermination précise de la limite qui la sépare de la technologie. On pourrait se demander à laquelle de ces deux sciences appartiennent les procédés par lesquels on fait du vin avec du raisin, on retire l'huile des substances oléifères, etc.. Nous dirons, comme lorsqu'il a été question des limites de l'oryctotechnie, que ces procédés doivent appartenir à l'agriculture, dans laquelle on doit comprendre tous les travaux dont les substances végétales sont l'objet, jusqu'au moment où les produits sortent des mains de l'agriculteur pour passer dans celles du consommateur, ou pour être livrés au commerce et à l'industrie. On a vu, dans l'article de la géoponique, que j'y comprends également les procédés pour se procurer les substances que produisent les végétaux que la nature seule fait naître dans les lieux où l'homme n'a pas étendu son empire ; parce que ces procédés sont aussi des moyens de se procurer des substances végétales. Il faut peut-être pour cela donner au mot *agriculture* une acception un peu plus étendue que celle qu'il a ordinairement ; mais, comme je l'ai déjà dit, je ne fais en cela que suivre l'exemple de ceux qui ont écrit sur cette science. Quelques auteurs ont cru au contraire devoir restreindre l'acception du mot agriculture, en n'y comprenant que les travaux relatifs à la culture des céréales ; cette restriction n'est pas seulement contraire à l'usage, elle l'est aussi à l'étymologie du mot agriculture ; *ager* est le terme générique, c'est *arvum* qui a le sens restreint dont il est ici question, et si l'on veut désigner cette partie de l'agriculture, il faut adopter le mot d'*arviculture*, comme on a donné celui d'*horticulture* à une autre partie de la même science. Il est évident que ces subdivisions de l'agriculture ne peuvent être considérées que comme des sciences du quatrième et du cinquième ordre, dont je n'ai point à m'occuper.

3. *Zoologie.* La distinction entre la zoologie et les deux sciences précédentes est assez déterminéee par la diversité des objets dont elles s'occupent ; mais ici se présente entre ces dernières et la zoologie quelque chose de semblable à ce que nous avons vu quand, après l'arithmologie et la géométrie, nous avons passé à la mécanique. Dans l'arithmologie, il n'était question que de la mesure des grandeurs en général ; dans la géométrie, de la mesure d'une espèce particulière de grandeur,

l'étendue; mais, dans la mécanique, à ces considérations de grandeur sont venues se joindre des idées de mouvemens et de forces. Au lieu d'examiner des rapports abstraits de grandeur, ou les propriétés de l'étendue vide et immobile, elle a porté ses regards sur la matière, sans laquelle on ne peut concevoir ni mouvement, ni force, ni cette propriété d'inertie par laquelle se conserve le mouvement une fois imprimé. De même, dans la botanique, on étudie les végétaux en général, ces êtres où la vie est en quelque sorte réduite à ses termes les plus simples, naître, croître, se reproduire, mourir; dans l'agriculture, on ne s'occupe que de certains végétaux, ceux qui peuvent nous être utiles; mais dans les animaux, objet de la zoologie, à ce premier degré de la vie viennent se joindre ces mouvemens spontanés, ces forces locomotrices qui les distinguent des végétaux, et la sensibilité sans laquelle la faculté de se mouvoir serait inutile.

C'est dans la zoologie que l'homme, qui ne s'est montré jusqu'ici que comme étudiant les objets dont il est entouré et leurs rapports mutuels, ou exerçant sur eux son industrie pour les approprier à ses besoins, commence à devenir lui-même un des objets de ses études : mais il ne l'est encore ici que sous le rapport de son organisation, plus parfaite mais de même nature que celle des animaux, entre lesquels il est placé à son rang par le zoologiste. A mesure que nous avancerons dans l'échelle des connaissances humaines, il acquerra toujours plus d'importance. A peine dans la psychologie y aura-t-il encore une faible partie de cette science consacrée aux animaux ; et bientôt l'homme considéré sous le rapport de ses plus nobles attributs deviendra l'unique objet des sciences qui nous resteront à parcourir.

L'importance que l'homme a dû attacher naturellement à l'étude de sa propre espèce, et surtout le but qu'on se proposait en s'occupant de la partie de cette étude où il est question de sa description et des fonctions de ses organes, d'en appliquer les résultats à l'art de guérir, a fait confondre les limites qui séparent la zoologie des sciences médicales, dont je parlerai dans le chapitre suivant. Ce qui précède suffit pour faire cesser cette confusion : mais elle a eu des conséquences sur lesquelles je dois appeler l'attention du lecteur. 1°. Dans les ouvrages où, sous le nom de zoologie, on s'est surtout occupé de zoographie et de zoonomie, la division de ces sciences a été empruntée à celle des animaux eux-mêmes. On a donné les noms d'*ornithologie*, *ichthyologie*, *entomologie*, etc., à la description et à la classification des oiseaux, des poissons, des insectes, etc. Dans ma classification, où la zoographie est distinguée de la zoonomie, on ne pourrait admettre cette division qu'en partageant la première en sciences du quatrième ordre, qu'on nommerait *ornithographie*, *ichthyographie*, *ento-*

mographie, etc.; et la seconde en *ornithonomie*, *ichthyonomie*, *entomonomie*, etc. Je suis loin de penser que de telles divisions dussent être admises dans la science, et je ne vois aucun inconvénient à conserver les dénominations reçues, afin que celui qui ne veut traiter que d'un des groupes du règne animal, puisse indiquer, par le titre même de son ouvrage, quel est le groupe dont il s'occupe. Je pense seulement que ce serait trop restreindre le sens des mots tels qu'ornithologie, ichthyologie, entomologie, etc., que d'en borner l'emploi à la description et à la classification des animaux compris dans ces divers groupes. Chacune des sciences ainsi dénommées devrait contenir quatre subdivisions; l'une pour les descriptions, l'autre pour l'anatomie des animaux qui en seraient l'objet; une troisième pour leur classification et les lois générales qui s'y rapportent, et la dernière pour tout ce qui est relatif aux fonctions de leurs organes.

2°. Au contraire, ceux qui ont écrit sur l'anatomie et la physiologie, s'occupant surtout de l'homme, ont tiré les subdivisions qu'ils ont établies dans ces sciences d'une tout autre considération, celle des différens organes étudiés, soit en eux-mêmes, soit dans leur formation et leurs développemens successifs; et c'est ainsi qu'on a divisé l'anatomie animale en *ostéologie*, *névrologie*, *splanchnologie*, etc., et qu'on a distingué dans la physiologie animale l'*organogénie* des autres parties de la science, celle-ci se subdivisant naturellement en *ostéogénie*, *névrogénie*, etc. Il en est de ces dénominations comme de celles des diverses parties de l'anatomie. Bien loin de croire qu'on doive les rejeter, je les regarde comme présentant un véritable avantage, par la nécessité où l'on est, quand une science est fort étendue, d'en traiter les différentes parties dans des ouvrages spéciaux, surtout quand il se rencontre un de ces hommes rares que le développement d'une seule idée conduit à des découvertes tellement nombreuses et tellement multipliées, que de leur ensemble résulte en effet une science nouvelle, comme nous avons vu naître l'*organogénie* des recherches d'un des plus grands physiologistes dont la France s'honore.

Mais il est évident que toutes ces subdivisions de la zoologie correspondantes aux divers groupes d'animaux, ne peuvent être admises dans une classification générale des sciences, parce que rien n'en détermine le nombre, et qu'on pourrait l'étendre ou le restreindre, pour ainsi dire, à volonté. Celui qui publierait un ouvrage sur les singes seulement, pourrait, par exemple, donner le nom de *pithécologie* à la partie de la science dont il s'occuperait. Le bel ouvrage de M. Dejean prendrait le nom de *coléoptérologie*, etc. Chaque monographie pourrait devenir une science. Les divisions de l'anatomie animale seraient également arbitraires : l'étude des organes respiratoires, comparés dans toutes les classes d'animaux, pourrait également être considérée comme une science à part, etc., et il n'y aurait pas de raison pour ne pas établir des divisions semblables dans l'anatomie végétale, en considérant, par exemple, sous le nom de *carpologie*, les travaux de Gærtner et des autres botanistes qui ont pris le fruit pour objet spécial de leurs recherches.

4. *Zootechnie*. Quant à la zootechnie, les caractères qui la distinguent de l'agriculture et de la zoologie étant déjà déterminés, sa circonscription ne peut souffrir de difficultés qu'à l'égard de la limite qui la sépare de la technologie. Cette limite doit encore être fixée à l'instant où, soit les produits des animaux, tels que la laine, la soie, le lait, le miel, la cire, soit les animaux eux-mêmes, ou leurs dépouilles, passent des mains de ceux qui se les sont procurés dans celles qui les transformeront pour les approprier à nos besoins.

J'ai déjà remarqué qu'on a presque toujours réuni la zootechnie avec l'agriculture, et moi-même je ne les avais pas séparées dans mes premiers tableaux des connaissances humaines. Un de nos agronomes les plus distingués (1), dont je m'honore d'être l'ami, me fit le premier observer que puisque

(1) M. de Gasparin, correspondant de l'Institut.

je séparais la zoologie de la botanique, rien ne pouvait m'autoriser à ne pas séparer de même la zootechnie de l'agriculture; il me dit que, dans un ouvrage sur tous les travaux de la campagne, dont il s'était long-temps occupé, il avait cru devoir traiter à part de l'agriculture proprement dite, et de tout ce qui est relatif à l'éducation des animaux domestiques, ainsi qu'à la chasse et à la pêche. Je me refusai d'abord à cette distinction, dont j'ai reconnu plus tard la justesse.

On pourrait diviser la zootechnie en plusieurs sciences analogues aux subdivisions qu'on peut, comme nous venons de le dire, faire dans la zoologie, en partant, soit des différens groupes d'animaux que l'homme approprie à ses besoins, soit des divers genres d'utilité qu'il en retire; distinguer, par exemple, la zootechnie des mammifères de celle des oiseaux, des poissons, des insectes, etc.; parler dans l'une du soin des troupeaux, dans l'autre de ceux qu'exigent la basse-cour, le colombier, le vivier, le rucher ou la magnanière; ou bien, séparer l'art d'engraisser les animaux qui servent à notre nourriture, de l'art de dompter et de soumettre au travail ceux qui nous sont utiles sous ce rapport; traiter à part des moyens de chasse ou de pêche, et les subdiviser même, d'après les divers groupes d'animaux, comme quand on a voulu faire une science sous le nom barbare d'*aviceptologie*. Mais de telles subdivisions ne sauraient être admises dans une classification générale des sciences.

b. Classification.

Ces quatre sciences du premier ordre, qui ont pour objet général l'étude des êtres organisés, forment un embranchement bien distinct des précédens, par le grand phénomène de la vie qui se manifeste dans ces êtres. Je lui ai donné le nom d'embranchement des SCIENCES NATURELLES. J'ai déjà remarqué combien c'est mal à propos qu'on a réuni la minéralogie avec la botanique et la zoologie sous le nom d'*Histoire naturelle*; et j'ai indiqué la nécessité de faire d'un caractère aussi profondément tracé que l'est celui des phénomènes de la vie, le caractère qui partage en deux sous-règnes le règne des sciences cosmologiques. Je remarquerai à ce sujet que si on avait fait plus d'attention à l'étymologie du mot *nature*, on n'aurait peut-être pas songé à comprendre la minéralogie dans les sciences dites *naturelles*. Ce mot dérive de *natus*, *nasci*, né, naître ; il ne devrait donc s'appliquer qu'aux êtres qui naissent, et, par conséquent, croissent, se reproduisent et meurent. Le mot *monde*, dans son acception propre, ne devrait, suivant moi, comprendre que l'ensemble inorganique de l'univers, et celui de *nature* devrait être restreint aux êtres organisés qui l'habitent. Le monde, la nature, l'homme embrassant l'univers dans sa pensée et s'élevant par elle jusqu'à son créateur, les sociétés humaines enfin, tels seraient alors les quatre objets auxquels se rapporteraient toutes nos connaissances.

L'embranchement des sciences naturelles se divise évidemment en deux sous-embranchemens : celui des SCIENCES PHYTOLOGIQUES, et celui des SCIENCES ZOOLOGIQUES PROPREMENT DITES ; la restriction exprimée par ces derniers mots est nécessaire, parce qu'autrement le nom de *sciences zoologiques* comprendrait non-seulement celles dont il est ici question, mais encore tout l'embranchement suivant. Voici le tableau de cette classification.

Embranchement.	*Sous-embranchemens.*	*Sciences du 1er ordre.*
SCes NATURELLES	SCIENCES PHYTOLOGIQUES........	Botanique.
		Agriculture.
	SCIENCES ZOOLOGIQUES PROPt DITES	Zoologie.
		Zootechnie.

OBSERVATIONS. Arrivés à la mécanique, nous avons remarqué que toutes les sciences du troisième ordre dont elle se compose, offraient quelques caractères du point de vue troponomique; qu'un de ces caractères relatif aux *changemens* de situation des corps qui se meuvent, se présentait également dans la cinématique et dans la dynamique; mais que celui qui consiste dans la comparaison des objets dont on s'occupe, et dans les lois qui résultent de cette comparaison, ne se manifestait que dans la dynamique, véritable point de vue troponomique de la mécanique. Ici, ce n'est pas à l'égard des quatre sciences du troisième ordre, que renferme toute science du premier, mais relativement aux quatre sciences du premier ordre qui composent chaque embranchement, qu'on peut faire une remarque analogue. Les végétaux éprouvent, comme les animaux, des changemens continuels; comme eux, ils naissent, croissent, se reproduisent et meurent; comme eux, ils ne subsistent que par les nombreux rapports qui existent entre eux et tout ce qui les entoure : le sol où ils plongent leurs racines, l'eau, l'air, la lumière, etc. Les caractères propres au point de vue troponomique, se trouvent donc dans les uns et dans les autres, mais combien ces caractères ne sont-ils pas plus frappans dans les animaux, qui sont, pour ainsi dire, une mécanique vivante?

Dès lors, relativement aux corps organisés, objet général de l'embranchement dont nous parlons, c'est dans l'étude des végétaux, qui, toujours immobiles, s'offrent aux observations du botaniste, sans qu'il ait à craindre de les voir fuir sa présence, que nous trouverons le point de vue autoptique de cet objet général.

L'agriculture où l'on a à découvrir l'utilité ou l'agrément que nous pouvons retirer de ces mêmes végétaux, et les procédés par lesquels nous nous procurons les substances qu'ils fournissent à la consommation et à l'industrie, en est le point de vue cryptoristique.

C'est ensuite dans la zoologie que l'on voit des êtres vivans se mouvoir, agir, chercher ce qui leur est utile, fuir ce qui leur est nuisible, changer sans cesse de positions et de lieux, et soutenir avec tout ce qui les entoure des rapports infiniment plus multipliés que les végétaux, d'où résultent des lois organiques à la fois plus nombreuses et plus variées : c'est là que ces êtres nous apparaissent essentiellement sous le point de vue troponomique. Enfin, l'utilité que nous retirons des animaux, il a fallu la découvrir comme celle que nous procurent les végétaux; mais combien cette découverte n'exigeait-elle pas plus d'adresse et de génie? Sur les bords du Gange et dans les îles de l'Archipel indien, l'homme encore sauvage n'avait qu'à tendre la main pour cueillir un fruit; mais dans des contrées où la nature lui refusait cette ressource, réduit à vivre de chasse et de pêche, ce n'était qu'à force de fatigue et d'adresse qu'il pouvait saisir une proie toujours prête à le fuir ou à se défendre de ses attaques en l'attaquant lui-même; et quand les progrès de la civilisation lui apprirent à s'entourer d'êtres vivans sur lesquels il pût fonder sa subsistance d'une manière plus assurée, n'était-il pas plus facile à l'Indien de semer et de recueillir du riz, qu'à l'habitant de régions moins favorables, de réduire en domesticité les animaux dont la chair devait le nourrir? Ainsi, quand la zootechnie et l'agriculture ont à résoudre des problèmes analogues, la première se propose d'atteindre un but plus *caché*, et c'est à ce caractère qu'on y reconnait le point de vue cryptologique de l'étude des êtres vivans.

CHAPITRE QUATRIÈME.

Sciences cosmologiques relatives soit aux agens et à toutes les circonstances, tant externes qu'internes, qui conservent, altèrent, rétablissent ou détruisent dans les animaux l'ordre normal des phénomènes vitaux, soit aux altérations dont il est susceptible.

L'HOMME et les animaux, objets de nos études dans les sciences zoologiques, y ont d'abord été considérés sous le rapport de l'organisation qui leur est commune, ensuite sous celui de l'utilité que le premier peut retirer des derniers; mais mille agens, mille circonstances diverses, tant externes qu'internes, agissent sans cesse sur la vie dont ils sont doués, l'entretiennent, l'altèrent, la rétablissent, la détruisent. Cette organisation est en outre sujette à des modifications dues tantôt à l'action qu'exercent sur elle quelques-uns de ces agens ou de ces circonstances, tantôt à des causes internes inconnues. Il s'établit alors dans l'économie animale des séries de phénomènes particuliers, auxquels on a donné le nom de maladies. Tels sont les objets que nous avons maintenant à étudier; les notions acquises jusqu'ici nous ont suffisamment préparés à cette étude.

Mais avant de m'en occuper, je crois devoir faire

quelques observations. Je remarquerai d'abord que dans la zoologie, l'homme n'entrait que sous le rapport de son organisation, et comme placé à la tête de la série des animaux. La zootechnie, par la nature même de son objet, exclut de son domaine l'homme et ceux des animaux qui ont conservé leur indépendance; à l'exception toutefois des moyens de chasse et de pêche qu'elle indique contre ces derniers. Dans les sciences que nous allons parcourir, les végétaux, qui ont déjà cessé de nous occuper, et dont la *vie* n'est susceptible que de modifications infiniment moins nombreuses et moins variées, ne reparaîtront plus; nous en verrons la raison dans le chapitre V, quand nous traiterons des sciences médicales considérées en général; mais les animaux que l'homme s'est soumis joueront encore un rôle important, quoique l'homme lui-même soit le principal objet de cette branche de nos connaissances.

Je remarquerai ensuite que les sciences dont il va être question dans ce chapitre prennent le nom de *médecine*, quand il s'agit de l'homme, et d'*art vétérinaire*, lorsqu'on s'occupe des animaux domestiques. Cette distinction étant une de celles qui constituent les sciences des quatrième et cinquième ordres dont j'ai annoncé que je ne m'occuperais pas, tout ce que je dirai sera général; et comme l'homme est le principal objet des sciences dont il s'agit, pour éviter des circonlocutions qui reviendraient sans cesse, j'avertis ici qu'au lieu de dire *la médecine* et *l'art vétérinaire*, *l'homme* et *l'animal malade*, j'emploîrai seulement les termes relatifs à la médecine humaine.

Enfin, j'appellerai l'attention du lecteur sur une de ces circonstances dépendantes de la nature même des objets auxquels se rapportent les connaissances qu'il s'agit de classer, et d'après lesquelles on doit modifier les formes ordinaires de la nomenclature. Nous verrons, dans les observations par lesquelles le cinquième chapitre est terminé, pourquoi toutes les vérités dont se composent les sciences dont il est question dans celui-ci, présentent plus ou moins ce caractère de considérer les objets dont elles s'occupent, seulement en tant qu'ils sont *cause* des effets utiles ou nuisibles qu'ils produisent sur la vie ou la santé de l'homme et des animaux, et non point en eux-mêmes ni relativement à d'autres propriétés, ce qui ferait nécessairement double emploi, puisqu'ils ont dû être considérés sous ces autres rapports dans les sciences précédentes.

Il n'y a pas lieu d'être surpris qu'un même objet doive être étudié sous des rapports divers, non-seulement dans des sciences différentes appartenant à un même embranchement, mais encore, d'après la nature de ces rapports, dans divers embranchemens. Déjà nous avons dit que s'il s'agit d'un minéral, ses formes cristallines doivent être étudiées dans celui des sciences mathématiques, tandis que ses propriétés physiques et sa composition, l'usage qu'on en fait dans les arts, les lieux et les terrains où il se trouve, les travaux oryctotechniques par lesquels on se le procure, doivent l'être successivement dans les quatre sciences dont se compose l'embranchement des sciences physiques.

Toutes les vérités dont il sera l'objet, sous ces différens rapports, appartiendront aux deux embranchemens du sous-règne relatif aux propriétés inorganiques des corps. Mais l'action qu'il exerce sur l'homme et sur les animaux, soit comme remède, soit comme poison, ne saurait faire partie de ce qui doit être étudié dans ces deux embranchemens. Elle ne peut l'être qu'après qu'on s'est occupé, dans celui des sciences naturelles, de leur organisation elle-même : et cependant ce n'est pas non plus dans ces dernières sciences qu'on doit comprendre les recherches relatives au genre d'action dont il est ici question. Il s'agit, en effet, d'une propriété appartenant à un minéral, mais qui ne lui appartenant que par rapport à des êtres vivans ne peut être étudiée qu'après ceux-ci. La seule place que puissent avoir des recherches de cette nature dans la classification générale des connaissances humaines, est donc dans un second embranchement du sous-règne organique, celui dont nous allons nous occuper, et où, pour éviter les doubles emplois, il faut admettre que quand on y traite d'un corps, on doit considérer comme déjà connu, tout ce qu'il offre de relatif aux divers points de vue sous lesquels il a été étudié dans les embranchemens précédens, et ne plus s'occuper que de son action sur l'économie animale.

Ainsi, par exemple, les effets nuisibles produits par les exhalaisons des marais, doivent être étudiés dans les sciences dont nous allons nous occuper; mais la nature des gaz dont elles se composent, celle des substances qu'ils entraînent avec eux, les phénomènes chimiques qui se passent dans leur production par la putréfaction des végétaux ou des animaux, qui leur donne naissance, tout cela fait partie de la chimie; ces végétaux et ces animaux appartiennent à la botanique et à la zoologie. C'est aussi dans cette dernière science qu'on doit faire connaître les reptiles venimeux, la sécrétion de leur venin doit être expliquée dans la physiologie animale, et il ne reste plus ici qu'à examiner l'action qu'il exerce sur la vie de l'homme et des animaux, et les phénomènes morbides qui résultent de cette action. De même, la composition et la préparation des médicamens, par exemple, les qualités qu'ils doivent présenter et auxquelles on en reconnaît la bonté, n'appartiennent point aux sciences dont nous allons parler, mais à la technologie. Le pharmacien les prépare et les vend comme le fabricant de couleurs prépare et vend les matières colorantes ; l'un et l'autre ont également recours, pour se guider dans leurs opérations, à la *chimie appliquée aux arts*, qui est comprise dans la partie de la technologie à laquelle j'ai donné le nom de physique industrielle.

La préparation des médicamens suppose sans doute des connaissances plus approfondies qu'il n'en faut, par exemple, pour construire des instrumens de chirurgie, ou pour préparer nos alimens ; les erreurs du pharmacien peuvent avoir des suites trop funestes pour qu'on n'exige pas de lui de longues études ; mais est-ce une raison pour ne pas comprendre l'art qu'il exerce parmi ceux dont on s'occupe dans la technologie, à moins qu'on n'en séparât aussi, pour les placer dans les sciences médicales, ceux du coutelier et du cuisinier, parce que le chirurgien emploie des instrumens fabriqués par le premier, parce que le médecin prescrit des alimens préparés par le second.

De cette circonstance particulière aux sciences dont nous avons à traiter dans ce chapitre, il résulte d'abord que celles du troisième ordre, comprises dans une même science du premier, ne diffèrent pas seulement entre elles, parce que les mêmes objets y sont considérés sous différens points de vue, mais encore par une diversité dans la nature de ces objets, qui rend les uns plus propres à être considérés sous un point de vue, les autres sous un autre, ainsi que nous le verrons à mesure que nous en ferons l'énumération. Dès lors ces sciences du troisième ordre, appartenant à une même science du premier, sont plus indépendantes entre elles que dans les embranchemens précédens, et lorsqu'on les groupe deux à deux pour en former des sciences du second ordre, on ne saurait dire qu'une de ces dernières soit plus élémentaire que l'autre. Ne pouvant donc plus, comme je l'ai fait jusqu'ici, désigner une des deux sciences du second ordre comprises dans une même science du premier, par le même nom que celle-ci en joignant à ce nom celui d'élémentaire, il a fallu recourir à un autre mode de nomenclature. Je craignis d'abord d'être obligé de créer, pour celles de ces sciences du second ordre auxquelles l'usage n'avait assigné aucun nom, de nouveaux mots tirés de la langue grecque, moyen dont je ne me suis servi dans ma classification que quand cela m'a paru indispensable; mais je m'aperçus bientôt que parmi les deux sciences du second ordre comprises dans chacune de celles du premier que réunit l'embranchement dont il est question dans ce chapitre, il y en avait toujours une qui se rapportait plus particulièrement à l'objet que cette dernière considérait d'une manière plus générale, en sorte qu'elle pouvait être désignée par le même mot, suivi de l'épithète *proprement dite*, et que l'autre science du second ordre exigeait seule un nom à part; seulement, tant que j'avais employé celle d'élémentaire, c'était toujours à la première science du second ordre que cette épithète s'appliquait nécessairement, tandis qu'il n'y avait pas de raison pour que ce fût la première ou la seconde à laquelle convînt celle de proprement dite, en sorte que la signification précise du nom adopté pour la science du premier ordre et la nature de l'objet auquel elle se rapportait, devaient seules être consultées à cet égard.

§ I.

Sciences du troisième ordre relatives aux effets produits en général par les divers agens et les différentes circonstances qui peuvent modifier les phénomènes vitaux dans l'homme et dans les animaux qu'il s'est soumis.

Occupons-nous d'abord de l'influence des agens et circonstances par lesquels nous produisons ou qui produisent malgré nous des modifications dans l'organisme, soit, dans l'un et l'autre cas, qu'elles nous soient utiles ou nuisibles; car, ainsi que nous allons le voir, en énumérant ces agens, il n'est pas moins utile de connaître les avantages que nous pouvons retirer des premiers, que les suites fâcheuses que peuvent avoir les seconds, pour se servir des uns et éviter les autres, la distinction qu'on établit entre ces agens ou circonstances, suivant qu'ils sont utiles ou nuisibles, ne pouvant conduire qu'à des subdivisions du quatrième ou cinquième ordre, dont il ne doit point être question dans cet ouvrage.

a. Enumération et définitions.

1. *Pharmaceutique.* Nous avons d'abord à considérer les effets produits par diverses substances qui, n'entrant pas dans le régime habituel des êtres animés, ont la propriété de modifier les phénomènes vitaux, ou même de les faire entièrement cesser. On a donné à ces substances le nom de remèdes ou de poisons, selon que l'action en est avantageuse ou funeste, distinction qui ne saurait être prise en considération, quand il s'agit de définir la science qui doit également les étudier, pour qu'on puisse avoir recours aux uns, quand ils peuvent être utiles, et se préserver des dangers auxquels on pourrait être exposé par les autres. C'est pourquoi j'ai désigné la science qui s'occupe des effets produits par ces diverses substances sous le nom de *pharmaceutique*, du mot grec φαρμακευτική, qui vient de φαρμάκευσις, action de médicamenter, et aussi d'empoisonner, à cause du double sens du mot φάρμακον; celui de φαρμάκευσις étant tout à fait étranger à la préparation des médicamens nommée en grec φαρμακοποιΐα. Aussi, emploient-ils l'expression φαρμακευτική, dans le sens que je donne ici au mot pharmaceutique, comme celui de διαιτητική dans le sens que je conserverai pour désigner la

science dont je parlerai tout à l'heure sous le nom de diététique : seulement comme ils ne distinguaient pas la physique médicale des autres sciences du premier ordre dont je vais m'occuper dans la suite de ce chapitre, et qu'ils ne traitaient des moyens d'agir sur l'économie animale que sous le point de vue de leur utilité, ils considéraient la diététique et la pharmaceutique comme faisant partie de ces sciences, et ils n'y admettaient que les connaissances relatives aux régimes et aux substances médicinales qui nous sont utiles; tandis que je comprends, en outre, dans la diététique la détermination des effets nuisibles des régimes insalubres; et, dans la pharmaceutique, celle de l'action que les poisons exercent sur l'organisme, conformément à la double signification du mot primitif φάρμακον.

2. *Traumatologie*. Nous avons ensuite à étudier l'action qu'exercent sur l'organisation de l'homme et des animaux les agens extérieurs qui l'altèrent; soit lorsque cette action sépare des parties naturellement unies, comme il arrive dans les coupures, les ruptures, les fractures, et dans les opérations chirurgicales où l'on retranche ce qui nuirait à la vie, où l'on ouvre les vaisseaux et les diverses cavités du corps, etc.; soit quand la même action s'exerce en comprimant ces parties, les contondant ou les désorganisant d'une manière quelconque, tant lorsque cela a lieu par accident, que quand le chirurgien s'en sert comme d'un moyen de guérison.

Tels sont les effets produits par les brûlures, l'action des caustiques, etc.; mais s'il s'agit de piqûres, de morsures, on pourra avoir à considérer séparément la blessure en elle-même qui doit être étudiée ici, et l'introduction dans les tissus organiques d'une substance qui est un véritable poison, et dont l'action est par conséquent du ressort de la pharmaceutique.

Il n'était pas facile de trouver un nom convenable pour la science que nous avons à considérer dans cet article, parce que ceux que l'usage a assignés aux différentes branches de l'art de guérir, ont été en général choisis seulement dans l'intention de désigner l'usage qu'on fait dans cet art des moyens qu'on emploie pour conserver la santé, préserver des maladies ou les guérir, et que, comme je l'ai déjà dit, on ne doit point séparer, dans l'étude des agens de même nature, les recherches où l'on se propose seulement d'en connaître les effets, de celles qui ont pour objet d'en tirer, comme moyens de guérison, tous les avantages qu'ils peuvent nous procurer. L'étymologie du mot pharmaceutique et celle des noms diététique et phrénygiétique, par lesquels je désignerai les sciences du troisième ordre dont je m'occuperai tout à l'heure, me permettaient d'en étendre la signification conformément à ce principe; mais il n'en est pas de même des mots chirurgie ou médecine opératoire. Quoique la connaissance des effets funestes produits par les plaies, les fractures, etc., soit aussi nécessaire au chirurgien que celle des instrumens dont il se sert et des opérations qu'il doit pratiquer, et que ces deux genres de connaissance, si on voulait les distinguer, ne pussent donner lieu, dans la science du troisième ordre qui nous occupe, qu'à une de ces divisions du quatrième ou du cinquième, étrangères au plan de mon ouvrage, il m'était évidemment impossible de donner cette extension à la signification des mots chirurgie ou médecine opératoire, dont l'étymologie, conforme à l'usage qu'on en fait, est en contradiction manifeste avec une semblable extension. J'ai donc cru devoir adopter, pour désigner la science du troisième ordre dont nous parlons, le nom de *traumatologie*, de τραῦμα, *plaie*, *contusion*, *blessure*, et dont rien n'empêche d'étendre la signification, comme on l'a fait pour tant d'autres dans les mots scientifiques que nous avons tirés du grec. Dès lors le mot traumatologie s'appliquera également bien à tout ce que j'ai rapporté à la science que je nomme ainsi, soit qu'il s'agisse des blessures, compressions, etc., arrivées par accident; de celles que le chirurgien est dans le cas d'opérer; des moyens ou des instrumens auxquels il a recours pour atteindre son but; soit même des expériences faites sur les animaux vivans, par lesquelles on se proposerait d'essayer les moyens chirurgicaux avant de les pratiquer sur l'homme, mais s'il s'agissait de fournir à la physiologie animale les faits sur lesquels elle repose, et ceux dont elle attend les nouveaux progrès qu'elle ne peut faire que par ce moyen, ce serait à cette dernière science, et non à la traumatologie, qu'appartiendraient les expériences faites dans ce but ; de même que ce n'est pas dans la pharmaceutique, mais dans la physiologie animale, qu'on doit placer les expériences sur l'introduction de matières insolites dans l'organisation, qui seraient faites uniquement dans la vue de résoudre des questions relatives à la physiologie.

3. *Diététique*. Dans les deux sciences précédentes, les effets des moyens qu'elles étudient se manifestent en général presque immédiatement, en sorte que rien n'est plus facile que de les constater par l'observation ou l'expérience. Il n'en est pas de même des effets produits par les causes de modifications organiques dont je vais m'occuper. L'action plus lente de ces causes ne peut ordinairement être reconnue que par la comparaison de ce qui arrive, dans des circonstances semblables, à des individus dont les uns sont soumis à cette action, et les autres ne le sont pas. Elles comprennent tout ce qui est relatif au régime, lorsqu'on prend ce mot dans le sens le plus général, et qu'on l'applique non-seulement à l'homme, mais

encore aux animaux que nous pouvons observer d'assez près pour les étudier sous ce point de vue. Ces causes sont, par exemple, les alimens dont ils se nourrissent, la température ou les divers degrés d'humidité de l'air qu'ils respirent, les lieux qu'ils habitent, leurs travaux habituels, les divers genres d'exercices des organes locomoteurs et des organes des sens, les différens modes de repos plus ou moins prolongés, etc. L'étude des modifications utiles ou nuisibles produites dans l'économie animale par ces différentes causes, est l'objet d'une science que les grecs ont nommée διαιτητικὴ, d'où nous avons tiré le nom de *diététique* que je lui conserverai.

Ce que nous avons remarqué plus haut relativement à la traumatologie et à la pharmaceutique, s'applique également à la diététique. On doit, par exemple, comprendre dans cette dernière science les expériences faites dans la vue de juger des avantages que nous pourrions retirer des nouvelles substances alimentaires proposées par ces hommes qui, en multipliant nos moyens d'existence, se sont placés au premier rang des bienfaiteurs de l'humanité, mais non celles qu'on ferait pour étendre nos connaissances en physiologie, expériences qui doivent être rapportées à cette dernière science.

C'est aussi dans la diététique qu'on doit étudier les conséquences nuisibles d'un exercice forcé ou trop long-temps continué des organes musculaires, de même qu'une trop constante application de ceux de nos sens que cette application pourrait altérer ou détruire, comme il n'arrive que trop souvent à celui de la vue.

Les exercices gymnastiques, les procédés orthopédiques et les expériences par lesquelles on peut chercher à les perfectionner et à en constater les avantages, doivent être décrits ici, tandis que l'application de ces procédés pour prévenir ou guérir des infirmités, qu'on doit regarder comme des maladies, appartient à des sciences dont nous parlerons plus tard, la prophylactique et la thérapeutique spéciale; de même que les opérations de la chirurgie doivent être décrites dans la traumatologie, tandis que leur application, dans les divers cas où il convient d'y avoir recours, appartient aussi aux deux sciences que nous venons de nommer.

4. *Phrénygiétique.* Les phénomènes vitaux peuvent être modifiés par un dernier genre de causes qu'on a eu tort, si je ne me trompe, de ne pas considérer comme devant être l'objet d'une science à part; car l'étude des effets qui leur sont dus, aussi nécessaire au médecin que celle de la pharmaceutique, de la traumatologie et de la diététique, ne peut évidemment être comprise dans aucune de ces trois sciences. Je veux parler des modifications que les causes morales apportent

dans l'organisation; telles sont les passions, la concentration de l'attention sur certaines idées, la tristesse, la gaieté, une profonde douleur, une grande joie, le changement dans les relations ordinaires de l'homme avec ceux qui l'entourent, soit qu'il résulte d'une nouvelle position sociale, ou qu'il soit prescrit par le médecin, etc., etc. Je réunirai tout ce qui est relatif aux effets produits par des causes de ce genre dans une science du troisième ordre, à laquelle je donnerai le nom de *phrénygiétique*, déduit, précisément comme diététique l'a été de διαιτα, du mot composé φρενυγίεια (1), par lequel j'ai cru pouvoir supposer que les Grecs auraient désigné l'influence utile ou nuisible que le moral de l'homme peut exercer sur sa santé, s'ils avaient eu ces idées à exprimer, de même qu'ils auraient probablement nommé φρενολογία la science qui porte en français le nom de *phrénologie*.

C'est à la phrénygiétique qu'appartient l'étude des phénomènes si dignes d'attention, qui sont dus à cette exaltation de la sensibilité et de quelques-unes de nos facultés intellectuelles, qui a été désignée sous les noms d'extase, de somnambulisme et de magnétisme animal.

Il n'est pas nécessaire, pour observer les effets

---

(1) J'ai formé ce mot de φρὴν, qui signifie en général *la force de l'âme ou de la pensée*, et qui comprend, par conséquent, les effets qu'elle peut produire sur l'organisation, et de ὑγίεια, *santé*.

produits sur l'organisation par les pensées et les passions humaines, d'avoir étudié celles-ci comme le fait le moraliste; il suffit d'en avoir cette connaissance générale que les relations sociales en donnent à tous les hommes. Ce n'est donc pas là un emprunt que les sciences médicales font aux sciences du règne noologique, qui ne viennent qu'après dans ma classification ; mais c'est, au contraire, si l'on plaçait dans ces dernières les vérités dont se compose la phrénygiétique, qu'on tomberait dans l'inconvénient d'être obligé, en traitant des sciences médicales dont nous allons parler sous les noms d'*hygiène*, de *nosologie* et de *médecine pratique*, d'avoir recours à des sciences qu'on ne connaîtrait pas encore; car on ne peut se passer, dans la théorie comme dans la pratique de la médecine, des connaissances relatives à l'influence que le moral de l'homme exerce sur sa santé.

b. Classification.

La réunion de ces quatre sciences du troisième ordre forme une science du premier à laquelle je donne le nom de PHYSIQUE MÉDICALE.

Pour se faire une idée nette du sens que j'attache à ce nom, et de l'emploi que j'en fais pour désigner une science du premier ordre, tandis que je donnerai celui de physiologie médicale à une science du troisième qui en est bien distincte, il faut faire attention à la signification toute différente que l'usage a assignée aux deux mots physique et physiologie, quoique, d'après leur étymologie, ils semblent devoir être synonymes. Je regarde comme un principe fondamental, en fait de nomenclature, de n'avoir aucun égard à l'étymologie des mots devenus français, et dont l'usage a fixé la signification. Or, quoique physique et physiologie soient dérivés du même mot φύσις, qui n'aurait dû s'appliquer qu'aux êtres qui naissent, croissent, se reproduisent et meurent, le *Jus et norma loquendi* a décidé, en français, que le mot physique comprendrait tout ce que nous savons en général sur les corps, et particulièrement tout ce qui est relatif à leurs propriétés inorganiques et aux phénomènes qui en résultent, soit qu'on l'ait appris par l'observation et l'expérience, soit qu'on l'ait déduit de l'explication des phénomènes. D'un autre côté, l'usage a décidé que le mot physiologie, non-seulement ne s'appliquerait qu'à des connaissances relatives aux corps organisés, mais encore ne désignerait que celles de ces connaissances qui sont relatives soit à l'explication des fonctions et de la formation des organes, soit à celle des modifications que peut éprouver l'organisation elle-même, c'est-à-dire, en général, à la recherche des causes de la vie, et aux diverses applications des résultats qu'on déduit de la connaissance de ces causes.

C'est d'après la signification assignée par l'usage aux deux mots dont il est ici question, que j'ai dû donner le nom de physique générale à la science du premier ordre relative aux propriétés inorganiques des corps, les seules qui restent aux matériaux des corps organisés, quand, après leur mort, on isole ces matériaux pour les étudier sous les rapports physiques et chimiques. J'ai dû aussi nommer physique industrielle, physique minérale, des sciences du troisième ordre comprises dans la technologie et l'oryctotechnie, et où l'on applique les principes de la physique générale à la recherche des causes et des effets qu'elles doivent produire, parce que, dans ces dernières, les corps sont encore considérés sous le rapport de leurs propriétés inorganiques. Dès lors la restriction donnée par l'usage au mot physiologie ne me permettait de l'employer pour aucune science du premier ordre, mais seulement pour des sciences du troisième composées de vérités relatives à la dépendance mutuelle des causes et des effets, considérée dans les êtres vivans, telles que les sciences auxquelles j'ai donné les noms de physiologie végétale, agricole, animale.

Maintenant qu'il s'agit d'étudier les effets produits par les circonstances physiques et les divers agens qui, de quelque règne qu'ils soient tirés, agissent à la manière des corps inorganiques, j'ai dû donner à la science du premier ordre, qui considère successivement ces circonstances et ces agens sous les différens points de vue que présente leur étude, le nom de physique médicale dans le même sens où j'avais dit physique générale. J'appliquerai, au contraire, quand il sera question des maladies et des traitemens qui leur conviennent, celui de physiologie médicale à la science du troisième ordre, où l'on s'occupe des causes des phénomènes qu'elles présentent et des effets qui résultent des divers traitemens prescrits aux malades.

Il est évident que l'action du moral sur le physique de l'homme produisant des effets organiques dont il faut que le médecin s'occupe, comme des autres circonstances qui peuvent modifier les phénomènes vitaux, la phrénygiétique doit être comptée parmi les sciences médicales et comprise dans le premier règne ; tandis que l'action du physique sur le moral, étudiée par le philosophe lorsqu'il cherche à découvrir les causes de tout genre qui déterminent les caractères, les mœurs, les passions des hommes, doit être comprise, au contraire, dans le second règne, où les vérités relatives à cette action trouveront place dans la science à laquelle j'ai donné le nom d'*Ethogénie*.

La physique médicale se divisera en deux sciences du second ordre. Je donnerai à la première le nom de PHYSIQUE MÉDICALE PROPREMENT DITE, parce que les moyens d'agir sur l'économie animale dont elle s'occupe produisent des effets qui ont lieu et s'observent en quelque sorte immédiatement, comme ceux que détermine l'action mutuelle des corps inorganiques soumis aux expériences de la physique générale ; elle comprendra la pharmaceutique et la traumatologie. Pour la seconde, composée de la diététique et de la phrénygiétique, il fallait nécessairement faire un nouveau mot ; j'ai adopté celui de BIOTOLOGIE, de βιοτή, *genre de vie, tout ce qui est habituel dans la manière dont chacun vit.*

Voici le tableau de cette classification :

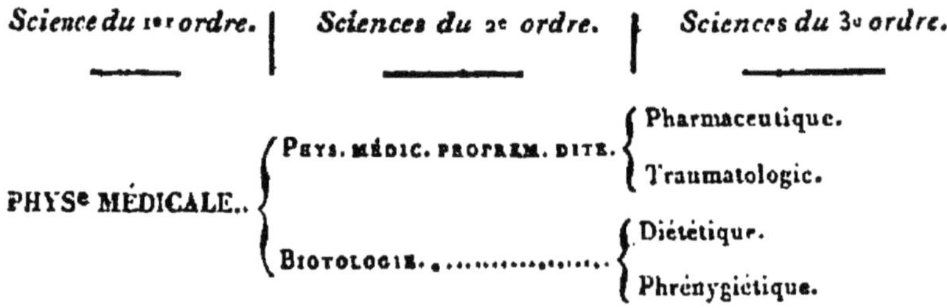

Science du 1er ordre.	*Sciences du 2e ordre.*	*Sciences du 3e ordre.*
PHYSe MÉDICALE..	PHYS. MÉDIC. PROPREM. DITE.	Pharmaceutique.
		Traumatologie.
	BIOTOLOGIE.	Diététique.
		Phrénygiétique.

OBSERVATIONS. A l'égard de l'objet spécial des sciences que présente ce tableau, la pharmaceutique, dont tous les effets sont d'observation immédiate, est évidemment le point de vue autoptique : la traumatologie, où il s'agit surtout de *découvrir* quels sont les procédés et les instrumens les plus propres à donner à l'*art* chirurgical toute la perfection dont il est susceptible, en offre le point de vue cryptoristique, et se trouve ainsi occuper dans la physique médicale la même place que l'anatomie animale dans la zoologie. La diététique compare les changemens qu'on peut faire subir au régime de l'homme et des animaux domestiques, avec les effets qui en résultent, et établit des lois générales qui nous font connaître les avantages et les inconvéniens des divers régimes : c'est donc là le point de vue troponomique du même objet. Enfin, la phrénygiétique étudie des causes de changemens dans les phénomènes vitaux, dont le mode d'action, comme tout ce qui tient à l'action de l'âme sur les organes, est un des mystères les plus cachés de la vie. On ne peut méconnaître à ce caractère le point de vue cryptologique de la physique médicale.

§ II.

Sciences du troisième ordre relatives à l'application des vérités dont se compose la physique médicale, à la conservation de la vie et de l'état normal des fonctions organiques auquel on a donné le nom de santé.

Il ne suffit pas d'avoir étudié en eux-mêmes les divers moyens d'agir sur l'organisation, et de connaître en général les effets, soit utiles, soit nuisibles, produits par l'emploi de ces moyens, il faut savoir quel est, dans les diverses circonstances qui peuvent se présenter, l'usage que doivent en faire les hommes, soit pour eux, soit pour les animaux qu'il leur importe de conserver; et d'abord nous les employons dans deux buts tout à fait différens, suivant que nous nous proposons de conserver la santé d'individus actuellement bien portans, ou de rétablir celle d'individus malades. Dans le premier cas, le seul dont il sera question dans ce paragraphe, on doit surtout recourir aux moyens qu'étudient la diététique et la phrénygiétique; dans le second, ces deux sortes de moyens doivent encore être employés, mais il faut presque toujours y joindre ceux que décrit la traumatologie et la pharmaceutique. De plus, leur application à la conservation de la santé ne saurait être la même pour les différens individus; elle dépend entièrement des diverses modifications de l'organisme, auxquelles on a donné le nom de tempéramens, des différences qu'établissent entre eux l'âge, le sexe, l'état où ils se trouvent, la diversité des races et une foule d'autres circonstances. Les mêmes exercices, les mêmes régimes que beaucoup d'hommes peuvent supporter sans aucun inconvénient, peuvent être très-nuisibles pour d'autres ; et ceux qui peuvent seuls conserver la santé de certains individus, ne sont plus pour d'autres d'aucun avantage. L'étude de ces différences est donc indispensable pour pouvoir déterminer l'emploi des moyens auxquels il convient de recourir pour la conservation de la santé. S'il s'agit d'individus malades, cette même étude est encore nécessaire; mais il faut y joindre celle de toutes les maladies dont ils peuvent être affectés, celle des moyens généraux qui doivent être employés dans le traitement de chacune de ces maladies, la connaissance des signes auxquels on les reconnaît et du traitement qui convient à chaque malade; de là les sciences dont nous nous occuperons dans les deux paragraphes suivans. Passons à l'examen des sciences dont nous devons traiter dans celui-ci.

a. Énumération et définitions.

1. *Crasiographie*. On a écrit beaucoup de volumes sur les tempéramens, quoiqu'on n'ait pas encore donné de nom à la science qui s'en occupe. Mais je ne pouvais l'omettre dans une classification

qui doit embrasser sans exception tout l'ensemble de nos connaissances, et où je me suis proposé de préparer une place à tous les ouvrages qui existent. D'ailleurs, l'importance du sujet eût seule suffi pour me déterminer à distinguer d'abord sous le nom de crasiographie, du mot κρᾶσις dont les médecins grecs se sont servis pour désigner ce que nous nommons *tempérament*, une science du troisième ordre qui ait pour objet de décrire les divers tempéramens et toutes les circonstances qui les accompagnent. D'après son étymologie, ce mot peut être pris dans une acception très-étendue, et comprendre, non-seulement les différences d'âge, de sexe, de race, etc., qui peuvent exister entre les divers individus, mais encore, pour ne rien omettre de tout ce qui doit faire partie de la science dont il est ici question, les différences qui tiennent à l'état où se trouve l'individu, par exemple, à celui de la gestation, de l'allaitement, etc.

2. *Crasioristique*. Le médecin reconnaîtra-t-il toujours sûrement le tempérament de celui qui le consulte? ne faudra-t-il pas qu'il distingue les signes seulement symptomatiques de ceux qui sont vraiment idiopathiques? C'est là une sorte de diagnostique qui est, par rapport aux tempéramens, ce que la diagnostique proprement dite, dont je parlerai tout à l'heure, est par rapport aux maladies. La connaissance des signes auxquels on distingue les divers tempéramens, et de la valeur relative de ces signes,

m'a semblé devoir être l'objet d'une autre science du troisième ordre à laquelle j'ai donné le nom de *crasioristique*.

3. *Hygionomie*. Après qu'on a étudié, d'une part, dans les quatre sciences du troisième ordre dont se compose la physique médicale, tous les genres d'action que peuvent exercer sur l'homme et les animaux les divers exercices des organes soumis à l'empire de la volonté, les agens et toutes les circonstances extérieures qui peuvent modifier les phénomènes vitaux; de l'autre, dans la crasiographie et la crasioristique, les circonstances organiques indépendantes de la volonté, qui influent sur ces modifications, et font que ce qui est utile à l'un peut être nuisible à l'autre, on a tout ce qu'il faut pour qu'en partant de la comparaison de tous les faits observés relativement à ces divers genres d'action modifiés par toutes les circonstances organiques qui tiennent au tempérament, à l'âge, au sexe, etc., des individus et à l'état où ils se trouvent, on en déduise des lois générales d'après lesquelles on puisse, pour chacun d'eux, déterminer les exercices et le régime les plus convenables pour la conservation et l'amélioration de sa santé. C'est de l'ensemble de ces lois que se compose la science du troisième ordre à laquelle je crus, dans le premier moment, devoir donner le nom d'hygiène, mais je n'eus pas besoin de beaucoup de réflexions pour remarquer qu'il y avait une autre science du même ordre qui s'occupait aussi de

la conservation de la santé, en cherchant de quelles maladies un individu donné peut être menacé, et quels sont les moyens qu'il doit employer pour les prévenir; cette science dont je vais parler sous le nom de prophylactique, devait dès lors, comme la précédente, faire partie de l'hygiène. Enfin, je reconnus que la signification de ce dernier mot, suivant l'usage adopté par les médecins, était encore plus étendue, et que, dans la science ainsi nommée, il fallait comprendre en outre tout ce qui est relatif à la *connaissance* des tempéramens, c'est-à-dire, la crasiographie et la crasioristique. J'ai donc été obligé de créer un nouveau mot pour celle qui se borne à l'emploi des moyens hygiéniques et aux lois qui doivent le régler, et je n'ai point trouvé d'autre moyen de lui assigner un nom convenable, que de la désigner sous celui d'hygionomie, ou science des lois relatives à la santé, ὑγιεία, conformément à ce que j'ai fait pour les sciences où l'on se propose de déduire des lois générales de la comparaison des faits observés. On dira peut-être que l'on peut déterminer théoriquement, dans certains cas, les exercices et le régime qui conviennent aux divers tempéramens; mais qui ne voit que toute théorie à ce sujet ne peut être déduite elle-même que de la comparaison des faits, et que si l'observation n'avait pas fait remarquer les bons effets de ce qui est utile, les inconvéniens de ce qui est nuisible, on n'aurait pas même pu soupçonner que la conservation de la santé dépendît de l'emploi de ces moyens. C'est dans l'hygionomie qu'on doit placer l'étude approfondie de tout ce qui est relatif à l'éducation physique des enfans, aux exercices et aux régimes qui conviennent aux nourrices, aux femmes enceintes, aux gens de lettres, à ceux qui exercent des professions insalubres, aux précautions que doivent prendre ceux qui habitent ou surtout qui vont habiter les pays chauds, etc.; tout cela doit être considéré comme formant dans cette science du troisième ordre des subdivisions du quatrième ou du cinquième dont je n'ai point à m'occuper ici.

4. *Prophylactique.* Les hommes sont sujets à des maladies différentes, selon leurs divers tempéramens (1). Un tempérament sanguin fait craindre l'apoplexie, tel autre tempérament expose à telle autre maladie; il en est de même de l'état où se trouve l'individu, et d'une foule d'autres circonstances qui peuvent annoncer ce dont il est menacé.

---

(1) Les anciens n'avaient distingué que quatre tempéramens : les modernes en ont reconnu quelques-uns de plus, les tempéramens nerveux, athlétique, etc. Mais, si je ne me trompe, on devrait donner à ce mot une plus grande extension, en signalant, par exemple, le tempérament *phthisique* dans ceux qui, sans être encore atteints de phthisie, en offrent les signes précurseurs; les tempéramens *rachitique*, *scrophuleux*, etc. L'étude des signes auxquels on reconnaît ces tempéramens, caractérisés par les maladies qu'ils font craindre, est une partie importante de la crasioristique.

C'est de toutes les recherches relatives aux moyens à employer pour prévenir les maladies qu'on redoute, que se compose la science à laquelle on a donné le nom de *prophylactique*, à l'imitation des grecs qui l'appelaient προφυλακτική. Les moyens généraux de se préserver, par des précautions convenables, de certaines maladies auxquelles pourraient donner naissance des agens ou des circonstances extérieurs, doivent aussi appartenir à cette dernière science.

b. Classification.

Nous réunirons ces quatre sciences sous le nom commun d'HYGIÈNE, conformément à la signification assignée à ce mot, sinon dans l'usage qu'on en fait ordinairement dans la conversation, du moins dans les cours et les ouvrages où l'on traite de cette science (1). Elle se divisera en deux scien-

(1) On divise ordinairement l'hygiène en trois parties. La première, qui traite de ce qu'on nomme le *sujet de l'hygiène*, c'est-à-dire, de toutes les différences d'âges, de sexes, de tempéramens, etc., et des signes qui les caractérisent, se compose précisément des deux sciences du troisième ordre que j'ai comprises dans la crasiologie; la seconde, qui a pour objet ce qu'on appelle la *matière de l'hygiène*, c'est-à-dire, les moyens par lesquels on peut agir sur l'économie animale pour conserver la santé et prévenir les maladies, ferait ici un double emploi, puisque, tant qu'ils sont considérés d'une manière générale, ces moyens ont dû être étudiés dans la physique médicale, particulièrement dans la diététique et la phénygiétique, et que tout ce qu'on peut avoir à en dire relati-

ces du second ordre, la CRASIOLOGIE et l'HYGIÈNE PROPREMENT DITE ; car, d'après l'étymologie et même d'après l'usage ordinaire de ce mot dans la conversation, c'est cette dernière science que désigne proprement le mot *hygiène*. La crasiologie comprendra la crasiographie et la crasioristique ;

---

vement au cas où ils sont appliqués à la conservation de la santé, rentre dans ce qu'on regarde comme la troisième partie de l'hygiène. Cette troisième partie, dans la division qu'on fait ordinairement, doit en effet s'occuper, suivant l'expression usitée, des *applications de l'hygiène*. Elle est composée de l'hygionomie et de la prophylactique, et répond exactement à la science du second ordre que j'ai nommée hygiène proprement dite.

Ainsi, la signification que je donne au mot *hygiène* ne diffère de celle où il a été employé par ceux qui l'ont pris dans l'acception la plus étendue, qu'en ce que je n'y comprends que la première et la troisième partie dont ils composent cette science, et que je place la seconde dans la physique médicale ; mais qui ne voit que l'action sur l'économie animale des différens exercices, des divers régimes, n'appartient pas plus à l'hygiène qu'aux sciences dont je parlerai bientôt sous les noms de thérapeutique générale et de thérapeutique spéciale ; car ce sont aussi des moyens de guérison qui font partie du traitement général des diverses maladies, et de celui qu'il convient de prescrire aux individus malades d'après leur tempérament et les circonstances où ils se trouvent. Si donc on plaçait l'étude de ces moyens dans l'hygiène, il faudrait en traiter de nouveau dans les deux sciences dont je viens de parler. Or, ces sortes de repétitions sont précisément l'inconvénient que j'ai voulu éviter en réunissant à part, dans une science du premier ordre, la physique médicale, tout ce qui est relatif aux causes de tout genre qui peuvent agir sur l'organisme, considérées indépendamment du but qu'on se propose lorsqu'on a recours à leur action, soit qu'elles aient pour effet de conserver, altérer, rétablir ou détruire l'ordre normal des phénomènes vitaux.

et dans l'hygiène proprement dite seront réunies l'hygionomie et la prophylactique. Voici le tableau de cette classification :

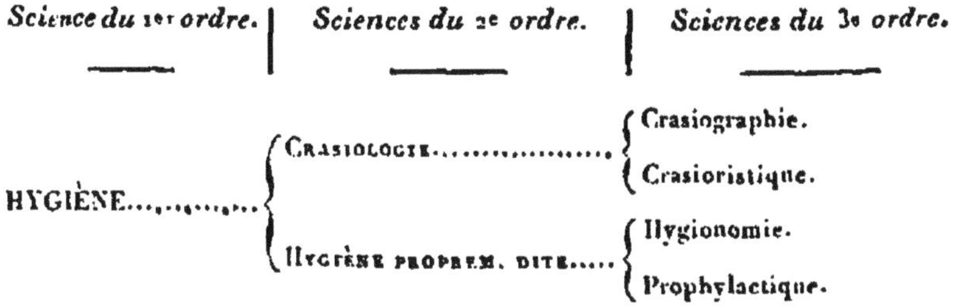

Science du 1er ordre.	Sciences du 2e ordre.	Sciences du 3e ordre.
HYGIÈNE	CRASIOLOGIE	Crasiographie.
		Crasioristique.
	HYGIÈNE PROPREM. DITE	Hygionomie.
		Prophylactique.

OBSERVATIONS. Ici les quatre points de vue de l'objet spécial de ces diverses sciences, le soin de la santé, ne seront pas moins aisés à reconnaître que dans les sciences que nous avons examinées jusqu'à présent. La crasiographie se bornant à la description des tempéramens et autres différences individuelles, est le point de vue autoptique de cet objet. La crasioristique qui a pour but de déterminer une inconnue, le tempérament, qui est en quelque sorte caché sous les signes auxquels on le reconnaît, en est le point de vue cryptoristique. L'hygionomie, toute fondée sur la comparaison des divers genres de régimes, d'exercices et d'affections morales décrits dans la diététique et la phrénygiétique avec les effets utiles ou nuisibles qui en résultent, et ayant pour but d'établir des lois générales déduites de cette comparaison, est essentiellement troponomique. Enfin, la prophylactique, qui se propose de découvrir les moyens les plus propres à prévenir les maladies dont la santé et la vie des hommes peuvent être menacées, soit d'après leurs tempéramens, soit d'après les circonstances où ils se trouvent, et concluant ainsi ce qu'on doit attendre dans l'avenir, en partant de la connaissance des causes indiquées par l'état actuel qu'ils présentent, offre évidemment le point de vue cryptologique de l'objet spécial des sciences dont il est ici question.

§ III.

Sciences du troisième ordre relatives aux perturbations de l'ordre normal des phénomènes vitaux.

Après avoir étudié l'influence, soit des agens extérieurs, soit des circonstances internes sur les phénomènes de la vie, nous devons maintenant nous occuper des perturbations mêmes de l'ordre normal de ces phénomènes, auxquels on a donné le nom de maladies.

a. Énumération et définitions.

1. *Nosographie.* A partir de l'invasion d'une maladie, il s'établit une série de phénomènes vitaux, plus ou moins différens de ceux qui ont lieu dans l'état de santé. C'est à décrire ces phénomènes que se sont appliqués les auteurs de tous les recueils d'observations, qui tiennent une si grande place dans la bibliothèque des médecins. La description d'une maladie doit signaler les circonstances où elle a commencé, tous les symptômes qu'elle a présentés à ses diverses périodes, ses crises, sa durée, son issue, etc. Si l'homme, en étudiant les maladies, n'avait pour but que de satisfaire sa curiosité, et qu'il les laissât suivre leur cours naturel, elles fourniraient à l'observation des phénomènes qui se reproduiraient à peu près les mêmes dans

chaque maladie, et la science dont nous nous occupons ici serait bien moins étendue qu'elle ne doit réellement l'être. Il ne s'agit pas seulement de la description de ce que serait chaque maladie, si elle était ainsi abandonnée à elle-même; ce qu'observent les médecins, ce qui se trouve consigné dans les recueils dont nous venons de parler, c'est tout ce qui est arrivé au malade, non-seulement atteint d'une maladie déterminée, mais soumis à la médication qui lui a été prescrite. Le régime qu'il a suivi, les remèdes qu'il a pris, les doses de ces remèdes, les époques auxquelles ils ont été administrés, doivent faire partie de la description de chaque maladie individuelle. C'est le seul moyen de rendre ces descriptions utiles, et propres à servir de bases aux autres sciences, relatives au même objet, dont il nous reste à parler. Mais comme les mêmes maladies ne produisent pas les mêmes ravages, comme les remèdes ne sont pas toujours suivis des mêmes effets chez les individus d'âge, de sexe, de tempérament différens, les descriptions qu'on en fait doivent tenir compte de toutes ces circonstances, et les observateurs ont soin, avec raison, de ne pas les omettre.

Il y a des maladies qu'on n'observe que dans certains climats; celles qui attaquent les hommes et les animaux domestiques, dans les régions les plus chaudes de notre globe, ne sont pas toujours les mêmes que celles auxquelles ils sont exposés dans les pays du nord; il y en a d'autres qui sont propres à certaines localités, comme celles qui ne sévissent que dans les lieux marécageux, comme le crétinisme est borné à certaines chaînes de montagnes, etc.; il y a enfin des maladies qui appartiennent presque exclusivement à certaines saisons de l'année. Relativement à ces diverses circonstances, il faut, dans la classification des faits nosologiques, suivre la même marche que dans la botanique et la zoologie, pour les faits analogues que présentent les végétaux et les animaux. Nous avons vu que c'est dans la phytographie et la zoographie qu'on doit indiquer, en décrivant chaque espèce, les climats où elles se trouvent, les lieux qu'elles habitent, les époques où elles se reproduisent; mais que c'est dans la phytonomie et la zoonomie qu'on doit exposer les lois générales de la distribution sur la surface de la terre des végétaux et des animaux; il doit en être de même à l'égard des maladies. C'est dans la nosographie, en décrivant chaque espèce de maladie, qu'on doit faire connaître quels sont les climats, et les lieux où elles règnent, quand on ne les observe que dans certaines régions ou certaines localités; l'époque de l'année où elles se développent plus fréquemment, quand elles sont ordinairement bornées, à certaines saisons: mais c'est dans la thérapeutique générale, dont nous parlerons tout à l'heure, qu'en classant les maladies, on doit s'occuper des lois générales relatives à leur distribution, suivant les climats, les lieux et les temps.

C'est d'une collection aussi complète que possible de descriptions ainsi conçues, que se compose la science du troisième ordre, à laquelle je donne le nom de *Nosographie*, et c'est ce qu'il doit signifier d'après son étymologie. Une maladie dans laquelle on n'aurait prescrit aucun remède, où il n'y aurait eu aucun changement dans le régime du malade, ne doit être considérée que comme un cas particulier parmi ceux où la même maladie s'est développée sous l'influence des divers médicamens, des divers régimes, employés par différens médecins; bien loin que des descriptions, bornées à ce cas, pussent suffire pour constituer une science, on peut dire qu'elles ne seraient relatives qu'à des cas exceptionnels et d'autant plus rares, à prendre les choses à la rigueur, qu'ordinairement la maladie oblige le malade à changer sa manière de vivre habituelle, et que c'est déjà là un changement de régime, un commencement de médication.

Je sais que le mot de *Nosographie* a été employé dans un sens assez différent de celui que je lui donne ici. L'ouvrage du docteur Pinel ne se borne pas à des descriptions générales de maladies, il les définit et les classe; mais cette partie de son travail appartient à une autre science du troisième ordre, dont je parlerai tout à l'heure. J'ai dû, d'une part, restreindre le sens du mot *Nosogra-*

phie, conformément à son étymologie, en le bornant à ce qui peut être l'objet d'une observation immédiate, et l'étendre de l'autre, en comprenant dans les descriptions des maladies qui sont l'objet de cette science, comme on le fait généralement, non-seulement le traitement qui a été suivi, mais encore toutes les circonstances d'âge, de sexe, de tempérament, définies et étudiées dans la crasiologie. C'est pour cette raison que j'ai dû placer la nosographie après la physique médicale et l'hygiène.

2. *Anatomie pathologique*. La nosographie décrit dans les maladies tout ce qui est susceptible d'observation immédiate; mais pour avoir une connaissance complète de chacune d'elles, il faut connaître en outre les altérations intérieures des organes, liées comme causes ou comme effets avec la maladie, ce qu'on appelle son siége. Cette connaissance est l'objet de l'*anatomie pathologique*, qui est à l'égard des maladies décrites dans la nosographie, ce que l'anatomie végétale et l'anatomie animale, sont à l'égard des végétaux et des animaux décrits dans la phytographie et la zoographie. De même qu'après que le phytographe et le zoographe ont observé tout ce qui peut l'être immédiatement dans les êtres organisés, l'anatomiste va chercher dans leur intérieur les organes qu'il doit examiner et décrire ; de même, après que le nosographe a décrit tous les phénomènes extérieurs qu'a offerts une maladie dont l'issue a été fatale, on doit cher-

cher, par la dissection, quels étaient les organes ou les tissus affectés, et en décrire les altérations.

Il en est de l'anatomie pathologique comme de la nosographie ; si, conformément à la signification que j'ai donnée à ce mot, cette dernière science n'est que l'ensemble de tous les recueils d'observations où l'on a consigné non-seulement les phénomènes qu'ont présentés les diverses maladies, mais encore le traitement qui leur a été appliqué, et l'issue de ces maladies, l'anatomie pathologique n'est de même que l'ensemble des recherches anatomiques qui ont fait connaître ce qu'on appelle le siége des maladies, et les désordres intérieurs observés à la suite de celles dont la terminaison a été funeste. C'est ainsi que la zoographie, par exemple, est l'ensemble de toutes les descriptions, soit des caractères extérieurs des animaux, soit de leurs mœurs, des alimens dont ils se nourrissent, et des lieux qu'ils habitent, tandis que l'anatomie animale se compose de toutes les recherches relatives à l'organisation interne des diverses espèces; et de même qu'un recueil d'observations, où ces espèces seraient étudiées à la fois sous ces deux points de vue, n'appartiendrait plus ni à la zoographie, ni à l'anatomie animale considérées séparément, mais à la science du second ordre qui les réunit, et à laquelle j'ai donné le nom de *Zoologie élémentaire ;* de même tout recueil d'observations nosographiques, où l'histoire de chaque maladie qui aurait eu une terminaison funeste, serait suivie de l'examen des organes internes, n'appartiendrait ni à la nosographie, ni à l'anatomie pathologique, mais bien à la science du second ordre où elles sont comprises, et que j'ai nommée *nosologie proprement dite*.

3. *Thérapeutique générale*. Les lois qui déterminent en général, parmi les divers agens décrits dans la physique médicale, ceux qu'il convient d'employer pour la guérison des différentes maladies, forment une des parties les plus essentielles de la science du médecin. Elles établissent entre chaque maladie et le traitement qui lui convient des rapports qu'on pourrait comparer à ceux que les lois de la dynamique établissent entre les mouvemens et les forces. Elles sont l'objet d'une science que je désignerai sous le nom de *Thérapeutique générale*, pour la distinguer de la thérapeutique spéciale dont je parlerai bientôt. Le mot de *Thérapeutique* a toujours été usité en médecine, mais sa signification n'a pas été définie avec précision, et la thérapeutique a été quelquefois confondue avec ce qu'on nomme *matière médicale*, c'est-à-dire, avec la partie de la pharmaceutique où l'on s'occupe seulement de l'action des substances dont le médecin fait usage. Celle-ci décrit, à la vérité, des moyens de guérison que la thérapeutique doit employer; mais on ne peut, sans jeter la plus grande confusion dans les sciences dont il est ici question, comprendre, dans la matière médicale, à

l'article de chaque médicament, non-seulement l'indication de toutes les maladies où il peut être employé, mais encore tout ce qui doit guider le médecin dans le choix et l'application de ce médicament. C'est, au contraire, seulement après qu'on a décrit les diverses maladies, et qu'on en a reconnu le siége, qu'on doit s'occuper du traitement qui leur convient, et dès lors la thérapeutique générale ne peut être placée qu'après la nosographie et l'anatomie pathologique, tandis que la pharmaceutique doit précéder la nosographie, par les raisons que je viens d'indiquer. D'ailleurs la thérapeutique générale ne se borne pas seulement à indiquer pour chaque maladie les alimens ou les remèdes décrits dans la matière médicale, elle doit embrasser l'application au traitement des maladies de tous les moyens dont on a étudié les effets dans la physique médicale. Pour pouvoir établir les lois générales qui doivent guider le médecin dans cette application, il faut d'abord classer les maladies, en rapprochant celles qui ont le plus d'analogie et dont les traitemens doivent, par conséquent, être plus semblables. C'est pourquoi je comprends dans la thérapeutique générale la classification des maladies et l'ordre qu'elles suivent, en général, dans leur distribution sur la surface du globe, qui sont une dépendance des lois dont cette science s'occupe, comme la classification des végétaux et des animaux et leur répartition générale dans les divers pays sont une dépendance des lois générales de leur organisation, objet de la phytonomie et de la zoonomie.

4. *Physiologie médicale.* La recherche des causes des maladies, l'explication des phénomènes qui les accompagnent, celle de la manière dont les médicamens et le régime influent pour modifier ces phénomènes et la maladie elle-même; tels sont les divers objets de la science du troisième ordre à laquelle j'ai donné le nom de *Physiologie médicale.* J'ai dû encore réunir ici ce qui est relatif à l'action des remèdes avec ce qui se rapporte aux maladies elles-mêmes, comme, dans la nosographie, j'a considéré les symptômes morbides dans toutes les modifications que leur fait éprouver l'emploi des divers moyens auxquels le médecin peut avoir recours, comme, dans la thérapeutique générale, j'ai joint à la classification des maladies la détermination de tous les moyens qu'il convient d'employer dans le traitement de chaque maladie et de chaque groupe de maladies.

Sans cette réunion, il m'aurait fallu multiplier les subdivisions dans les sciences médicales; diviser, par exemple, la science dont nous nous occupons actuellement en deux autres, dont l'une aurait eu pour objet d'expliquer les phénomènes morbides, et l'autre l'action des diverses espèces de médications sur ces phénomènes et sur l'issue de la maladie. Mais plus j'y ai réfléchi, plus je me suis convaincu qu'outre que cette subdivision est une de celles dont je ne dois pas m'occuper, elle tendrait à séparer des considérations qui se trouvent naturellement réunies lorsqu'on s'occupe successivement des diverses maladies.

C'est pourquoi j'ai préféré le nom de *Physiologie médicale* à celui de *Physiologie pathologique*, dont on se sert ordinairement pour désigner l'étude des causes des phénomènes morbides. J'aurais pu à la vérité proposer d'en étendre le sens, de manière à y comprendre tout ce qui doit faire partie de la science du troisième ordre dont il est ici question ; mais l'ancien usage de le restreindre à cette étude aurait toujours mis dans l'esprit une confusion facile à prévenir, en préférant la dénomination plus convenable de Physiologie médicale.

Quoique les définitions données jusqu'ici des diverses sciences dont j'ai parlé, me paraissent suffisantes pour en déterminer complétement les limites respectives, je crois devoir donner un exemple propre à prévenir toutes les difficultés qui pourraient rester à ce sujet dans l'esprit du lecteur. Supposons qu'il s'agisse du vomissement.

Considéré comme une fonction organique, il appartient à la zoologie : les dispositions de l'organe digestif qui peuvent le rendre impossible dans certaines espèces d'animaux, doivent être étudiées dans l'anatomie de ces espèces ; la détermination des muscles qui le produisent, des nerfs qui les mettent en mouvement, les expériences qui prouvent que la membrane même de l'estomac n'est que passive dans ce phénomène, tout cela appartient à la physiologie animale qui doit expliquer cette fonction comme toutes les autres; mais la propriété qu'a l'émétique de le provoquer, soit que l'homme soit sain ou malade, est du ressort de la pharmaceutique, ainsi que la diversité des effets produits à différentes doses et les expériences qui prouvent qu'introduite dans le tissu cellulaire elle détermine le vomissement, comme quand elle est mise en contact avec la membrane muqueuse du canal intestinal; s'il est question de savoir dans quelle maladie il convient de la prescrire, c'est la thérapeutique générale qui doit répondre à cette question; l'explication de l'influence de ce remède sur la série des phénomènes morbides résultant de cette maladie, fait partie de la physiologie médicale, c'est elle qui rend raison, autant que cela est possible, des bons effets qu'il peut produire; mais la prescription de l'émétique à un individu, d'après les circonstances où il se trouve et les symptômes qu'il présente, appartient à la prophylactique, s'il s'agit de prévenir une maladie, et s'il est question de la guérir, à une des sciences dont nous traiterons dans le chapitre suivant, la thérapeutique spéciale.

Un des savans que j'ai consultés sur ma classification des sciences médicales, avant de la publier, m'a fait, sur l'ordre dans lequel j'ai rangé la thérapeutique générale et la physiologie médicale, une difficulté que je crois devoir éclaircir; il pensait que la thérapeutique générale ne devait venir qu'après la science où l'on étudie les causes des maladies, c'est-à-dire, après cette partie de la physiologie médicale qui a reçu le nom de physiologie pathologique. Or, il est évident qu'ici, comme dans toutes les sciences traitées précédemment, on ne doit s'occuper de la recherche des causes des phénomènes, qu'après qu'on a déterminé, par la comparaison des faits, les lois auxquelles ces phénomènes sont soumis. Cet ordre, dont Bacon a démontré la nécessité dans toutes les branches de nos connaissances, n'est nulle part plus indispensable que quand il s'agit des maladies, précisément parce que les causes qui les produisent, et celles des modifications qu'y apporte l'emploi des médicamens, sont incontestablement ce qui présente le plus de difficulté aux savans qui s'en occupent. D'un côté, les lois mêmes résultant de la comparaison de tous les faits relatifs à l'action des diverses médications, dans le traitement des différentes maladies, nous offrent un des principaux moyens de nous faire des idées justes sur la nature et les causes de celles-ci; de l'autre, si ces lois ne nous avaient appris quelles médications sont généralement utiles dans telles ou telles maladies, quels traitemens en aggravent les symptômes et en augmentent le danger, comment pourrions-nous soupçonner *à priori*, lors même que nous connaîtrions la nature et les causes d'une maladie, que tel moyen, dont on n'aurait jamais fait usage, et dont, par conséquent, le mode d'action sur des individus malades serait complétement ignoré, peut être utile ou nuisible dans cette maladie? De là l'impossibilité de séparer les recherches relatives aux causes des phénomènes morbides, de celles où il est question de la manière dont agissent les médicamens, en produisant dans l'organisation des modifications qu'on pourrait considérer comme de courtes maladies produites à volonté par le médecin, pour les opposer à des maladies bien plus graves dont il se propose de délivrer celui qui en est atteint. De là la nécessité de placer la physiologie médicale, qui s'occupe également de ces deux genres de recherches, après la thérapeutique générale qui rassemble, classe, compare et réduit en lois, tous les faits qui deviennent, sous cette dernière forme, le point de départ du médecin physiologiste (1).

---

(1) La seule analogie des quatre sciences du second ordre comprises dans la nosologie avec celles dont se compose la zoologie, aurait pu suffire pour déterminer entre elles le même ordre dont les réflexions précédentes viennent de démontrer la nécessité. En effet, la nosologie tient, dans les sciences médicales, la même place que la zoologie dans les sciences naturelles, et si l'on compare leurs subdivisions correspondantes, on remarque entre elles l'analogie la plus complète. La zoographie et la nosographie

b. Classification.

Les quatre sciences dont nous venons de parler se rapportent à un même objet spécial, la connais-

---

décrivent toutes deux les caractères extérieurs, l'une des animaux, l'autre des maladies auxquelles ils sont exposés. Aux mœurs, à la manière de vivre des premiers répondent les divers phénomènes que présentent les secondes sous l'influence des modes de traitement auxquels elles ont été soumises. L'anatomie animale et l'anatomie pathologique vont chercher, à l'égard des uns et des autres, dans l'intérieur de l'organisation, des caractères plus cachés. La thérapeutique générale fait pour les maladies ce que fait la zoonomie pour les animaux; elle en compare tous les caractères, toutes les circonstances; elle les dispose en classification naturelle, expression des lois qui établissent entre ces caractères des dépendances mutuelles, et de même que la zoonomie dit d'après quelles lois telle nourriture, telle habitation, etc., conviennent en général aux divers ordres de subdivisions de la classification naturelle des animaux, la thérapeutique générale établit les lois d'après lesquelles les divers groupes de maladies exigent des exercices, des régimes, des médicamens déterminés. Enfin, comme la physiologie animale a également pour objet d'expliquer les phénomènes vitaux et les fonctions des organes, indépendamment des altérations morbides qu'ils peuvent éprouver, les modifications qui transforment en divers matériaux organiques les alimens et l'air introduits dans l'économie animale, enfin la formation même des organes depuis l'instant où l'animal commence à exister; ainsi la physiologie médicale s'occupe également des phénomènes et des fonctions, lorsque la vie est altérée, de l'action des régimes et des médicamens sur les individus malades, et enfin, de tout ce qui peut donner naissance à une maladie. Il y a sans doute une différence totale, quant à la chose même, entre la formation ou le développement d'un organe, et la génération ou les progrès d'une maladie; mais comme cette différence vient de la nature des objets dont nous nous occupons, l'analogie n'en subsiste pas moins dans la manière dont nous les étudions, en remontant des phénomènes observés à leurs causes; et cette analogie place nécessairement, sance des perturbations de l'état normal des phénomènes vitaux, auxquelles on a donné le nom de

---

dans toute méthode naturelle, ces deux genres de recherches, l'un dans la zoologie, l'autre dans la nosologie, à des lieux correspondans des deux séries de vérités dont ces sciences se composent.

C'est évidemment dans la physiologie médicale que l'on doit s'occuper de toutes les questions relatives à l'origine et aux causes des maladies, signaler celles qui se transmettent des pères aux enfans, examiner si l'altération des parties solides est la seule cause à laquelle on doive les attribuer, comme l'a soutenu long-temps une école peut-être trop exclusive. Plusieurs maladies ne sont-elles pas au contraire dues à la présence, dans les liquides animaux, de substances qui n'y existent pas dans l'état de santé, ou ne s'y trouvent qu'en bien plus petite quantité, soit qu'elles y soient produites par des combinaisons entre les élémens de ces liquides, différentes de celles qu'ils doivent former pour l'entretien de la vie, comme, dans le sang des enfans attaqués du carreau, se produit la substance particulière qu'y a trouvée M. Chevreul, soit qu'elles y soient introduites, comme le virus variolique dans l'inoculation, et y déterminent la formation de nouvelles particules semblables aux premières ; d'où résulte la production d'une grande quantité de ce virus dans l'individu qui, par cette opération, n'en a reçu que quelques molécules ? N'est-ce pas là un phénomène organique tout semblable à celui qui a lieu lorsque, à cause de l'instabilité de l'équilibre chimique des elémens du sang, ces élémens se combinent dans les rapports nécessaires pour former sous l'influence de la substance cérébrale, de la fibrine, de la graisse, etc., de nouvelles particules des mêmes substances, qui vont ensuite se déposer là où il s'en trouve déjà, pour nourrir les organes dans la composition desquels elles doivent entrer, tandis que d'autres substances, comme l'urée, produites de la même manière dans le sang, en sont séparées et rejetées aux dehors par les organes sécrétoires destinés à opérer cette séparation ? Comme il n'y a point d'organes sécrétoires pour la matière du carreau, pour le virus variolique, la première se dépose sur les viscères, le second, après avoir produit des symptômes fébriles plus ou moins intenses, se porte sur les tégumens, s'y réunit en vésicules, qui, après s'être desséchées, fournissent cette poussière qui va produire la même maladies. On a vu, à l'article de la nosographie, pourquoi je ne pouvais me dispenser de comprendre dans l'étude de ces perturbations, non-seulement les phénomènes qu'elles présenteraient si la maladie était abandonnée à elle-même, mais encore ceux qu'elles offrent sous l'influence de toutes les circonstances où se trouve le malade, parmi lesquelles je

---

maladie chez d'autres individus. N'est-il pas évident qu'alors l'irritation des organes, manifestée par la fièvre, n'est pas la *cause* de la maladie, mais un premier effet de la véritable cause, la production d'une substance nuisible dans le sang par une combinaison insolite de ses élémens, soit qu'elle ait lieu par une cause interne, comme dans le cas du carreau, soit qu'elle résulte de l'introduction de quelques molécules d'une substance semblable, venues du dehors, comme dans la variole. Cette loi, en vertu de laquelle les élémens du sang se combinent sous l'influence des diverses substances organiques, de manière à former de nouvelles molécules, semblables à celles dont ces substances sont composées, peut être considérée comme présidant également aux phénomènes de la nutrition, de la transmission des maladies héréditaires, de la propagation des maladies contagieuses d'un homme ou d'un animal à un autre, et de celle qui a lieu de proche en proche chez un même individu, comme il arrive dans les cas de carie, de cancer, de gangrène; elle se retrouve même dans les matières organiques privées de vie; soit, par exemple, quand la carie sèche, que la nature a destinée à débarrasser les arbres des branches mortes sur pied, s'établit, comme il arrive trop souvent, dans quelque point des bois transportés dans un chantier, et s'étend ensuite de proche en proche; soit lorsque la fermentation déterminée par la présence de la substance à laquelle on a donné le nom de *ferment*, produit, dans le liquide tenant en dissolution des matières susceptibles de fermenter où elle a été introduite, de nouvelles molécules de ferment, précisément comme la présence dans le sang d'une très-petite quantité de virus variolique, suffit pour y produire un grand nombre de nouvelles molécules de ce virus.

comprends les divers traitemens qui peuvent lui être prescrits. C'est cette considération qui m'a déterminé à donner à la science du premier ordre, formé de la réunion de ces quatre sciences du troisième, le nom de NOSOLOGIE, de préférence à celui de pathologie, dont l'étymologie est à peu près la même, mais auquel l'usage a imposé une signification trop restreinte, en ce qu'on en exclut tout ce qui est relatif au traitement de la maladie, restriction qui rend celui de nosologie plus convenable pour désigner l'ensemble de la science du premier ordre qui comprend tout ce que nous savons sur les maladies, et sur les traitemens qui conviennent à chacune d'elles, lorsque l'on considère ces deux objets d'étude d'une manière générale.

La nosologie se divisera en deux sciences du second ordre, la NOSOLOGIE PROPREMENT DITE qui comprendra la nosographie et l'anatomie pathologique; et l'IATROLOGIE, où je réunirai la thérapeutique générale et la physiologie médicale. On ne trouve pas dans les écrits des auteurs grecs que le temps a épargnés le mot ἰατρολογία, mais on y trouve le verbe ἰατρολογέω, *je disserte, ou j'écris un traité sur la médecine, la guérison des maladies*, dont il se déduit précisément comme les Grecs eux-mêmes ont tiré τεχνολογία de τεχνολογέω. Je crois que, dans la vue de former un nom pour la science du second ordre dont il s'agit ici, il est bien plus dans le génie de la langue grecque de faire le mot *iatrologie*, comme on y a fait le verbe ἰατρολογέω, que de le former directement avec le mot ἰατρεία, guérison, action de guérir, ou d'un de ses synonimes dont les Grecs n'ont déduit aucun mot composé, et cela avec d'autant plus de raison que ce mot ἰατρεία n'est ainsi terminé que parce que les premiers auteurs gres qui ont écrit sur la médecine l'ont fait dans le dialecte ionien, où il répond au mot inusité ἰατρὴ, dont se formerait régulièrement ἰατρολογέω et ἰατρολογία.

Science du 1er ordre.	*Sciences du 2e ordre.*	*Sciences du 3e ordre.*
NOSOLOGIE	NOSOLOGIE PROPREM. DITE.	Nosographie.
		Anatomie pathologique.
	IATROLOGIE........................	Thérapeutique générale.
		Physiologie médicale.

OBSERVATIONS. La nosographie où l'on se borne à consigner les résultats de l'observation immédiate des phénomènes qui se succèdent dans l'individu malade soumis ou non à un traitement quelconque, est évidemment le point de vue autoptique de l'objet spécial des sciences dont nous venons de nous occuper. L'anatomie pathologique, où l'on a pour objet de déterminer le siége inconnu de la maladie, en est le point de vue cryptoristique. Quant à la thérapeutique générale, nous venons de voir que l'on y compare, d'une part, les maladies entre elles, pour les classer, afin de pouvoir assigner à chacun des groupes qu'on en forme le traitement qui est en général le plus convenable, et de l'autre, les phénomènes qui ont lieu, tant lorsque la maladie est abandonnée à elle-même, que lorsqu'elle est combattue par diverses médications, pour choisir parmi ces dernières celle qui est ordinairement accompagnée d'un plus heureux succès : enfin, qu'on y déduit de ces comparaisons des lois générales. A tous ces traits, on ne peut méconnaître le point de vue troponomique, comme on ne peut non plus méconnaître le point de vue cryptologique dans les caractères de la physiologie médicale.

§ IV.

Sciences du troisième ordre relatives aux procédés par lesquels on applique à la guérison des maladies les connaissances acquises dans les paragraphes précédens.

Jusqu'à présent le médecin a appris à connaître les moyens qu'il peut employer pour la guérison des maladies, les circonstances d'âge, de sexe, de races et de tempéramens qui peuvent modifier, soit les effets qu'il en attend, soit les doses des médicamens qu'il doit prescrire, et les maladies elles-mêmes, ainsi que les lois générales qui doivent le guider dans le choix de ces moyens. Mais toutes ces connaissances ne suffisent pas au médecin appelé auprès d'un malade ; il faut encore qu'il sache discerner la maladie, déterminer le traitement qui lui convient, non plus en général, mais relativement à toutes les circonstances particulières à ce malade; prévoir, enfin, l'issue plus ou moins probable de la maladie. C'est là l'objet des sciences dont il me reste à parler ; et dont je dois commencer l'énumération par celle qui sert de base aux trois suivantes.

a. **Énumération et définitions.**

1. *Sémiographie.* Pour que le médecin puisse déterminer la nature et le siége de la maladie dont il entreprend le traitement, il faut d'abord qu'il connaisse les signes d'après lesquels il doit faire cette détermination, qu'il distingue les signes idiopathiques de ceux qui ne sont que symptomatiques. C'est à la connaissance générale de ces signes que je donnerai le nom de sémiographie, de σημεῖον, *signe.* Ils font partie, pour la plupart, des phénomènes de la maladie que décrit le nosographe; mais ils sont ici considérés sous un rapport bien différent. Par exemple, en décrivant une maladie, on doit dire : *Le pouls était rare ou fréquent, égal ou intermittent; la face était pâle ou fortement colorée, etc.* Mais la sémiographie a un autre objet : quand elle fait connaître les différentes modifications du pouls, c'est pour y joindre l'indication de leur valeur comme signes, soit en elles-mêmes, soit relativement à leur coïncidence avec d'autres signes; en parlant des différens aspects de la face, elle dit ce qu'annonce chacun d'eux, etc. Il y a, d'ailleurs, des moyens de déterminer les maladies qui doivent être compris dans la sémiographie, quoique étrangers à la description de la maladie; comme, par exemple, l'investigation des altérations organiques par la percussion, par l'emploi de la sonde, du stéthoscope, et de plusieurs autres ins-

trumens destinés à reconnaître ces altérations ; c'est encore ainsi qu'Hippocrate trouvait dans la saveur du *cérumen* des indications utiles ; et, aujourd'hui que la chimie a fait tant de progrès, il y aurait peut-être d'importantes recherches sémiographiques à faire en analysant comparativement les produits des différentes sécrétions dans l'état sain et dans les diverses maladies où la composition chimique de ces produits peut être altérée. Les résultats de ces analyses comparatives pourraient fournir à la sémiographie des indications précieuses, et l'on sait que le chimiste à qui les sciences doivent la vraie théorie de la composition des substances végétales et animales, a déjà fait des travaux très-importans sur ce sujet.

2. *Diagnostique.* Le médecin appelé auprès d'un malade aura d'abord à faire l'application des principes de la sémiographie, pour découvrir la nature et le siége de la maladie. Il faudra qu'il combine les différens signes qui se manifestent, qu'il apprécie la valeur qui est propre à chacun d'eux, celle qu'ils peuvent tirer de leur réunion, etc., dans le cas particulier qui se présente. Tel est l'objet de la *diagnostique*.

3. *Thérapeutique spéciale.* Ce n'est que muni de toutes les connaissances comprises dans les sciences médicales dont j'ai parlé jusqu'ici, que le médecin peut se livrer à la pratique de son art. Appelé auprès d'un malade, il devra d'abord déter-

miner la nature et le siége de la maladie à l'aide de la diagnostique, il aura ensuite à appliquer les lois de la thérapeutique générale, en modifiant, s'il y a lieu, le traitement d'après les diverses circonstances, relatives au sexe, à l'âge, au tempérament, à l'état du malade, etc. J'ai hésité long-temps sur le nom que je donnerais à cette partie des sciences médicales, dans laquelle consiste essentiellement l'art du médecin, et qui est comme le but vers lequel tendent toutes les autres, J'avais d'abord pensé à celui de *clinique*; mais il m'a semblé que je me mettrais par là en opposition avec l'usage qui attache à ce mot l'idée, non d'une science, mais de l'enseignement fait par un professeur auprès du lit d'un malade. C'est pourquoi j'ai préféré celui de *thérapeutique spéciale*, parce qu'il s'agit ici de l'application des lois et des préceptes de la thérapeutique générale à l'individu que le médecin est appelé à traiter.

4. *Prognosie*. Comme l'issue d'une maladie dépend du traitement que suivra le malade, ce n'est qu'après avoir déterminé ce traitement que le médecin peut juger de la manière dont elle se terminera. Lorsque, par exemple, il est appelé auprès d'un malade attaqué de la fièvre produite par les exhalaisons d'un marais ou par l'*aria cattiva* des ruines de Rome, il ne doit pas dire : *Ce malade mourra presqu'infailliblement*, comme cela arriverait s'il était abandonné aux seules forces de la nature; mais

le médecin doit déterminer le traitement, y comprendre l'emploi du quinquina prescrit à l'époque convenable, déterminée par le retour des paroxismes, et établir un prognostic tout opposé au premier, en disant : *Le malade guérira par l'emploi du quinquina*. Tous les moyens qui peuvent aider le médecin à résoudre ce grand problème de l'issue d'une maladie d'après la connaissance, soit des causes des phénomènes morbides, soit de l'action des remèdes, qu'il a puisée dans la physiologie médicale, constituent une nouvelle science du troisième ordre, à laquelle on peut donner le nom de *prognostique* ou de *prognosie*, de πρόγνωσις, *connaissance de ce qui doit arriver*, mot que l'usage a depuis long-temps restreint aux prognostics de la médecine. J'ai préféré *prognosie*, quoique j'aie employé précédemment le mot *diagnostique* pour une science analogue ; outre l'euphonie, j'ai été déterminé dans ce choix par le désir de mettre plus d'harmonie dans ma nomenclature des sciences, en indiquant par cette désinence que la prognosie est une de celles qui exigent des connaissances plus approfondies.

Il m'est arrivé, relativement à l'ordre que j'établis ici entre la thérapeutique spéciale et la prognosie, la même chose qu'à l'égard de celui dans lequel j'ai rangé précédemment la thérapeutique générale et la physiologie médicale ; l'on m'a objecté surtout que l'usage était de traiter de la manière dont on doit asseoir le *prognostic* d'une maladie, immédiatement après la détermination du *diagnostic*, et avant de s'occuper du traitement qui lui convient. Mais outre ce que je viens de dire sur la nécessité d'avoir arrêté le traitement qu'on croit le plus convenable avant de pouvoir prévoir l'issue favorable ou fatale de la maladie, dans tous les cas où cette issue dépend du traitement, ce qui suffirait seul pour placer la prognosie après la thérapeutique spéciale; il arrive bien souvent qu'on ne peut conjecturer, avec quelque degré de certitude, l'issue de la maladie, qu'après qu'on a vu le succès ou l'inutilité des premiers secours qu'on a administrés, c'est-à-dire, après l'emploi des moyens de la thérapeutique spéciale, nouvelle raison de placer celle-ci avant la prognosie, dont les jugemens doivent souvent consister à dire : *l'issue de telle maladie sera favorable ou fatale, suivant que tel remède produira ou ne produira pas tel effet*, et peuvent changer, dans le cours d'une même maladie, non-seulement d'après de nouveaux accidens, mais encore d'après les effets produits par le traitement auquel on a eu recours.

b. Classification.

C'est dans les quatre sciences du troisième ordre que nous venons de parcourir, c'est surtout dans les deux dernières que les connaissances relatives aux maladies prennent le caractère d'un *art;* on peut dire que jusque-là le médecin étudiait pour *connaître*, et que maintenant il étudie pour *pratiquer*. C'est ce qui m'a déterminé à donner à la science du premier ordre formée de la réunion de ces sciences le nom de MÉDECINE PRATIQUE.

La médecine pratique se partagera en deux sciences du deuxième ordre ; la première qui comprend la sémiographie et la diagnostique, c'est-à-dire, ce qui est nécessaire pour déterminer la nature et le siége de la maladie, prendra le nom de de SÉMIOLOGIE. Quant à la seconde, formée par la réunion de la thérapeutique spéciale et de la prognosie, comme c'est à elle que commence d'une manière plus spéciale l'exercice *pratique* de l'art de guérir, j'ai cru ne pouvoir lui donner un nom plus convenable que celui de MÉDECINE PRATIQUE PROPREMENT DITE. Voici le tableau des sciences comprises dans la médecine pratique. J'ai suivi pour les deux sciences du second ordre dont elle se compose le même mode de nomenclature que pour celles dont se compose l'hygiène, et pour les mêmes raisons.

Science du 1er ordre.	*Sciences du 2e ordre.*	*Sciences du 3e ordre.*
MÉDECINE PRAT.	SÉMIOLOGIE........................	Sémiographie.
		Diagnostique.
	MÉDECINE PRAT. PROP. DITE.	Thérapeutique spéciale.
		Prognosie.

OBSERVATIONS. Il a été aisé au lecteur de reconnaître dans la sémiographie, science de pure observation, le point de vue autoptique de l'art de guérir; dans la diagnostique, où la nature de la maladie est l'inconnue du problème, le point de vue cryptoristique. Les caractères du point de vue troponomique ne sont pas moins évidens dans la thérapeutique spéciale où il s'agit de comparer et de combiner toutes les connaissances que peuvent fournir la diagnostique, l'anatomie pathologique et la crasioristique, sur la nature et le siége de la maladie, et sur le tempérament du malade, avec les moyens de guérison prescrits par les lois de la thérapeutique générale; enfin on reconnaît ceux du point de vue cryptologique dans la prognosie où il s'agit de prévoir l'issue de la màladie, d'après la connaissance des causes qui la détermineront, et qui tiennent, les unes à la nature de la maladie, les autres à l'action des remèdes et des autres moyens qui seront employés pour la guérir.

§ V.

Définitions et classification des sciences du premier ordre relatives aux agens et à toutes les circonstances, tant externes qu'internes, qui conservent, altèrent, rétablissent ou détruisent l'ordre normal des phénomènes de la vie dans les animaux.

Maintenant que nous avons parcouru toutes les sciences qui ont pour objet spécial les agens et toutes les circonstances qui peuvent influer sur la vie, il nous reste à définir les quatre sciences du premier ordre auxquelles toutes les autres se trouvent ramenées, à discuter le rang que chacune d'elles doit occuper dans l'embranchement résultant de leur classification.

a. Enumération et définitions.

1. *Physique médicale.* Je sais qu'en plaçant la physique médicale et les sciences du second ordre dont elle est composée, avant celles qui ont pour objet l'étude des maladies, je m'écarte d'un usage assez généralement reçu; mais outre les raisons que j'ai déjà indiquées et sur lesquelles j'aurai bientôt occasion de revenir, j'ai encore été déterminé dans cet arrangement par la considération, que quoique les différentes parties de la physique médicale aient été surtout cultivées pour y chercher des moyens de médication, ces sciences auraient pu l'être dans la seule vue de *connaître* les effets produits par les agens et les circonstances qu'elles étudient.

Le caractère qui distingue la physique médicale consiste en ce que l'action de ces agens et circonstances y est considérée en général, et indépendamment des modifications qu'elle peut éprouver dans les divers individus. Ce caractère est commun à toutes les sciences du troisième ordre qu'elle contient, et c'est lui qui précise l'idée que j'attache à chacun des noms par lesquels je les ai désignées. En sorte que quand j'assigne, par exemple, celui de *diététique* à la troisième, j'entends que la diététique se borne à faire connaître les effets généraux des divers régimes, et c'est en cela que, malgré la confusion qu'on a souvent faite des mots *diététique* et *hygiène*, j'ai cru devoir établir entre ces deux mots une distinction complète, et consacrer l'usage du dernier à l'application qu'on fait aux individus des moyens décrits dans les quatre sciences du troisième ordre comprises dans la physique médicale, à la conservation de la santé, en se guidant, lorsqu'il y a lieu, dans cette application, sur l'étude des différences d'âge, de sexe, de races, de tempéramens, etc., qu'ils présentent, soit pour prévenir les maladies dont ils sont menacés, soit pour fortifier et améliorer leurs tempéramens; en sorte que ce que j'appelle hygiène est, conformément au véritable sens de ce mot, l'art de conserver et de prolonger la vie, tandis que dans la diététique, il ne s'agit que de *connaître* les effets des différens régimes indépendamment des applications qu'on fera ensuite de cette *connaissance*.

2. *Hygiène*. Ces applications sont l'objet de l'hygiène, et comme elles dépendent du tempérament, de l'âge, du sexe, etc., des individus, la crasiologie, composée de la crasiographie et de la crasioristique, doit être comprise dans l'hygiène, ainsi que je l'ai déjà remarqué, puisque, avant qu'on s'occupe de ces applications, il faut bien qu'on ait étudié ces tempéramens en eux-mêmes, et qu'on ait appris à les reconnaître aux caractères qui les distinguent. On a vu dans la note de la page 156, jusqu'à quel point cette manière de concevoir l'hygiène, comme une science où l'on s'occupe de tout ce qui convient à chaque individu selon son âge, son sexe,

son tempérament, etc., est conforme à l'usage généralement adopté par les médecins dans l'emploi qu'ils font de ce mot, et les motifs qui m'y ont fait apporter une restriction indispensable.

3. *Nosologie.* C'est ici que la manière dont j'ai distribué les sciences médicales paraîtra plus contraire à celle dont on les dispose ordinairement. Dès que je m'occupai de leur classification, la première question que je me fis, fut celle-ci : dans l'ordre naturel des sciences relatives à l'art de guérir, et qui doivent comprendre la connaissance des moyens de guérison, celle des tempéramens, et celle des maladies, avant qu'il soit question d'appliquer ces diverses connaissances à la pratique, doit-on commencer par l'étude de ces moyens et de ces tempéramens, pour qu'en traitant ensuite des maladies, on puisse, à mesure qu'on s'en occupe, parler des diverses *médications* auxquelles on a recours pour les combattre, et des modifications que la diversité de tempérament doit apporter dans l'emploi qu'on en fait ; ou faut-il, au contraire, s'occuper d'abord des maladies, ensuite des moyens de guérison, afin de dire, en traitant de chacun de ceux-ci, quelles sont les maladies auxquelles ils doivent être appliqués ? vaut-il mieux enfin décrire en dernier lieu les divers tempéramens, en joignant à ces descriptions l'indication des modifications qu'ils doivent apporter dans le traitement de chaque maladie ?

Cette question ne fut pas pour moi difficile à résoudre. Admettre un de ces deux derniers arrangemens, c'était faire de la science un chaos inextricable, et morceler tout ce qui est relatif à une même maladie, partie dans l'étude générale des maladies, partie dans celle des moyens de guérison, partie dans dans celle des tempéramens. Je ne pouvais cependant qu'opter entre ces divers arrangemens pour qu'aucune des vérités que doivent contenir les sciences médicales, ne fût oubliée; j'adoptai donc le premier que j'ai suivi dans ce qui précède; mais il me restait à chercher par quelle raison on commence ordinairement l'étude de la médecine par celle des maladies; il me paraît que c'est parce que les divers agens qui sont l'objet de la physique médicale ayant été considérés seulement comme des moyens de guérir, on avait pensé qu'il fallait, avant d'en traiter, avoir parlé des maladies à la guérison desquelles ils étaient destinés, et je vis en même temps qu'il suffisait de considérer ces agens sous un point de vue plus général, c'est-à-dire, comme comprenant toutes les causes qui entretiennent, altèrent, rétablissent ou détruisent la série normale des phénomènes vitaux, pour qu'il devînt naturel de les traiter d'abord en eux-mêmes et indépendamment des maladies contre lesquelles on doit ensuite les employer.

4. *Médecine pratique.* Quant à la médecine pratique, il suffit, pour la définir, de dire qu'elle a pour

objet d'appliquer aux individus malades toutes les connaissances acquises dans les sciences précédentes, pour déterminer la maladie, le traitement qui lui convient, et, autant qu'il est possible, prévoir l'issue qu'elle doit avoir. Je me bornerai à observer que la nosologie, comme la physique médicale, sont des sciences où l'on ne s'occupe que des faits généraux, indépendamment des dispositions particulières des individus, et que c'est dans l'hygiène et la médecine pratique seules qu'on a égard à ces dispositions. Dans les deux embranchemens précédens, la première et la troisième des quatre sciences du premier ordre dont ils étaient composés, nous offraient des sciences proprement dites; la seconde et la quatrième présentaient le caractère d'applications utiles qui en distinguent les groupes de vérités auxquels on a donné le nom d'arts. La même chose se retrouve ici jusqu'à un certain point; la physique médicale et la nosologie sont des sciences proprement dites, l'hygiène et la médecine pratique ont pour objet l'application aux besoins de l'homme des vérités étudiées dans les deux premières; mais le caractère d'art ne s'y prononce complétement que dans l'hygiène et la médecine pratique proprement dites, parce qu'avant d'en venir à l'application, il faut que l'hygiène et la médecine pratique générales étudient comme simple objet de connaissance, l'une les divers tempéramens, l'autre les signes caractéristiques des maladies.

b. Classification.

De ces quatre sciences du premier ordre, toutes relatives au même objet général défini dans le titre de ce chapitre, je formerai l'embranchement des SCIENCES MÉDICALES; et comme les deux premières étudient les phénomènes produits par toutes les causes tant externes qu'internes qui peuvent modifier l'organisation animale, sans que cette étude tienne d'abord en rien à la guérison des maladies à laquelle le médecin les applique ensuite, de même que les sciences physiques proprement dites s'occupent des effets produits par les propriétés inorganiques des corps, indépendamment de leur application à l'étude du globe terrestre, j'ai cru qu'il serait bon d'indiquer cette analogie, en donnant le nom de SCIENCES PHYSICO-MÉDICALES au sous-embranchement formé par la réunion de la physique médicale et de l'hygiène. Quant à l'autre sous-embranchement qui réunit la nosologie et la médecine pratique, si l'on fait attention à l'acception ordinaire du mot *médical*, on trouvera, je pense, comme moi, que le nom qui leur convient le mieux est celui de SCIENCES MÉDICALES PROPREMENT DITES.

Voici le tableau de cette classification.

Embranchement.	*Sous-embranchemens.*	*Sciences du 1er ordre.*
SCIENCES MÉDICALES.	PHYSICO-MÉDICALES...........	Physique médicale.
		Hygiène.
	MÉDICALES PROPR. DITES...	Nosologie.
		Médecine pratique.

On sera peut-être étonné du grand nombre de sciences dans lesquelles se trouve ici partagé le groupe des connaissances relatives à l'art de guérir. Mais si on y réfléchit, on verra que ces divisions existent réellement ; que chacune est assez importante pour être considérée comme une science à part, par le nombre et la variété des vérités qu'elles renferment. On sait au reste combien ces divisions ont été plus multipliées encore dans les ouvrages des médecins, tant anciens que modernes. Je n'ai eu presque qu'à choisir entre des noms connus depuis long-temps ; mais la plupart de ces noms n'étant pas définis avec précision, j'ai dû les définir de manière à établir entre les différentes sciences médicales des limites tranchées, et appeler successivement l'attention sur chacune des parties de cet ensemble. Quelle que soit l'importance de ces sciences relativement au but qu'elles se proposent, la conservation ou le rétablissement de la santé, peut-être en ont-elles une plus grande encore aux yeux de ceux qui mettent au premier rang les progrès de l'intelligence humaine, on sait que c'est aux recherches persévérantes que les médecins ont faites de tout temps dans la vue de perfectionner leur art, que nous sommes redevables de la plupart des sciences physiques et naturelles ; sans eux la chimie, la botanique, l'anatomie, la physiologie animale et beaucoup d'autres sciences n'existeraient peut-être pas.

Observations. Il me semble presque inutile d'insister ici sur l'analogie manifeste que présentent les quatre sciences dont nous venons de parler, avec les quatre points de vue que nous retrouvons partout dans la série des connaissances humaines. Comment, relativement à l'objet général de cet embranchement, le lecteur n'aurait-il pas reconnu le point de vue autoptique dans la physique médicale, dont tous les faits sont immédiatement donnés par l'observation et l'expérience ; le cryptoristique, dans l'hygiène, où l'on s'occupe d'abord des dispositions internes, causes cachées de la diversité des tempéramens et de toutes les modifications qu'ils apportent dans les phénomènes vitaux ; où l'on se propose ensuite de découvrir les moyens par lesquels on peut conserver la santé des hommes ou des animaux qui nous sont utiles, et prévenir les maladies dont ils sont menacés? Les maladies sont des changemens plus graves dans l'ordre normal de ces phénomènes : à partir de l'invasion d'une maladie quelconque, c'est une nouvelle série de phénomènes qui s'établit dans l'organisation. La nosologie, qui s'occupe de ces changemens, qui les décrit, se propose de découvrir les organes dont l'altération en est la cause, ainsi que les lois générales qui déterminent les moyens les plus convenables pour ramener les phénomènes vitaux à l'ordre accoutumé et qui cherche à expliquer les causes de ces changemens, et l'action des remèdes, présente dans toutes ses parties quelque chose du point de vue troponomique qui ne se manifeste entièrement que dans la thérapeutique générale. Enfin, la médecine pratique, que l'on pourrait regarder plutôt comme un art que comme une science proprement dite, et dont toutes les parties ont pour objet de parvenir à la solution de ces trois problèmes, reconnaître dans chaque malade la maladie dont il est affecté, déterminer le traitement individuel qui convient à cette maladie, et en prévoir l'issue, présente aussi plus ou moins, dans toutes ses parties, les caractères du point de vue cryptologique.

CHAPITRE CINQUIÈME.

Définitions et classification des divers embranchemens des sciences cosmologiques.

JUSQU'A présent nous avons passé en revue toutes les sciences relatives au MONDE matériel, qui est le premier des deux grands objets de toutes les connaissances humaines que j'ai signalés au commencement de cet ouvrage, page 28 ; nous les avons classées en sciences de divers ordres, en sous-embranchemens et en embranchemens ; il convient maintenant de nous arrêter pour examiner ces embranchemens, les définir, en indiquer les principaux caractères, les réunir en sous-règnes et en règnes, et nous assurer enfin que l'ordre dans lequel nous venons de les présenter, est réellement celui que détermine la nature même de nos connaissances.

Tel est le principal objet de ce cinquième chapitre ; mais il doit contenir, en outre, des considérations d'un autre genre, qui n'ont encore pu faire partie de mon travail, parce qu'elles supposaient, pour être bien comprises, que toutes les sciences dont j'ai parlé jusqu'ici fussent définies et classées. Certaines vérités, certains groupes de vérités, tenant à la fois à plusieurs sciences, peuvent laisser dans l'indécision, relativement à la place qu'ils doivent occuper dans la classification naturelle de toutes les connaissances humaines ; c'est maintenant qu'il convient de faire cesser cette indécision, en ayant soin, à mesure qu'il sera question des différentes sciences cosmologiques, de déterminer celles où ces vérités, ces groupes de vérités, doivent être rangés.

Pour cela il faut se rappeler deux principes, que j'ai déjà indiqués dans plusieurs endroits de cet ouvrage ; savoir : 1°. qu'on ne doit jamais séparer les connaissances relatives à un même objet étudié dans un même but : 2°. que ces connaissances ne doivent, en général, être placées dans l'ordre naturel, qu'après les sciences sans lesquelles les vérités dont elles se composent, ou les procédés qu'elles étudient, ne sauraient être bien compris. Ce qui n'empêche pas qu'elles ne puissent venir après une science à laquelle elles fourniraient des instrumens ou des matériaux, pourvu qu'on pût se servir de ces instrumens, employer ces matériaux, sans connaître les sciences à l'aide desquelles on construit les uns et on se procure les autres. Autrement il serait impossible de satisfaire au principe dont nous parlons. C'est ainsi, comme on l'a déjà vu, page 100, que la technologie peut être placée, sans inconvéniens, avant l'oryctotechnie, l'agriculture et la zootechnie, qui lui procurent les matériaux dont elle a besoin ; tandis que ces sciences ne pourraient la précéder, sans qu'une partie des procédés dont elles font usage, des motifs qui en déterminent les travaux, ne devînt inintelligible. De même, la géométrie, l'uranologie, la physique pourront être placées avant la technologie, quoique celle-ci leur fournisse les instrumens dont elles se servent, attendu que l'emploi que l'on fait de ces instrumens est indépendant des procédés à l'aide desquels ils ont été construits. Mais la technologie ne peut venir qu'après ces sciences, par la raison qu'il faut bien savoir le but que l'on se propose dans la construction d'un instrument, si l'on veut se faire une idée nette des moyens auxquels on a recours pour atteindre ce but.

A. * Énumération et définitions.

1. *Sciences mathématiques.* La réunion que j'ai faite dans un même embranchement de la mécanique et de l'uranologie, avec les sciences mathé-

---

* Le lecteur a dû remarquer que quand il s'agissait, dans les quatre premiers paragraphes de chaque chapitre, soit d'énumérer et de définir des sciences du troisième ordre, soit de les classer en sciences du premier, j'employais, comme indication de ces deux parties de mon travail, les lettres *a* et *b* en caractères italiques; que, lorsque dans un cinquième paragraphe, j'avais à énumérer et à définir des sciences du premier ordre, puis à les classer en embranchemens, je me servais, pour la même indication, des lettres a, b, de l'alphabet romain; c'est pour suivre la même analogie que, dans le présent chapitre, j'ai désigné, d'abord l'énumération et les définitions des divers embranchemens qui comprennent toutes les sciences cosmologiques, et ensuite leur classification en un premier règne, par les majuscules A. B.

matiques proprement dites, est fondée sur la nature même des verités dont ces sciences se composent. Pouvais-je d'ailleurs balancer à rapprocher des sciences unies par tous leurs caractères d'une manière si intime que, soit dans la distribution des études, soit dans la répartition qu'on a faite des différentes branches de nos connaissances entre les classes et les sections des corps savans, et, ce qui est bien plus, dans la distinction des sciences nécessaires pour les diverses carrières sociales, l'étude des mathématiques proprement dites, n'a jamais été séparée de celle des sciences physico-mathématiques, qui se lient immédiatement aux sciences physiques. Quiconque a la moindre idée juste des mathématiques, sait assez l'impossibilité absolue d'éloigner l'arithmologie et la géométrie de la mécanique et de l'uranologie, où tout est semblable dans la nature des recherches, des calculs, etc., soit pour en faire une classe de sciences à part, soit même pour les placer dans les sciences dont j'ai formé mon second règne, tout en laissant la mécanique et l'uranologie parmi les sciences cosmologiques. Cette dernière distribution, suggérée par des vues purement systématiques, n'a presque pas besoin de réfutation. Sans doute, les mathématiques proprement dites fournissent de nombreux secours aux sciences noologiques, mais ce n'est pas une raison pour les y réunir; c'en est une seulement pour qu'elles se trouvent dans toute classification vraiment naturelle, avant les sciences noologiques, de même que les autres sciences cosmologiques qui ne prêtent pas à ces dernières de moindres secours. C'est sur l'agriculture et la zootechnie que repose l'existence même des sociétés comme celle des individus. C'est de la technologie et de l'oryctotechnie que ces sociétés tirent leur bien-être et leurs richesses. Ce sont les sciences médicales qui leur fournissent les moyens de soulager les maux dont l'humanité est affligée. Serait-ce là une raison pour ranger ces diverses sciences parmi les sciences noologiques? Je sais, au reste, que ce n'est pas d'après des considérations de ce genre, qu'on a voulu y placer les mathématiques proprement dites; mais d'après l'idée, absolument dénuée de fondement, que les vérités dont elles se composent n'avaient aucune réalité extérieure, et se rapportaient uniquement à des vues de notre esprit, comme si les lois mathématiques du mouvement des astres ne réglaient pas ce mouvement depuis que le monde existe, et bien avant que Keppler les eût découvertes.

Quant à ceux qui ont fait de l'arithmologie et de la géométrie un groupe de sciences distinctes, pour placer la mécanique et l'uranologie dans les sciences physiques, il me paraît qu'ils ne prenaient pas le mot *mécanique* dans le sens que lui donnent les mathématiciens. La mécanique n'est pas une science qui s'occupe seulement des mouvemens que présentent les corps que nous pouvons, sur notre globe, soumettre à l'expérience, ou des machines dont nous aidons notre faiblesse. Telle que l'ont conçue les Euler, les Lagrange, les Laplace, etc., la mécanique donne des lois, comme l'arithmologie et la géométrie, à tous les mondes possibles; et la détermination de ces lois par le calcul repose sur des bases semblables aux premières données d'où l'on part dans les démonstrations de la géométrie. Nous avons vu, pages 66 et 67, que dans cette dernière science, comme dans la mécanique, il se trouve quelques principes déduits de la seule *observation*. Ces deux sciences, comme l'uranologie, s'appliquent également à tous les mondes qui peuvent exister dans l'espace, tandis que rien ne s'oppose à ce que dans des globes différens du nôtre, les propriétés des corps, soit inorganiques, soit organisés, fussent toutes différentes de celles que les autres sciences cosmologiques étudient dans les corps qui nous entourent. Mais cette considération générale n'offrait pas un caractère assez précis pour distinguer les sciences mathématiques des sciences physiques. J'en ai long-temps cherché un qui déterminât avec plus d'exactitude la limite qui sépare ces deux embranchemens. Avant de m'occuper de cette recherche, j'avais déterminé quelles étaient les sciences qui devaient faire partie du premier; et la définition de ce premier embranchement devait être telle qu'elle convînt à toutes ces sciences et qu'elle ne convînt qu'à elles seules. J'ai trouvé que le caractère, d'après lequel on doit définir les sciences mathématiques, consiste en ce qu'elles n'empruntent à l'observation que des idées de grandeur et des mesures ; et qu'on ne dise pas, comme on ne l'a fait que trop souvent, qu'uniquement fondées sur des abstractions, les sciences mathématiques proprement dites n'empruntent absolument rien à l'observation. Est-ce que nous aurions même l'idée de nombre, si nous n'avions pas compté des objets en y appliquant successivement notre attention, et n'est-ce pas là *observer* le nombre de ces objets? De même, c'est à l'observation des formes des corps, ou à celle des figures qu'on en trace lorsqu'on veut les représenter, que nous devons toutes les idées sur lesquelles repose la géométrie. En partant de la définition fondée sur ce caractère, la géométrie moléculaire et toutes les parties de l'uranologie se trouvent comprises dans les sciences mathématiques, conformément à la place que je leur avais assignée d'après la nature des vérités dont elles se composent, avant d'avoir pensé à les définir ainsi.

Par cela même que les sciences mathématiques n'empruntent à l'observation que des idées de grandeur et des mesures ; et, par conséquent, que celui qui les étudie se borne à *connaître* ce qui est, sans exercer sur les corps aucune action, on ne doit admettre dans ces sciences rien de relatif aux arts dont le caractère essentiel est précisément d'agir sur les corps, pour les modifier de la manière qui nous est la plus avantageuse. Toute application des mathématiques aux besoins de la société appartient aux sciences comprises, soit dans les autres embranchemens du règne cosmologique, soit dans ceux du règne noologique.

Dans la récapitulation que nous allons faire des sciences physiques, naturelles et médicales, nous signalerons les applications des mathématiques qui doivent en faire partie. Quant à celles qui se rapportent à des sciences du règne noologique, c'est dans la seconde partie de cet ouvrage que j'aurai à m'en occuper. Telles sont, par exemple, les applications de la théorie des probabilités à la logique et à la jurisprudence; celles de l'astronomie à une science du troisième ordre, comprise dans l'ethnologie, et qui a pour objet de déterminer avec précision la position des lieux que l'ethnologiste nous fait connaître, ou qui ont été le théâtre des événemens que raconte l'historien, science à laquelle j'ai donné le nom de *toporistique*, et qui est, à l'égard de la situation de ces lieux, ce que la chronologie est par rapport à l'époque des faits historiques. Telles sont encore les applications de la géométrie à différentes branches de l'art militaire, et particulièrement à la science des fortifications, que, par un rapprochement tout à fait contraire, selon moi, à l'ordre naturel des connaissances humaines, on a long-temps placée parmi les sciences mathématiques, arrangement qui ne me paraît pas plus fondé que si on y avait réuni la chronologie ou la statistique, à cause des calculs que l'arithmétique leur fournit.

2. *Sciences physiques*. Ces sciences, comme celles de l'embranchement précédent, ont pour objet les propriétés que présentent les corps indépendamment de la vie propre aux êtres organisés. Mais au lieu de se borner à celles de ces propriétés qui n'empruntent à l'observation que des idées de grandeur et des mesures, elles s'occupent de propriétés que nous ne pouvons reconnaître qu'en joignant l'expérience à l'observation, et dès lors, tandis que les sciences mathématiques embrassent l'ensemble de l'univers, les sciences physiques sont nécessairement bornées à une étude plus spéciale des corps que l'homme peut atteindre, sans quitter le globe qu'il habite.

La physique générale, qui commence cet embranchement, n'étudie, comme les mathématiques, les propriétés des corps, que pour les connaître, indépendamment de toute application à nos besoins; mais elle présente une circonstance qui, par la nature même des mathématiques, ne saurait se rencontrer dans ces dernières sciences, et que nous retrouverons presque toujours dans celles des embranchemens suivans. Cette circonstance consiste en ce que la première et souvent la seconde des quatre sciences du troisième ordre, comprises dans chaque science du premier, se composent d'une multitude de faits, dont la liaison et l'ordre naturel ne peuvent être aperçus que quand on passe aux deux autres sciences du troisième ordre, qui complètent celle du premier. Cependant, pour exposer ces faits, il faut bien suivre un ordre quelconque; et, à cet égard, il y a deux partis à prendre : l'un est de les ranger d'avance dans l'ordre naturel, sauf à expliquer plus tard les motifs de cet arrangement. Il semble que c'est là un emprunt qu'on fait à des sciences qui ne viennent qu'après celle dont on s'occupe; mais cet inconvénient n'a lieu qu'en apparence, parce que rien n'empêche qu'on n'expose ainsi la partie élémentaire d'une science du premier ordre, sans développer les raisons qui ont fait adopter la marche qu'on suit; de même que le mathématicien ou le physicien peut se servir des instrumens que lui fournit la technologie, sans s'inquiéter des procédés à l'aide desquels elle les a construits. L'autre parti consiste à suivre, dans l'exposition des faits, un ordre arbitraire tel, par exemple, que l'ordre alphabétique des noms par lesquels sont désignés les objets auxquels ces faits se rapportent; à faire, en un mot, le dictionnaire de la science. Quand on ne veut traiter que de la partie élémentaire d'une science du premier ordre, il est souvent plus commode d'en disposer les matériaux sous cette forme de dictionnaire; tandis que cette disposition, la plus artificielle de toutes, me paraît devoir être absolument rejetée, dès qu'il s'agit de la composition d'un ouvrage sur une science du premier ordre, où l'on se propose, par conséquent, de réunir les quatre sciences du troisième, dont elle se compose.

On sent bien que, par la nature même des sciences mathématiques, cette forme y est inadmissible; qu'on ne peut mettre en dictionnaire ni l'arithmographie, ni la géométrie synthétique, ni la cinématique, ni l'uranographie; mais qu'elle convient à la physique expérimentale, à la chimie, à la technographie, à l'oryctotechnie, ainsi qu'à la phytographie, la géoponique, la zoographie, la nosographie, etc. Les ouvrages où ces différentes sciences sont ainsi traitées existent, et c'est là qu'elles sont exposées d'une manière complétement isolée des autres sciences du troisième ordre comprises dans les sciences du premier auxquelles elles appartiennent respectivement. Un dictionnaire de physique expérimentale, borné à la simple exposition des propriétés que présentent les différens corps tant que la composition n'en est pas altérée, un dictionnaire de chimie, où l'on fait connaître leur composition, et où l'on décrit les instrumens dont on se sert pour les composer et les décomposer, peuvent être regardés comme des exemples d'ouvrages qui appartiennent uniquement à ces deux sciences du troisième ordre; de même qu'un dictionnaire où ces deux sortes de connaissances seraient réunies n'appartiendrait plus ni à la physique expérimentale, ni à la chimie, mais à la science du second ordre, qui les comprend toutes deux et que j'ai nommée physique générale élémentaire. Mais cette forme ne peut être adoptée ni pour des traités spéciaux sur les deux sciences du troisième ordre dont se compose la physique mathématique, ni pour un ouvrage où elles seraient réunies, ni même pour un traité complet de physique générale, où il est toujours préférable de suivre uniquement l'ordre prescrit par l'enchaînement naturel des faits. Ce que je dis ici à l'égard de la physique générale, suivant qu'on veut écrire un ouvrage, soit sur une des sciences du troisième ordre qui y sont comprises, soit sur une du second, soit sur la réunion de toutes ses parties, est en général applicable aux autres sciences du premier ordre.

La place que j'assigne à la chimie dans la classification des connaissances humaines, en la considérant comme une des quatre sciences du troisième ordre dont se compose la physique générale, semble contraire à l'usage où l'on est de parler de ces deux sciences comme de deux branches de nos connaissances, voisines à la vérité, mais en quelque sorte indépendantes l'une de l'autre. Ce n'est qu'après s'être fait une idée nette de l'ensemble de la classification des sciences cosmologiques, qu'on peut juger combien cette manière de voir est opposée à la nature même de ces sciences, et se convaincre que la chimie est par rapport à la physique générale, ce que l'anatomie végétale et l'anatomie animale sont par rapport à la botanique et à la zoologie ; en effet, la physique générale s'occupe des propriétés que nous présentent les corps en tout lieu et en tout temps, en se bornant à celles que j'ai désignées sous le nom de propriétés inorganiques, pour exprimer qu'on les observe indifférement dans des corps privés ou doués de la vie, par opposition aux propriétés organiques qui, résultant du grand phénomène de la vie, appartiennent exclusivement aux corps organisés. Or, c'est parmi ces propriétés inorganiques qu'on doit ranger la composition des substances homogènes, soit que ces substances proviennent originairement d'un corps inorganique ou d'un corps organisé. Le chimiste, en étudiant cette composition, s'occupe donc d'une des propriétés dont le physicien doit embrasser l'ensemble, et la chimie ne peut dès lors être considérée que comme une des branches de la physique générale.

L'importance et la multiplicité des faits relatifs à la composition des substances homogènes, n'en donnent pas moins à la chimie un des premiers rangs parmi les sciences du troisième ordre. Plus cette science a fait de progrès et plus elle a multiplié ses rapports avec les autres branches de nos connaissances, plus les limites qui l'en séparent sont devenues difficiles à tracer d'une manière précise; et c'est ce qui m'engage à entrer ici dans quelques détails à ce sujet.

Voyons d'abord comment elle doit être séparée de la physique expérimentale : celle-ci s'occupe de toutes les propriétés que nous présentent les corps, tant que leur mode de composition n'éprouve aucun changement; la chimie, au contraire, étudie un corps, ou pour en séparer les élémens, ou pour combiner une partie de ces élémens, soit entre eux, soit avec d'autres corps, soit enfin pour former un composé nouveau, en unissant deux ou plusieurs substances qui se combinent sans éprouver aucune décomposition. Cette manière de distinguer ces deux sciences, long-temps seule admise, a été méconnue dans quelques écrits récens. Comme dans l'enseignement de la physique expérimentale, il est d'usage de commencer l'étude des corps par celle de leurs propriétés générales, on a eu depuis peu l'idée de borner cette science à cette seule étude, pour transporter à la chimie celle des propriétés particulières à chaque corps. Cette distribution des vérités qui doivent être rapportées à chacune de ces sciences, ne pourrait être admise qu'en ôtant à la physique expérimentale la plupart des recherches qui en font évidemment partie. Comment concevoir qu'on attribue à la chimie l'étude des propriétés magnétiques qui ne s'observent que dans un petit nombre de métaux ; de la dureté, de la ténacité dont les corps solides sont seuls susceptibles ; de la ductilité, de la malléabilité, des effets de la trempe et de l'écrouissage, qui n'ont lieu que dans quelques métaux ? Certes, ce ne sont pas là des propriétés générales, mais elles n'en sont pas moins du ressort de la physique expérimentale. Tous les corps ne sont pas transparens, et ceux qui le sont ne jouissent pas tous de la double réfraction. Ce sont encore là des propriétés particulières ; et cependant qui peut douter que ce ne soit au physicien de s'en occuper ? C'est aussi lui qui doit dresser des tables des poids spécifiques, et des autres propriétés qui peuvent être évaluées en nombre dans les différens corps ; comme c'est au chimiste à dire si ces mêmes corps sont simples ou composés, et à déterminer, dans ce dernier cas, les élémens et les matériaux dont ils sont formés, et la proportion de ces élémens et matériaux. Et, réciproquement, n'y a-t-il pas dans les propriétés, qui ne peuvent être rapportées qu'à la chimie, des faits généraux que personne n'a jamais songé à retrancher du domaine de cette science, pour les reporter dans la physique ? ce que devraient faire, s'ils étaient conséquens, ceux qui veulent ôter à la physique, l'examen des propriétés particulières des corps, pour ne lui laisser que celui de leurs propriétés générales.

La confusion, à l'égard des faits qui appartiennent réellement à la chimie, et dont les minéralogistes ont voulu agrandir le domaine de leur science, est plus ancienne, et consacrée jusqu'à un certain point par un usage, qu'il est par cela même plus difficile de réformer et que, néanmoins, on ne peut suivre, si on veut tracer entre les diverses sciences des limites fondées sur la nature des choses. Ici, il faut se rappeler les principes qui nous ont servi à distinguer les vérités qui appartiennent à la physique générale, dont la chimie fait partie, des vérités dont se composent les sciences géologiques. Nous avons vu que tout ce qui est relatif aux propriétés inorganiques des corps, en tant qu'elles sont indépendantes des lieux et des temps, doit être rapporté à la physique générale (1), tandis que toutes les variations que ces propriétés éprouvent en divers lieux et en divers temps, appartiennent à la géologie. C'est d'après la même règle, que dans les recherches relatives à la composition des corps, il faut distinguer ce qui doit être rapporté à la chimie de ce qui doit l'être à d'autres branches des connaissances humaines.

---

(1) C'est pour désigner cette indépendance des lieux et des temps qui caractérise les vérités comprises dans la science dont il est ici question, que je lui ai donné le nom de *physique générale*, par opposition, par exemple, à la géologie, qu'on peut considérer comme la *physique particulière* de chaque lieu, aux différentes époques qui ont pu apporter quelque changement dans les phénomènes que les corps y présentent.

Lorsqu'il est question de composés homogènes, mais en proportions indéfinies, il est clair que le chimiste ne peut s'occuper que des moyens généraux d'en faire l'analyse, et que celle de chacun de ces composés appartient aux sciences suivantes, d'après le besoin qu'elles peuvent avoir d'en connaître la composition. Les potasses du commerce sont, par exemple, des composés indéfinis, dont le prix doit varier suivant la quantité de potasse pure qu'elles renferment. C'est au chimiste à donner une méthode générale pour déterminer cette quantité; mais la méthode une fois donnée, l'opération par laquelle on l'applique à telle ou telle espèce de potasse du commerce, fait partie de la cerdoristique industrielle. De même la chimie fournit une méthode générale pour analyser les eaux minérales; mais l'application de cette méthode pour déterminer la composition des eaux minérales qui se trouvent en différens pays, doit être placée dans la géographie physique, qui rend compte des particularités de ces divers pays. C'est encore à la chimie à donner des moyens pour l'analyse d'un minerai; mais la détermination, à l'aide de ces moyens, de l'espèce et de la quantité des métaux que le minerai contient, faite dans la vue d'en apprécier les produits, doit être rapportée à la docimasie; de même que c'est à la cerdoristique agricole à appliquer les procédés de la chimie à l'analyse du sol de chaque pays, pour comparer les résultats de cette analyse à la valeur des produits qu'on en retire ; à déterminer les quantités de sucre fournies soit par certaines variétés de betteraves, soit par une même variété cultivée dans divers sols, ou récoltée à des époques différentes, etc.

Il n'en est pas ainsi, lorsqu'il s'agit d'un composé défini qui est le même en tout lieu et en tout temps ; la détermination des proportions de ses élémens appartient tout entière à la chimie. Peu importe la nature minérale, végétale ou animale de ce composé ; grâces aux progrès qu'ont fait faire à la chimie les découvertes des Berzélius, des Chevreul, des Dumas, ce composé sera tantôt un acide, tantôt un oxide ou un chlorure, ou un sulfure, tantôt un sel, etc. ; et quel que soit le règne de la nature dont il tire son origine, le chimiste devra le faire connaître à son rang, comme c'est à lui de décrire l'acide nitrique, l'oxide de fer, le chlcrure de sodium, le sulfure de plomb, le carbonate de chaux, l'acide acétique, le sucre, l'alcool, l'urée, l'acide margarique, le margarate de glycérine, etc. ; en sorte qu'il appartient à la chimie, et non à la minéralogie, de chercher de combien d'atomes d'oxigène et de silicium l'acide silicique est composé ; de dire que sa forme primitive est un rhomboïde, dont les angles dièdres sont de 94° 24′ et de 85° 36′ ; que c'est cet acide que l'on nomme quarz, etc., tout en laissant, d'une part, à la géométrie moléculaire le soin d'expliquer les diverses formes secondaires qui peuvent résulter de cette forme primitive, et, de l'autre, à la minéralogie celui de décrire les différentes variétés de quarz, et les divers terrains où elles se rencontrent, suivant que le quarz est cristallisé, limpide ou coloré, ou qu'il est amorphe en masse solide, ou sous forme de sable. La chimie considérera de même le felspath comme un silicate double, à base d'alumine et de potasse, dans les mêmes proportions où ces bases existent dans le sulfate double qui est connu sous le nom d'alun. Elle ne laissera à la minéralogie qu'à examiner les variétés de formes cristallines secondaires, de couleurs, etc., que le felspath présente dans différens terrains.

La ligne de démarcation ainsi établie entre les deux sciences dont je viens de parler, montre assez que, dans ma manière de voir, on doit reporter dans la chimie une partie des faits qu'on avait jusqu'à présent considérés comme appartenant à la minéralogie, et cela toutes les fois que ces faits sont relatifs à des composés définis, semblables à tous égards à ceux dont l'étude a toujours fait partie de la chimie.

L'erreur où l'on est tombé à ce sujet provient de ce que l'on a analysé les substances minérales longtemps avant que la chimie eût fait assez de progrès pour qu'on pût avoir des idées justes sur la nature de ces substances. Quand on a commencé à étudier chimiquement les matériaux immédiats des composés qui se trouvent dans les végétaux et les animaux, on ne s'était pas non plus, il est vrai, élevé aux théories d'après lesquelles ils doivent être considérés comme des acides, des oxides, des sels, etc.; mais, comme ces recherches étaient faites par des chimistes, on n'a pas pensé à commettre la même erreur à l'égard de ces matériaux; on a laissé avec raison, dans le domaine de la chimie, la détermination des proportions de leurs principes constituans, celle de leur nature saline, acide, basique ou neutre, et des formes primitives que présente leur cristallisation, etc. Il est bien temps de rendre à la même science les travaux tout semblables exécutés sur des substances minérales à proportions définies, et qui sont, par conséquent, les mêmes en tout lieu et en tout temps.

C'est peut-être dans la première des sciences du troisième ordre dont se compose la *technologie*, et à laquelle j'ai donné le nom de technographie, que les faits et les procédés à décrire sont plus nombreux et plus indépendans les uns des autres. C'est pour cette raison que la forme de dictionnaire convient particulièrement à cette science, et qu'elle y a été si souvent employée; mais elle ne saurait, en général, convenir à la cerdoristique industrielle, surtout à la partie de cette science qui consiste dans les calculs, relatifs au commerce et aux divers genres d'industrie, qu'elle emprunte à l'arithmologie ; dans les formules que lui fournit la mécanique pour évaluer le produit des machines et les forces dont elles exigent l'emploi. Tout au plus pourrait-on l'employer dans cette autre partie de la cerdoristique industrielle, où il est question de la connaissance des valeurs ordinaires des marchandises de tout genre, et des signes auxquels on en reconnaît la bonne ou la mauvaise qualité ; par exemple, dans cette partie de la cerdoristique industrielle de la librairie, qui consiste dans la connaissance des diverses éditions, de leurs prix, etc. ; connaissance à laquelle on donne ordinairement le nom de *Bibliographie*, quoique ce mot soit aussi employé, et ce me semble avec bien plus de raison d'après son étymologie, pour désigner une connaissance toute différente, celle, non pas de ce que coûte le livre, mais de ce qu'il contient. C'est en partant de cette dernière signification, que l'on réunit dans les journaux, sous le titre de *Bibliographie*, les articles où l'on donne un précis de ce qui est contenu dans les ouvrages dont on rend compte.

C'est dans la technographie que doivent être placés, non-seulement la construction des navires, mais tous les moyens qu'on emploie pour les diriger sur les mers avec plus de sûreté et de promptitude ; en sorte qu'on ne doit à cet égard regarder ce qu'on nomme navigation, que comme une de ces subdivisions des sciences du troisième ordre, dont je n'ai point à m'occuper dans cet ouvrage. Un vaisseau est une de ces machines que la technographie enseigne à construire et à faire manœuvrer, et dont les autres sciences lui empruntent l'usage ; c'est ainsi qu'elle procure, par exemple, à la géographie physique ce grand moyen d'exploration de la surface du globe, en même temps que cette dernière lui fait connaître la disposition des côtes et des écueils que le navigateur doit éviter ; qu'elle prête à l'oryctotechnie les machines qu'emploie celle-ci pour extraire des mines les richesses qu'elles contiennent, ou épuiser les eaux qui en entravent les travaux, et qu'elle fournit, à l'art militaire, des fortifications, de la poudre et des canons, comme je le dirai dans la seconde partie de cet ouvrage, en remarquant en même temps que la tactique et la stratégie navales, qui doivent être tout à fait séparées de la navigation proprement dite, appartiennent aussi-bien à l'art militaire, que la disposition et la conduite d'une armée de terre, d'un parc d'artillerie, etc.

Nous n'avons pu, en parlant de la géologie, indiquer ce qu'il y a de semblable ou de différent entre ses subdivisions et celles que présentent la botanique et la zoologie, parce que ces dernières sciences ne devaient être traitées que dans le sous-règne suivant. C'est dans ce cinquième chapitre, où nous avons à comparer entre elles les sciences du premier ordre comprises dans divers embranchemens, que nous devons nous occuper d'abord des différences, et ensuite des analogies que présentent ces sciences et leurs subdivisions.

D'abord, d'après la nature même des substances inorganiques, les objets à décrire dans la géographie physique ne sont pas des êtres qui, naissant, croissant, se reproduisant et mourant, constituent ce qu'on nomme des espèces; ce sont des objets permanens, dont la durée est indéfinie, et qui ne peuvent cesser d'exister que par des cataclysmes qui changeraient tout à coup la surface de la terre; ce sont des plaines, des bassins, des chaînes de montagnes, des terrains de diverses natures, des couches superposées dans un ordre qui, quoique soumises en général aux lois de la géonomie, varie d'un lieu à un autre. Les roches et les minéraux homogènes, dont sont formés les divers terrains, ne sont pas liés par des rapports mutuels, semblables à ceux qui existent entre les organes des animaux et des végétaux, et les divers tissus homogènes dont ceux-ci sont composés. Les lois de la géonomie ne présentent pas, comme celles de la phytonomie et de la zoonomie, des dépendances fondées sur des conditions d'existence nécessaires à la conservation des individus et des espèces, et la même différence se remarque entre la théorie de la terre, d'une part, et la physiologie végétale et animale de l'autre.

Mais ces différences, qui résultent nécessairement de celle que la nature a mise entre les corps inorganiques et les corps organisés, n'empêchent pas que, sous les autres rapports, les divisions de la géologie ne correspondent à celles de la botanique et de la zoologie, comme on le voit en comparant à l'homme, retenu sur le globe qu'il habite, un insecte auquel on supposerait une intelligence semblable à la sienne, et qui ne pourrait quitter l'arbre sur lequel il est né. La botanique de cet insecte, restreinte à ce seul végétal, serait pour lui ce que la géologie est pour nous. En effet, sa phytographie consisterait à décrire les fruits, les fleurs, les feuilles, le tronc et les branches de cet arbre, à voir comment les branches sortent des boutons formés dans les aisselles des feuilles, comment les pétales se développent sous les sépales du calice et découvrent, en s'épanouissant, les étamines et les pistils, comme on voit les diverses couches de l'écorce de notre globe sortir les unes de dessous les autres, pour se montrer sur sa surface dans les diverses régions où nous les observons; cette phytographie deviendrait alors absolument semblable à notre géographie physique. L'anatomie végétale de l'insecte, consistant à distinguer dans l'arbre les différens organes et les divers tissus dont ces organes sont composés, serait précisément pour lui ce que la minéralogie est pour nous. Dans l'impossibilité où il se trouverait de comparer ce végétal à d'autres, sa phytonomie se bornerait à la connaissance des lois suivant lesquelles les différentes parties de l'arbre qu'il étudierait seraient superposées ou arrangées entre elles, et correspondrait ainsi pour lui à ce que la géonomie est pour nous. Enfin, s'il pouvait découvrir comment le même arbre, sorti d'une graine, a poussé des branches, et s'est revêtu de fleurs et de fruits, il se ferait une physiologie végétale, dont l'analogie avec la science que j'ai nommée théorie de la terre n'est pas moins évidente.

Dans la place que j'ai assignée à la géographie physique, elle précède la minéralogie; et comme c'est à la première de ces deux sciences que je rapporte l'étude des divers terrains et des caractères qui les distinguent, il faut que cette étude puisse être faite indépendamment des connaissances dont se compose la minéralogie. Cela serait une véritable difficulté, si c'était dans cette dernière science qu'on dût traiter des formes cristallines et de la composition des oxides, des chlorures, des sels, etc., dont ces terrains sont formés; mais nous avons vu que c'est dans la géométrie moléculaire et dans la chimie qu'on doit les déterminer; dès lors, la difficulté dont nous parlons disparaît entièrement, et celui qui s'occupe de géographie physique n'a besoin d'aucune connaissance appartenant réellement à la minéralogie, pour comprendre, par exemple, qu'on désigne sous le nom de *granite* un assemblage de petits cristaux d'acide silicique, appelé quarz; de silicate double d'alumine et de potasse, nommé felspath, etc. Lorsque de l'étude de la géographie physique, on passe à celle de la minéralogie, on possède la connaissance des terrains, qui est indispensable pour que l'on puisse donner à cette dernière science tout le développement qu'elle comporte. Déjà, en ne considérant la minéralogie que comme on le fait ordinairement, cette connaissance est nécessaire pour que le minéralogiste puisse dire dans quels terrains se trouvent chaque espèce minérale, et surtout chaque variété d'une même espèce; mais la connaissance des terrains est bien plus nécessaire encore quand on considère la minéralogie comme je crois qu'on doit le faire, puisqu'alors cette science consiste essentiellement dans la recherche des matériaux homogènes et des roches dont les terrains sont composés, de même que l'anatomiste se propose de reconnaître les tissus homogènes et les organes dont sont composés les êtres vivans. Le principal objet de la minéralogie, considérée sous ce point de vue, est de dire : *Tel minéral homogène, ou telle roche se trouve dans tel ou tel terrain, et y présente telles ou telles variétés*. Comme l'anatomiste dit, par exemple : *Le tissu osseux ne s'observe que dans les animaux à squelette intérieur, et prend, dans la plupart de ceux qui vivent dans l'eau, les caractères particuliers qui distinguent les arêtes des os des autres vertébrés*, ou bien : *L'organe destiné spécialement à la respiration disparaît dans les animaux dont l'organisation moins compliquée permet au tégument général d'en remplir les fonctions ; il est sous forme de poumons dans tel animal, sous celle de branchies dans tel autre.*

La *géonomie* vient après ces deux sciences pour établir les rapports généraux de superposition et de coïncidence qui existent, soit entre les terrains décrits dans la géographie physique, soit entre les diverses espèces ou variétés des substances homogènes ou des roches que nous a fait connaître la minéralogie, et les classe d'après ces rapports.

3. *Sciences naturelles.* Le caractère de ces sciences est tellement marqué par l'opposition qui se trouve entre le mode d'existence des corps vivans et celui de la matière inorganique, que leur définition ne peut être sujette à aucune difficulté. Ce mode d'existence consiste dans les changemens continuels par lesquels passent nécessairement les êtres vivans en recevant sans cesse les nouvelles molécules destinées à entretenir cette existence, et en en perdant d'autres devenues superflues. Ils naissent toujours d'individus semblables à eux, croissent, se reproduisent et meurent, tandis qu'un corps inorganique, sur lequel n'agit aucune cause de destruction, peut rester indéfiniment dans le même état.

Si les caractères qui distinguent les êtres organisés de ceux qui ne le sont pas, ne présentent aucune difficulté, la place que doivent occuper dans l'ordre naturel les sciences qui y sont relatives ne peut également en souffrir aucune. Indépendamment des secours qu'elles empruntent aux sciences précédentes, cet ordre serait déterminé par la seule considération qu'un corps, pour être vivant, n'en conserve pas moins toutes les propriétés mathématiques et physiques de la matière inorganique, et que les phénomènes de la vie ne peuvent être compris que quand on a des connaissances au moins générales sur l'ensemble du monde qu'habitent les êtres organisés, et qui leur fournit le sol dont le végétal tire sa nourriture et sur lequel vit l'animal, l'air qu'ils respirent l'un et l'autre, la lumière, qui ne leur est pas moins nécessaire, etc., etc.

Des deux sous-embranchemens dont se compose l'embranchement des sciences naturelles, l'un est relatif aux végétaux doués de la vie seulement, c'est-à-dire, de cet ensemble de phénomènes qui consistent à naître, croître, se reproduire et mourir; l'autre aux animaux qui jouissent en outre de la sensibilité, du mouvement spontané et des forces musculaires qui le produisent (1).

---

(1) M. Dutrochet a montré que le mécanisme des mouvemens, que présentent certains végétaux et qui semblent au premier coup d'œil pouvoir être assimilés aux mouvemens spontanés des animaux, est absolument différent du mécanisme de ces derniers, en faisant voir que les mouvemens de la sensitive, bien loin d'être le résultat d'une contraction dans le tissu végétal, sont produits par un gon-

Les divisions de ces deux sous-embranchemens en sciences du premier ordre, du second et du troisième, se correspondent exactement, à une seule exception près, qui est une suite nécessaire de la différence même que nous venons de signaler entre ces êtres, et de cette circonstance que l'homme lui-même fait partie du règne animal. Cette exception consiste en ce que toutes les vérités relatives aux végétaux sont comprises dans le seul sous-embranchement des sciences phytologiques, tandis que celles qui le sont aux animaux se partagent entre les sciences zoologiques proprement dites, et l'embranchement entier des sciences médicales. On verra, dans l'appendice placé à la fin de cet ouvrage, que si les sciences qui se rapportent aux animaux prennent ainsi un développement beaucoup plus grand que celles qui concernent les végétaux, ce développement dépend d'une loi générale qui se retrouve dans toutes les autres branches de nos connaissances. Quant à présent, il suffira d'éclaircir les difficultés qu'on pourrait rencontrer dans la détermination précise des limites de quelques-unes des sciences naturelles.

---

flement du tissu antagoniste, causé par la turgescence que détermine dans ce dernier tissu l'accumulation des liquides végétaux ; découverte qui, en changeant nos idées sur la nature de ces sortes de mouvemens observés dans différens organes des plantes, trace, d'une manière plus précise qu'on ne l'avait fait jusqu'alors, la ligne de démarcation qu'on doit établir entre les végétaux et les animaux

C'est surtout à l'égard de l'anatomie et de la physiologie végétales et animales, de l'agriculture comparée et de la zootechnie comparée, que l'on peut éprouver des difficultés de ce genre. J'ai fait remarquer, page 87, que tant que les matériaux des terrains qu'on étudie dans la géologie, sont composés de plusieurs substances qu'on peut séparer mécaniquement, c'est à la minéralogie à en opérer la séparation; tandis que c'est à la chimie qu'il appartient d'analyser les substances minérales homogènes. Je pense qu'on doit en dire autant relativement à la limite à établir entre l'anatomie végétale ou animale et la chimie; et, en cela, je ne fais que me conformer à l'opinion d'un homme, dont les vues profondes et les découvertes importantes ont fait faire tant de progrès à cette science. Si une anatomie délicate reconnaît, dans les organes les plus ténus des végétaux ou des animaux, les différentes parties dont ils sont composés, n'est-ce pas à elle qu'il convient de séparer, dans un grain de fécule, dans un globule de fibrine ou de tissu cellulaire, le tégument de la matière qu'il renferme? Et le rôle de la chimie ne doit-il pas se borner ici à analyser ultérieurement ces corps, après que l'anatomie les a isolés; comme lorsqu'il s'agit des substances inorganiques, elle ne doit décomposer que celles qui sont homogènes.

Voyons maintenant la limite qu'il convient d'établir, soit qu'il s'agisse des végétaux ou des animaux, entre l'anatomie et la physiologie. En disant que la physiologie végétale et la physiologie animale ont pour objet d'étudier les causes de la vie, la formation et les fonctions des organes dont ces êtres sont composés, je n'ai pas entendu prendre ce mot *fonctions* dans un sens tellement absolu, qu'on dût en conclure que ce n'est pas au phytographe ou au zoographe, mais au physiologiste à dire que la poussière des étamines féconde l'embryon, après s'être déposée sur le stygmate; que les membres antérieurs des animaux vertébrés servent tantôt à la préhension, tantôt à la marche, au vol, à la natation, suivant le genre de vie de ces animaux; que c'est avec leurs dents qu'ils coupent, déchirent et broient leurs alimens; que ce n'est pas à l'anatomiste à dire quels sont les vaisseaux qui contiennent la sève ou les sucs propres des végétaux; que, dans les animaux, le canal intestinal conduit, d'une de ses extrémités à l'autre, d'abord les alimens, ensuite les produits de la digestion, et enfin, les résidus qui doivent être rejetés au dehors; que le cœur fait circuler le sang, et que les poumons ou les branchies le mettent en contact avec l'oxigène, etc. Dans ma manière de voir, ces usages des organes internes ne peuvent pas plus être exclus de l'anatomie, qu'on ne peut exclure de la zoographie les usages des membres ou des dents; et quand j'ai donné, de la physiologie végétale et de la physiologie animale, les définitions que je viens de rappeler, j'ai entendu parler, en employant ce mot *fonctions*, d'une étude approfondie de la manière dont elles s'exécutent, et des *causes* des phénomènes organiques qu'elles présentent. Dès lors, celui qui a appris tout ce que doivent contenir, suivant moi, l'anatomie végétale et l'anatomie animale, ne manque d'aucune des connaissances nécessaires pour juger, lorsqu'il passe à l'étude de la zoonomie, l'importance respective des caractères tirés des organes internes, comme celui qui a fait une étude complète de la phytographie et de la zoographie, sait tout ce dont il a besoin pour apprécier la *valeur* plus ou moins grande des caractères fondés sur l'étude comparée des organes externes. Quant à la physiologie animale ou végétale, qui n'a plus ainsi de secours à prêter à la zoonomie, mais seulement des emprunts à lui faire, elle contiendra tout ce qui est relatif à l'explication du mécanisme des fonctions, comme à celle du mode de formation des organes ; par exemple, si le fait de la fécondation de l'*œuf végétal*, par la poussière des étamines, appartient à la phytographie, c'est dans la physiologie qu'on doit placer l'explication des moyens que la nature emploie pour atteindre ce but, et qu'un de ses plus heureux interprètes nous a récemment dévoilés.

Passons maintenant à l'agriculture comparée. Comme elle a pour objet de choisir entre les diverses méthodes de soigner les plantes, celles qui présentent le plus d'avantages, tant pour l'abondance, la beauté et la bonne qualité des produits, que pour la conservation des végétaux, tant qu'ils peuvent nous être utiles, elle doit comprendre la détermination de celles de ces méthodes qui sont les plus propres à prévenir ou à guérir les maladies auxquelles ils peuvent être exposés, et qui priveraient l'agriculteur du fruit de ses travaux. Cette science, comme nous l'avons vu, se partage en deux autres, l'agronomie, qui pour choisir entre différentes méthodes, ne consulte que l'expérience, et en réduit, quand cela est possible, les résultats en lois générales purement empiriques; la physiologie agricole qui part, pour le même choix, de la connaissance de toutes les causes qui peuvent modifier la vie dans les végétaux, de manière à nous procurer le plus complétement possible les avantages que nous voulons en retirer; en sorte que *l'étude* de ces causes est le principal objet de la physiologie agricole.

Remarquons ensuite que la distinction entre les vérités dont s'occupe la physiologie végétale et celles qui sont l'objet de la physiologie agricole, dépend du but qu'on veut atteindre en étudiant ces vérités. Si l'on cherche seulement à *connaître* les *causes* de la vie dans les végétaux, cette recherche appartient à la première de ces sciences; si, au contraire, on étudie ces causes dans la vue de perfectionner la culture des végétaux dont nous retirons un genre d'utilité quelconque, de les rendre propres à remplir plus complétement cette destination, de prévenir ou de guérir leurs maladies, etc., cette étude appartient à la physiologie agricole ; en sorte, par exemple, qu'une même expérience doit être rapportée à l'une ou à l'autre de ces deux sciences, suivant le but que l'on se propose en la faisant. De même que, dans les sciences physiques, la combustion du gaz hydrogène appartient à la physique expérimentale, lorsqu'il est question des sons qui sont produits quand on introduit dans un tube la flamme qui résulte de cette combustion ; à la chimie, s'il s'agit de vérifier par la synthèse les proportions dans lesquelles se combinent les élémens de l'eau ; à la technologie, si on a pour but de se procurer un nouveau moteur en brûlant du gaz hydrogène.

Cette remarque bien comprise, il ne peut plus rester de difficulté à rapporter à la physiologie végétale et à la physiologie agricole les vérités qui leur appartiennent respectivement. Elle montre que cette dernière doit comprendre, d'une part, l'*étude* de toutes les causes par lesquelles la vie des végétaux peut être modifiée relativement au but d'utilité ou d'agrément que nous nous proposons d'en retirer, telles que l'application sur les végétaux de certaines préparations, les opérations par lesquelles on retranche, soit des arbres, soit des plantes herbacées, les parties malades, celles dont la conservation nuirait à leur durée ou à la beauté de leurs fruits, les procédés de la greffe, de la décortication, etc., les arrosemens, les engrais, les recherches relatives à la nature du sol, à l'exposition, au degré de température qui conviennent le mieux aux diverses espèces de plantes ; de l'autre, l'emploi de ces différens moyens pour conserver les végétaux, et prévenir les maladies auxquelles ils peuvent être exposés, la connaissance de ces maladies elles-mêmes, et les procédés les plus propres à les faire cesser, lorsque cela est possible ; toutes choses qui sont, par rapport aux végétaux, ce que sont, à l'égard des animaux, d'un côté, la pharmaceutique, la traumatologie et la diététique ; de l'autre, l'hygiène, la nosologie et la médecine pratique, et qui néanmoins doivent appartenir à l'agriculture, quand ce ne serait que parce que ce sont les mêmes hommes qui cultivent les végétaux, et qui font usage des procédés et des moyens dont nous parlons.

Pour que l'analogie fût complète, entre toutes les sciences qui font partie du sous-embranchement des sciences phytologiques, et les sciences qui leur correspondent dans celui des sciences zoologiques proprement dites, il faudrait que toutes les vérités comprises dans les sciences médicales le fussent dans la science du troisième ordre, qui tient, dans le sous-embranchement des sciences zoologiques proprement dites, la même place que la physiologie agricole dans l'embranchement des sciences phytologiques, c'est-à-dire, dans la threpsiologie. On concevrait la possibilité de cet arrangement, s'il n'existait que la physique médicale, l'hygiène, la nosologie et la médecine pratique vétérinaires, quoique, dans ce cas-là même, il fût encore contraire à la nature des choses telles qu'elles existent, puisque, d'une part, la vétérinaire n'est pas exercée par les mêmes hommes qui soignent et nourrissent les animaux domestiques, et que, de l'autre, cette science suppose des connaissances tout autrement approfondies et variées que la partie de la physiologie agricole qui lui correspond. Mais, dès que l'homme, dans tout ce qui tient à son organisation, ne peut être séparé des autres animaux, et que d'ailleurs toutes les divisions de la médecine humaine se retrouvent dans la vétérinaire, il est évident que cette dernière science ne saurait être distinguée de la première que quand on descend aux subdivisions du quatrième ou du cinquième ordre, dont je n'ai point à m'occuper dans cet ouvrage, et que, par conséquent, il est impossible que les sciences médicales soient considérées comme faisant partie d'une subdivision de la zootechnie.

Après avoir reconnu qu'il n'en est pas à l'égard des animaux comme à celui des végétaux, que toutes les vérités relatives aux moyens par lesquels nous pouvons agir sur l'organisation des uns et des autres dans un but d'utilité quelconque, appartiennent à l'agriculture, lorsqu'il s'agit de ces derniers, tandis que, quand il est question des premiers, elles doivent se partager entre la zoôtechnie et les sciences médicales, il ne reste plus qu'une difficulté : *A quel caractère distinguera-t-on ce qui doit être placé dans la zootechnie, de ce qui doit l'être dans les sciences médicales?* La solution de cette question se trouve dans un principe analogue aux considérations dont je me suis servi, pages 99, 100, 120 et 126, pour établir les limites qui séparent l'oryctotechnie, l'agriculture et la zootechnie de la technologie. Ce principe consiste en ce que ceux qui ont besoin d'étudier une science doivent trouver dans les ouvrages qui en traitent tout ce qui leur est nécessaire de savoir pour atteindre le but qu'ils se proposent. Ainsi, c'est dans un traité de zootechnie qu'on doit faire connaître l'utilité que ceux qui nourrissent les animaux peuvent retirer, soit de l'emploi de quelques substances qui ne font pas partie du régime habituel auquel ils les soumettent, soit de certaines opérations chirurgicales qu'ils sont dans l'usage d'exécuter eux-mêmes; les divers régimes qu'on doit préférer suivant l'espèce de produit qu'on veut en retirer et la différence des races; les précautions à prendre pour prévenir les maladies qui les menacent, et enfin, les moyens de remédier aux accidens pour lesquels on peut se dispenser d'avoir recours au médecin vétérinaire. Mais, c'est dans des ouvrages différens, destinés à l'instruction de ce dernier, qu'il faut exposer en détail toutes les connaissances qui lui sont nécessaires, et qui doivent, comme celles dont se compose la médecine humaine, être comprises dans l'embranchement des sciences médicales.

4. *Sciences médicales.* C'est par ces considérations que j'ai été amené à reconnaître que les sciences médicales devaient former un embranchement à part, et dès lors il ne s'agissait plus que de tracer entre ces sciences et les sciences zoologiques proprement dites une ligne de démarcation qui ne pût laisser aucun doute sur la distinction des vérités qui doivent être rapportées à chacune d'elles. L'usage où l'on est de ranger l'anatomie et la physiologie animales parmi les sciences dont on traite dans les ouvrages et les cours relatifs à la médecine, semblait devoir m'inspirer quelque doute à cet égard; mais il ne me fut pas difficile de me convaincre que cet usage était uniquement fondé sur la nécessité de bien connaître l'organisation des animaux, avant d'étudier les effets des agens et des autres circonstances qui peuvent la modifier, et sur ce que l'utilité de la médecine est cause que cette science est cultivée par une foule de personnes qui n'ayant ni le temps ni les moyens d'approfondir toutes les branches de la zoologie, se bornent à étudier, suivant la carrière qu'elles veulent embrasser, la partie de

l'anatomie et de la physiologie animales qui est relative soit à l'homme, soit aux animaux domestiques. Mais des considérations de ce genre ne doivent être admises, lorsqu'il s'agit de la classification générale de toutes les vérités que l'homme peut connaître, qu'autant qu'elles sont en harmonie avec la nature et les rapports mutuels de ces vérités. Or, les caractères d'après lesquels j'ai distingué les sciences médicales des sciences naturelles ne me paraissent laisser aucun doute sur la nécessité de ranger, dans une classification de ce genre, l'anatomie et la physiologie animales parmi ces dernières. D'après ces caractères, l'anatomie animale ne peut être placée qu'à la suite de la zoographie; et quant à la physiologie animale, dont l'objet est d'expliquer la formation des organes, et leurs fonctions, telles qu'elles ont lieu en général dans les animaux, elle doit aussi faire partie de la zoologie et y être placée après les autres sciences du troisième ordre dont cette dernière est composée; parce qu'elle suppose toutes les connaissances renfermées dans les trois précédentes, et en particulier, celles des classifications naturelles qu'établit la zoonomie, attendu que, pour traiter complétement de la physiologie animale, il faut suivre les mêmes fonctions successivement dans les divers embranchemens, classes, ordres, etc., du règne animal.

Cette difficulté, relativement à la place que doivent occuper l'anatomie et la physiologie animales, étant ainsi résolue, il m'en reste une dernière à éclaircir.

J'ai remarqué tout à l'heure que si, au lieu de classer les sciences qui existent réellement, telles qu'elles ont été faites par l'homme et pour l'homme, on le faisait d'une manière artificielle, d'après des idées préconçues, ce serait dans la threpsiologie que rentreraient toutes les sciences médicales, et je n'ai pas eu de peine à montrer qu'un pareil arrangement était tout à fait inadmissible. Des personnes que j'avais consultées sur ma classification, sans leur expliquer suffisamment la distinction que j'établissais entre la physiologie végétale et la physiologie agricole, dont l'une s'occupe des végétaux seulement pour *connaître* les mystères de leur organisation, et l'autre étudie les moyens d'agir sur cette organisation, afin de la modifier de la manière qui nous est la plus avantageuse, ont pensé que c'était, non pas à la threpsiologie, mais à la physiologie animale que les sciences médicales devraient être réunies; c'est ce que je ne pouvais adopter, d'après la distinction même que je viens de faire, relativement aux plantes, entre la physiologie végétale et la physiologie agricole. Cependant, pour qu'il ne puisse rester aucun doute à cet égard, je crois devoir faire encore quelques observations sur la nécessité de séparer les sciences médicales, non-seulement de la physiologie animale, mais en général, de toutes les sciences du troisième ordre, comprises dans la zoologie.

La physiologie est tellement distincte des sciences médicales, que quand elle s'occupe des mêmes objets qu'une de ces dernières, elle le fait sous un point de vue différent. S'il s'agit, par exemple, des alimens, la physiologie explique comment ils sont digérés, comment le chyle est séparé de la masse alimentaire, comment il se mêle au sang, devient sang lui-même, etc., tandis que la diététique, supposant toutes ces connaissances déjà acquises, examine les effets avantageux ou nuisibles des différens régimes, établit sur ce sujet les règles qu'on doit suivre pour amener les premiers, et se préserver des seconds. Par là, ces deux sciences se trouvent aussi nettement distinguées que l'agriculture, par exemple, peut l'être de la botanique.

A l'égard de l'hygiène, on ne pourrait en réunir les diverses parties à celles de la zoologie que par des rapprochemens évidemment forcés. Il faudrait, par exemple, considérer les divers tempéramens comme constituant autant de variétés dans l'espèce humaine, si l'on voulait que la crasiographie devînt une partie de la zoographie. Cette dernière doit bien parler des différences qui existent entre les diverses races de l'espèce humaine; mais non des variétés individuelles dont s'occupe la crasiographie, parce que ce n'est que dans les sciences médicales que l'*individu* peut devenir un objet d'étude ; et même, à l'égard des races, la zoographie doit se borner à les décrire, et laisser aux sciences médicales le soin de faire connaître les changemens que les modifications qui les caractérisent peuvent apporter aux régimes et aux médications qui leur conviennent.

La nosologie et la médecine pratique ne sont pas séparées de la physiologie par des raisons moins évidentes. Le physiologiste doit se borner à expliquer les fonctions des organes et les phénomènes vitaux qui ont également lieu, soit que l'animal se trouve ou non dans l'état de santé. Mais les changemens que les maladies apportent dans les fonctions des organes et dans les phénomènes de la vie, sont un objet d'étude étranger à ses recherches, et dont on doit former, comme je le fais ici, des sciences très-distinctes de la physiologie.

B. Classification.

Ces quatre embranchemens, relatifs au monde matériel, forment par leur réunion le règne des SCIENCES COSMOLOGIQUES, qui se divise naturellement en deux sous-règnes. Le premier embrasse toutes les connaissances humaines relatives à l'ensemble inorganique du monde. J'ai déjà remarqué, page 128, que cet ensemble inorganique est le monde proprement dit, et c'est pourquoi je donnerai aux sciences comprises dans le premier sous-règne le nom de sciences COSMOLOGIQUES PROPREMENT DITES ; elles renferment les sciences mathématiques et les sciences physiques. L'autre sous-règne se compose des sciences qui comprennent toutes les vérités relatives à la nature, dans le sens que j'ai donné à ce mot (page 128); je les nommerai SCIENCES PHYSIOLOGIQUES, du grec φύσις qui, d'après son étymologie, est synonyme du mot *nature*, pris dans ce même sens. Dans le premier embranchement de ce sous-règne, on considère les êtres organisés dans leur état ordinaire ou *naturel*, et c'est ce qui justifie le nom de sciences naturelles que j'ai donné à celles que renferme cet embranchement; en sorte que, quoique les deux mots *physiologique* et *naturel* semblent désigner la même chose, on ne doit pas leur attribuer la même extension; le mot *naturel*, d'après l'usage qu'on en fait en français, est réellement plus restreint, en ce qu'il rappelle cette idée de l'état normal ou naturel, que le même usage n'a pas associée au mot *physiologique*.

Voici le tableau de cette classification :

Règne.	*Sous-règnes.*	*Embranchemens.*
SCIENCES COSMOLOGIQUES.	COSMOLOGIQUES PROP^t DITES.	Mathématiques.
		Physiques.
	PHYSIOLOGIQUES.	Naturelles.
		Médicales.

Observations. Nous avons déjà remarqué cette circonstance singulière, que quoique les objets spéciaux des sciences du premier ordre présentent chacun quatre points de vue correspondant aux quatre sciences du troisième ordre, comprises dans chaque science du premier, ces quatre objets spéciaux pouvaient être considérés comme quatre points de vue semblables d'un objet général, commun à quatre sciences du premier ordre renfermées dans un même embranchement, et qui correspondaient chacune à un de ces points de vue. C'est ici le lieu de faire une remarque qui paraîtra peut-être plus singulière encore, c'est que les objets généraux des quatre embranchemens du règne cosmologique, sont encore réellement les quatre points de vue sous lesquels on peut considérer le monde matériel, objet commun de ces quatre embranchemens.

Et d'abord, les sciences mathématiques, qui se composent d'idées immédiatement tirées de la contemplation de l'univers, et qui n'empruntent à l'observation que des idées de grandeurs et des mesures, en sont évidemment le point de vue autoptique. Les sciences physiques examinent, sous un point de vue général, les matériaux qui le constituent, comme la minéralogie étudie spécialement les matériaux des divers terrains, comme l'anatomie végétale ou animale s'occupe des tissus et des organes dont les végétaux ou les animaux sont composés; en sorte que les sciences physiques sont réellement, par rapport à l'ensemble de l'univers, ce que la minéralogie, l'anatomie végétale et l'anatomie animale sont relativement aux divers terrains, aux végétaux et aux animaux; elles présentent ainsi tous les caractères du point de vue cryptoristique.

Nous avons vu quand nous nous sommes occupés des sciences du premier ordre comprises dans l'embranchement des sciences naturelles, qu'elles offraient toutes plus ou moins le caractère troponomique, dans les changemens continuels par lesquels se conserve la vie; et que le caractère de ce point de vue était seulement plus essentiellement marqué dans la zoologie consacrée à l'étude des animaux, c'est-à-dire, des êtres organisés, où ces changemens sont à la fois et plus marqués et plus multipliés. On en voit maintenant la raison, c'est que l'embranchement entier des sciences naturelles doit être considéré comme le point de vue troponomique de l'univers. Enfin, quoique le point de vue cryptologique soit plus manifeste dans la médecine pratique que dans les autres sciences médicales, j'ai déjà remarqué qu'il se présentait plus ou moins dans toutes, parce que toutes ont le même objet général, l'étude des *causes* externes ou internes, qui entretiennent, altèrent, rétablissent ou détruisent l'ordre normal des phénomènes vitaux dans l'homme et dans les animaux, et des moyens qu'il convient d'employer pour rétablir cet ordre quand il est troublé. On ne s'étonnera donc pas si je regarde l'embranchement qui réunit toutes les sciences médicales comme le point de vue cryptologique de l'univers. Il l'est par la nature même des choses, et c'est ce qui rend raison de la circonstance déjà remarquée, que toutes les sciences médicales présentent plus ou moins le caractère cryptologique, parce que les objets qu'elles étudient, médicamens, opérations chirurgicales, régimes, etc., y sont seulement considérés en tant qu'ils produisent les phénomènes organiques dont ils sont les *causes*.

Si maintenant nous remontons de ces dernières observations à celles qui sont à la fin des chapitres et des paragraphes précédens, nous verrons relativement au premier règne, en attendant que dans la seconde partie de cet ouvrage nous retrouvions la même chose à l'égard du second :

1°. Que la considération des quatre points de vue s'applique d'abord, d'une manière large et très-générale, aux objets des deux règnes dans lesquels sont comprises toutes nos connaissances, et qu'elle partage ainsi chaque règne dans les quatre embranchemens déjà donnés par la nature même des objets auxquels se rapportent ces embranchemens ;

2°. Que cette même considération s'applique de nouveau, en la précisant davantage, aux objets étudiés dans chaque embranchement, et divise ainsi ces embranchemens, chacun en quatre sciences du premier ordre précisément les mêmes que celles qui résultent de la comparaison des vérités dont ces sciences se composent ;

3°. Qu'en l'appliquant une troisième fois, d'une manière encore plus précise et plus restreinte, aux divers objets de ces sciences du premier ordre, on en déduit immédiatement la division naturelle de chacune d'elles en quatre sciences du troisième ordre.

Il me reste à faire remarquer que ces quatre points de vue sont tellement inhérens à la nature de notre esprit, qu'on pourrait encore, par la même considération, partager la plupart de ces dernières sciences en subdivisions correspondantes à chaque point de vue. Mais, outre qu'il n'en résulterait que des subdivisions du quatrième ou du cinquième ordre, dont, comme je l'ai déjà dit plusieurs fois, je n'ai point à m'occuper dans cet ouvrage, on conçoit aisément que plus on subdivise ainsi les connaissances humaines, plus les subdivisions qu'on établit sont peu marquées, et finiraient, si on les poussait trop loin, par séparer des vérités que, pour la facilité de l'étude et la clarté de l'enseignement, on doit laisser unies. J'ai déja fait observer qu'à l'égard des sciences du troisième ordre comprises dans les mêmes sciences du premier, il est souvent préférable de ne pas les séparer, de réunir, au contraire, la zoographie, par exemple, avec l'anatomie animale, dans un traité de zoologie élémentaire. La même remarque s'applique bien plus encore aux subdivisions qu'on voudrait faire, d'après la considération des quatre points de vue, dans des sciences du troisième ordre; je crois devoir cependant en indiquer quelques-unes où ces subdivisions se présentent naturellement, en prenant un exemple choisi parmi les sciences de cet ordre qui appartiennent à chacun des quatre points de vue autoptique, cryptoristique, troponomique et cryptologique.

L'uranographie, où l'on ne s'occupe que de la description du ciel et du mouvement apparent des astres, est en général le point de vue autoptique de l'uranologie ; mais cela n'empêche pas que l'on ne puisse y former une première subdivision plus particulièrement autoptique, où l'on ne décrirait que ce que nous voyons en effet immédiatement ; une seconde, qui présenterait le caractère cryptoristique, quand, à l'aide du télescope, on découvre des choses plus cachées, telles que les taches du soleil et des planètes, l'anneau de Saturne, les phases de

Vénus, les étoiles dont se compose ce qu'on nomme une étoile double, triple, etc., et leurs mouvemens relatifs; une troisième, qu'on pourrait regarder comme troponomique, où l'on formerait différentes classes des astres, et où l'on établirait les lois qui président aux inégalités des mouvemens apparens du soleil et des planètes, aux progressions, stations et rétrogradations de ces dernières, etc.; enfin, une subdivision cryptologique qui expliquerait, en se bornant toujours aux mouvemens apparens, les vicissitudes des saisons, les phases de la lune, les éclipses, etc., et parviendrait même à les prévois, comme faisaient les anciens.

De même, la chimie est dans son ensemble *cryptoristique*, puisqu'il s'agit de découvrir les élémens dont les corps sont composés; mais rien ne s'oppose à ce qu'on puisse y distinguer une partie *autoptique*, comme serait, par exemple, un dictionnaire de chimie, ou bien, une exposition purement expérimentale de cette science, où l'on décrirait une suite d'opérations suggérées par l'analogie, au moyen desquelles on découvrirait successivement les divers corps simples, et où l'on montrerait comment ils se combinent pour produire des corps composés, méthode qui serait peut-être préférable à toute autre pour l'enseignement de cette science. mais qui, telle que je la conçois, n'a pas même été essayée; une partie cryptoristique, où l'on aurait pour but de déterminer les meilleurs moyens à employer dans chaque cas, pour opérer les décompositions et les recompositions qu'on se propose de faire, partie qu'on pourrait, à volonté, réunir ou non à la précédente, comme, en zoologie, il peut être plus convenable. tantôt de séparer, tantôt de réunir la zoographie et l'anatomie animale; puis viendrait une partie troponomique où l'on classerait les corps, tant simples que composés, et où l'on ferait connaître les lois générales de la chimie; enfin, une partie cryptoristique où l'on expliquerait les faits et les lois observés d'après les divers degrés d'affinité que présentent les corps, et les difficultés plus oumoins grandes qu'oppose à leur combinaison l'état où ils se trouvent.

Dans la zoonomie, qui est le point de vue troponomique de

la zoologie, puisqu'elle a pour objet les rapports naturels des animaux, les lois générales qui expriment ces rapports et la classification qui en résulte, on pourrait de même distinguer une première étude sous le point de vue autoptique qui se bornerait à constater ces rapports et ces lois par l'observation; une seconde qui, sous le point de vue cryptoristique, s'occuperait de la question fondamentale de la zoonomie, celle de la subordination des caractères, et aurait pour objet de *découvrir* ceux qu'on doit placer au premier rang, d'après le grand nombre de caractères secondaires qui en dépendent; ceux qui viennent immédiatement après, et successivement les caractères de moins en moins importans, jusqu'à ceux qui ne peuvent plus servir qu'à la distinction des espèces. Le point de vue troponomique consisterait dans la comparaison des diverses classifications, pour choisir entre elles celles qui représentent le mieux l'ordre de la nature; et le point de vue cryptologique aurait pour objet de découvrir les *causes* des lois données par l'observation, lorsque cela est possible, c'est-à-dire, lorsqu'on peut montrer comment ces lois résultent des conditions d'existence, sans lesquelles les animaux ne pourraient pas subsister.

Enfin, la prophylactique, par exemple, point de vue cryptologique de l'hygiène, parce que toute prévision de ce qui peut arriver est fondée sur l'enchaînement des causes et des effets, présente un point de vue autoptique, lorsqu'il n'est question que de *décrire* les moyens généraux de prévenir les différentes maladies auxquelles les hommes et les animaux sont exposés; un point de vue cryptoristique, quand on se propose de déterminer ceux qui conviennent en particulier, suivant les divers tempéramens, et toutes les circonstances d'habitation, de lieu, de temps, etc., où se trouvent les individus menacés; un point de vue troponomique, dans une classification de ces moyens, où l'on rapprocherait ceux qui, ayant une action à peu près semblable, peuvent se remplacer les uns les autres, ou être employés simultanément; le point de vue cryptologique de la même science se trouverait dans l'explication, lorsqu'on la connait, de la manière dont agissent les diverses espèces de préservatifs.

Nous verrons dans la seconde partie de cet ouvrage que la mathésiologie, ou la science de l'enseignement de tous les genres de connaissances, est une science du troisième ordre, qui fait partie de celle du premier désignée sous le nom de pédagogique, et dont la mathésiologie est le point de vue troponomique. Quoique je ne dusse naturellement parler de celle-ci que lorsque j'en serai à cet endroit de mon ouvrage, je crois pouvoir montrer, dès à présent, qu'elle pourrait aussi être subdivisée en quatre parties correspondantes aux quatre points de vue, parce qu'ayant pour but, en écrivant cet essai sur la philosophie des sciences, de développer une partie de mes idées sur la mathésiologie, et de faire sentir toute l'importance de cette science, je trouve l'occasion d'en donner une idée plus complète et d'en faire voir toute l'étendue, en la choisissant pour dernier exemple des quatre subdivisions qu'on peut faire, d'après les quatre points de vue, dans une science du troisième ordre.

La mathésiologie, quoique troponomique dans son ensemble, offre une partie autoptique, telle que serait un dictionnaire ou une énumération sous toute autre forme des différentes sciences, des objets qu'elles étudient, et des caractères qui les distinguent; une partie cryptoristique, où il s'agirait de déterminer, pour chacune d'elles, les vérités fondamentales sur lesquelles elles reposent, les moyens qu'il convient d'employer pour leur faire faire de nouveaux progrès, et les méthodes auxquelles on doit avoir recours, soit dans ce but, soit dans celui d'en faciliter l'étude; une partie, plus spécialement troponomique, où l'on aurait pour objet d'établir à cet égard des lois générales, et de classer toutes nos connaissances de la manière la plus naturelle; une partie cryptologique, enfin, où l'on chercherait à déterminer les causes des progrès, tantôt si lents et tantôt si rapides, que les sciences ont faits à différentes époques, la manière dont elles sont parvenues au degré de perfection où elles se trouvent aujourd'hui, et ce qui reste à faire pour les élever à la hauteur qu'elles atteindront sans doute un jour.

Ce n'est pas seulement dans les sciences du troisième ordre

qu'on peut faire cette subdivision. En appliquant aux objets particuliers dont elles s'occupent la considération des quatre points de vue, j'ai déjà remarqué, page 124, que la même chose avait lieu à l'égard de plusieurs sciences du quatrième ou du cinquième ordre, étrangères au plan de cet ouvrage. Il en est de même de beaucoup d'autres, par exemple, de la *palæontologie*. Un traité complet sur les animaux fossiles pourrait avoir une partie autoptique, où les débris qui nous en restent seraient décrits; une partie cryptoristique, qui aurait pour objet de déterminer à quelle partie de l'animal aurait appartenu chacun de ces débris, os, coquille, ou articulation d'un tégument corné: une partie troponomique, où il serait question d'établir les lois générales d'après lesquelles on peut déterminer l'ensemble de l'animal perdu, et retrouver la place qu'il doit occuper dans la classification naturelle de toutes les espèces du règne animal; une partie cryptologique, enfin, où l'on se proposerait de trouver les causes de la présence de ces débris dans les lieux déterminés où ils sont souvent réunis en si grande abondance, et celles qui ont pu contribuer à la destruction des espèces auxquelles ils ont appartenu. Il en serait de même d'un traité sur les végétaux fossiles. De tels ouvrages constitueraient, dans la zoologie ou la botanique, des subdivisions du quatrième ou du cinquième ordre; mais l'étude des corps organisés fossiles, considérés seulement comme caractères distinctifs des terrains où on les trouve, appartient à la géologie, et ce n'est pas là un emprunt que cette science fait à des connaissances qui ne viennent qu'après elle dans la classification naturelle des sciences, puisque le géologue peut se passer des recherches du naturaliste, pourvu qu'il puisse reconnaître ces débris à l'aide de descriptions sommaires et de figures convenables.

Il me reste une dernière observation à faire au sujet des quatre points de vue dont j'ai parlé si souvent: c'est précisément parce qu'il est dans la nature de l'esprit humain d'étudier successivement tous les objets de nos connaissances sous chacun d'eux, que ces points de vue guidaient, à leur insu, les premiers fondateurs des sciences, en sorte que les groupes de vérités qui ont toujours été considérés comme des sciences, répondaient à ces divers points de vue, sans même qu'on en soupçonnât l'existence, à peu près comme l'homme se sert de ses organes, et applique ses facultés intellectuelles à différens objets, sans connaître ni la structure intime des uns, ni la nature des autres. Quand un de ces génies créateurs, à qui le genre humain doit tant d'admirables découvertes, se trouvait porté à étudier un objet sous un certain point de vue, il résultait de son travail une science correspondante à ce point de vue, sans, pour cela, qu'il en eût l'idée. Lorsqu'on venait ensuite à considérer le même objet sous un nouveau point de vue, on voyait naître une autre science. Si ce travail avait été complet, toutes les branches de nos connaissances, dont je viens de faire l'énumération, et toutes celles dont j'aurai à m'occuper dans la seconde partie de cet ouvrage, auraient reçu des noms, et ma classification se serait, pour ainsi dire, trouvée faite d'elle-même. Tout au plus aurais-je eu à ranger, dans l'ordre naturel donné par ces points de vue, des sciences dénommées d'avance; mais il n'en a pas été ainsi, et quoique toutes celles dont j'ai parlé jusqu'ici eussent été réellement cultivées, plusieurs n'avaient point encore de noms et étaient en quelque sorte méconnues. N'ayant d'abord eu moi-même aucune idée de ces points de vue, ce n'est que par l'analogie que j'ai été conduit à reconnaître l'existence des sciences qui n'avaient pas reçu de nom; aussi n'était-ce pas sans une sorte de surprise que je remarquais l'exacte symétrie qui règne dans toutes les parties de la classification exposée dans cet ouvrage; symétrie qui a été, pour plusieurs personnes à qui j'ai communiqué ma classification, un motif de la regarder comme artificielle. On voit maintenant d'où vient cette symétrie; on voit pourquoi il y a un même nombre d'embranchemens dans les deux règnes des connaissances humaines; pourquoi chaque embranchement se divise en un même nombre de sous-embranchemens et de sciences du premier, du second et du troisième ordre; on voit enfin que cela vient de ce que les points de vue, qui guidaient, à leur insu, ceux qui ont créé les différentes sciences, étant fondés sur la nature de l'intelligence humaine.

étaient toujours en même nombre. En se rendant ainsi raison de cette symétrie, on reconnaît facilement que, loin qu'elle soit un motif de penser qu'il y ait quelque chose d'artificiel dans une classification où elle se trouve, on aurait pu prévoir qu'elle se manifesterait, dans la classification naturelle des connaissances humaines, dès qu'on aurait complété la liste des sciences en donnant des noms à tous les groupes de vérités qui en sont réellement d'après la nature de nos facultés intellectuelles et celle des objets auxquels nous les appliquons. Et, en effet, il n'en est pas des sciences comme des objets dont s'occupe le physicien ou le naturaliste; elles ne sont pas, comme ces objets, indépendantes de l'emploi que nous faisons de nos facultés intellectuelles; nous pouvons découvrir, mais non créer un nouveau corps simple, un nouvel animal, tandis que l'homme, en étudiant avec plus de soin des objets dont il n'avait auparavant qu'une connaissance très-imparfaite, peut *créer* une nouvelle science; cette science, si elle ne rentre pas dans une des divisions et subdivisions déjà établies, viendra remplir une lacune qu'aurait laissée une classification encore incomplète. C'est à l'analogie à indiquer cette lacune; et lors même que la science qui doit la remplir ne serait qu'ébauchée, il convient de lui assigner un nom qui puisse fixer sur elle les regards des hommes capables de lui donner tous les développemens dont elle est susceptible. Or, en suivant ce procédé, comme il me semble que j'ai eu raison de le faire, on est conduit à établir, pour les branches de nos connaissances que l'on n'a point encore assez cultivées, de nouvelles sciences, qui, précisément parce qu'elles sont déduites de l'analogie, amènent cette sorte de symétrie dont on a cru devoir me faire un reproche. Je suis bien éloigné, sans doute, de la présenter comme un motif d'adopter ma classification; en montrant comment elle résulte de la nature même de nos facultés intellectuelles, je n'ai voulu que prévenir une objection.

EXPLICATION *des tableaux synoptiques des sciences et des arts, placés à la fin de cette première partie.*

Après avoir passé en revue successivement toutes les sciences cosmologiques ; après avoir posé leurs limites respectives, montré leurs rapports, leurs liaisons, et la place qu'elles occupent dans une classification naturelle, il me reste à les réunir dans un tableau général. Afin qu'il ne soit pas incomplet, j'y comprendrai les sciences noologiques dont je dois m'occuper dans la seconde partie de cet ouvrage. Par là, le lecteur pourra embrasser, d'un seul coup d'œil, l'ensemble de ma classification. D'ailleurs, après avoir lu ce qui précède, et quelques développemens qu'il m'a paru nécessaire d'ajouter ici, je pense qu'il lui sera facile de se faire une idée assez nette des principes sur lesquels elle repose, pour comprendre ce qui, dans ce tableau, se rapporte aux sciences noologiques, en attendant que je développe les raisons d'après lesquelles j'ai établi le nombre de ces sciences, les caractères qui les distinguent, la place que chacune d'elles occupe dans l'ensemble des connaissances humaines, et choisi les noms les plus convenables pour désigner celles des sciences du second règne qui n'en avaient pas encore.

Au lieu de présenter cet ensemble dans un tableau unique, comme il était si aisé de le faire, j'ai cru devoir le partager en trois tableaux particuliers, afin d'offrir à l'esprit du lecteur, des points de repos, qui lui donnent plus de facilité pour juger si je suis parvenu à la disposition la plus naturelle des vérités et des groupes de vérités dont se composent toutes nos connaissances. Par là, j'appellerai séparément son attention, d'abord, sur les grandes divisions, objet du premier tableau : les règnes, les sous-règnes et les embranchemens ; ensuite, sur la subdivision des embranchemens en sous-embranchemens, et en sciences du premier ordre, exposés dans le second tableau ; et enfin sur celle des sciences du premier ordre en sciences du second et du troisième, qu'offre le dernier tableau.

En effet, bien que ce soit également de la distinction des différens points de vue principaux ou subordonnés (1), sous lesquels tout objet peut être considéré d'après la nature même de notre intelligence, qu'on puisse déduire les divisions et subdivisions que présente chaque tableau, cependant la grande extension des premières divisions, et le peu d'étendue des dernières subdivisions, mettent tant de différence entre les motifs qui militent en faveur de leur admission, et les difficultés qu'on peut éprouver à les adopter, qu'il arrivera peut-être que plusieurs lecteurs, tout en donnant leur assentiment à mes deux premiers

---

(1) Voyez ce que j'ai dit de ces deux sortes de points de vue, préface, pages vij et suivantes.

tableaux, pourraient être portés à ne pas le donner au troisième, ou que même il n'y en aurait qu'un seul des trois qu'ils crussent devoir admettre. C'est pourquoi je désire moi-même que l'on discute séparément chaque tableau, sous le triple rapport des analogies qui existent réellement entre les diverses branches de nos connaissances, des lignes de démarcation qui les séparent de la manière la plus naturelle, et de l'ordre suivant lequel elles doivent se succéder.

Dans le premier, se trouve d'abord la division de toutes nos connaissances en deux règnes. La distinction que j'ai établie entre ces deux règnes est trop conforme à la manière dont on considère généralement les sciences où l'on s'occupe du monde matériel, comme toutes différentes des sciences philosophiques, historiques et politiques, pour que je puisse craindre, à cet égard, des objections sérieuses.

Quant à la subdivision de l'ensemble de nos connaissances en quatre sous-règnes, je crois devoir entrer dans quelques détails, qui me paraissent propres à l'éclaircir et à la justifier. D'abord elle répond aux quatre grandes carrières qui s'ouvrent devant ceux que leur éducation et leurs talens appellent à jouer un rôle dans la société : celle des sciences mathématiques et physiques et des arts industriels, que tracent à ceux qui s'y destinent l'école polytechnique, les écoles d'application auxquelles elle conduit, et les écoles industrielles ;

celle des sciences naturelles et médicales, objets de l'enseignement donné au Jardin des plantes, dans les écoles de médecine, les institutions agricoles, et les écoles vétérinaires; la carrière de la philosophie, des lettres et des arts libéraux, pour laquelle, outre l'enseignement ordinaire qui y est presque exclusivement consacré, on a aussi établi des écoles spéciales; enfin, celle des sciences historiques, de la jurisprudence, de l'art militaire et de la politique, carrière ouverte surtout à ceux qui sont appelés à défendre ou à gouverner les hommes.

Cette division correspond encore aux quatre principaux buts d'utilité, que le genre humain peut retirer de l'étude des sciences. Sans doute, c'est l'amour de la vérité pour elle-même, qui seul a presque toujours guidé les grands hommes qui les ont créées, et ceux dont les longs travaux les ont amenées au point de perfection qu'elles ont atteint aujourd'hui; mais s'il faut reconnaître dans l'homme cette noble avidité de savoir dépouillée de toute vue d'utilité, ce n'est pas une raison pour ne pas considérer les sciences sous le point de vue des avantages qu'elles nous procurent. Sous ce point de vue, celles qui sont comprises dans chaque sous-règne, semblent toutes tendre à un même but, qui n'est atteint complétement que dans la dernière; avec cette différence, néanmoins, entre les sciences cosmologiques et les sciences noologiques, que, dans les premières, le but est atteint en grande partie dès l'antépénultième, et que, dans les secondes, ce n'est qu'à la dernière qu'il appartient de s'en occuper directement.

En rappelant les noms des écoles que suivent ceux qui se consacrent à l'étude des sciences du premier sous-règne, j'ai suffisamment indiqué le but général de ces sciences, atteint en partie dans la technologie, et complétement dans l'oryctotechnie. De même, toutes les sciences du second sous-règne tendent à la conservation de la vie, ou au rétablissement de la santé des hommes, dont s'occupent spécialement l'hygiène et la médecine pratique; la première chose, en effet, pour la conservation de la vie, c'est la nourriture et le vêtement, et l'on peut dire que l'agriculture n'enseigne à cultiver la terre, la zootechnie à se procurer les substances animales nécessaires à nos besoins, que pour nous procurer l'une et l'autre.

Qui ne voit encore que toutes les sciences du troisième sous-règne se rapportent au grand objet dont s'occupe spécialement la pédagogique, qui est de rendre les hommes meilleurs et plus heureux? N'est-il pas évident, enfin, que le but final des sciences, dont se compose le dernier sous-règne, est le gouvernement et l'amélioration des nations; et c'est précisément ce but que la politique se propose, et qu'elle atteint, à l'aide des moyens que lui fournissent les sciences qui la précèdent dans le même sous-règne.

Quant à la distinction des huit embranchemens entre lesquels j'ai distribué toutes les connaissances humaines, les noms par lesquels je les ai désignés, déjà presque tous consacrés par l'usage, attestent assez que cette division est conforme à la manière dont on considère généralement les sciences; il est vrai que l'ordre que j'ai adopté diffère, à beaucoup d'égards, des divers arrangemens proposés pour les sciences par la plupart des auteurs de classifications artificielles dont j'ai parlé au commencement de cet ouvrage. Mais celui que j'ai suivi n'est pas, comme dans ces classifications, fondé sur des idées préconçues, et des principes choisis plus ou moins arbitrairement pour y tout rapporter; il l'est sur la nécessité de placer les premières les sciences qui n'ayant besoin que des idées les plus simples ou les plus familières à tous les hommes, sont indispensables pour qu'on puisse étudier complétement les sciences suivantes. Dans cet ordre, les idées que suppose chaque science, se compliquent de plus en plus, à mesure qu'on avance dans la série. On ne s'occupe d'abord que des rapports de grandeur et de position des corps, puis des mouvemens et des forces; on y joint ensuite la considération de toutes les propriétés inorganiques. Ces rapports et ces propriétés se retrouvent dans les êtres vivans, qui nous présentent, en outre, cet ensemble de nouvelles propriétés résultant du grand phénomène de la vie.

C'est à toutes ces idées que viennent se joindre alors nos connaissances sur les agens et les diverses circonstances qui peuvent modifier les phénomènes vitaux. Mais l'homme n'est pas seulement un corps organisé, dont la santé est susceptible d'altérations, qui peuvent être prévenues ou guéries par divers agens, diverses circonstances. Son intelligence, ses sentimens, ses passions, etc., dont l'étude suppose celle de ses organes et du monde qu'il habite, sont l'objet des sciences philosophiques, qui ne doivent, par conséquent, venir, dans l'ordre naturel, qu'après celles dont je viens de parler. Toutes les idées qu'on a à considérer dans les sciences philosophiques, se retrouvent dans l'embranchement suivant, jointes aux nouvelles idées que nous acquérons en étudiant les divers moyens par lesquels l'homme communique à ses semblables tout ce qui est dans *sa pensée*. C'est par ces moyens que les hommes peuvent se réunir en société; et il est évident que les sciences sociales, soit qu'elles étudient les sociétés humaines seulement pour les connaître, soit qu'elles aient pour but de les conserver, de les régir ou de les améliorer, ne peuvent être placées dans une classification naturelle qu'après toutes les autres sciences.

Dans le second tableau, on aura à discuter si la division de chaque embranchement en deux sous-embranchemens est la plus naturelle, et si les deux sciences du premier ordre, comprises dans chacun des sous-embranchemens, sont réellement celles qui se rapprochent par des analogies plus intimes et plus multipliées. A l'égard des sciences du premier règne, où cette distribution ne me présenta aucune difficulté, je ne vois pas trop à quelles objections elle pourrait donner lieu. On a toujours distingué les sciences mathématiques proprement dites, des sciences physico-mathématiques, quelle que soit l'analogie qu'elles présentent, soit relativement à la nature des principes dont elles partent, soit à celle des calculs par lesquels on en développe toutes les conséquences. La distinction entre les sciences physiques et les sciences géologiques, telle que je l'ai établie (pag. 97 et 98), me paraît aussi de nature à être adoptée. Il ne peut également s'élever aucun doute sur la division des sciences naturelles en sciences phytologiques et zoologiques proprement dites. Enfin, il me semble qu'on ne pourra guère se refuser à admettre la distinction des sciences médicales en sciences physico-médicales, qui étudient les différentes causes qui peuvent modifier la vie dans les animaux, et leur emploi pour la conservation de la santé, des sciences médicales proprement dites, qui ont pour objet la guérison des maladies.

Mais, comme je l'ai dit dans la Préface, pag. xv et xvj, de toutes les parties de mon travail, ce qui m'a offert le plus de difficultés, c'est la distribution des sciences du second règne entre les quatre embranchemens de ces sciences, et leur réunion deux à deux en sous-embranchemens. Pour les sciences philosophiques, la division était toute tracée par celle qu'on fait ordinairement de ces sciences en psychologie, métaphysique et morale, la logique étant évidemment une partie de la psychologie; et par cette considération, que si, dans dans les sciences philosophiques proprement dites, on doit distinguer la psychologie, où l'on étudie l'intelligence humaine sous le point de vue *subjectif*, de la métaphysique, où l'on examine la réalité *objective* de nos connaissances, on doit, par la même raison, séparer, dans les sciences morales, l'éthique, composée d'observations *subjectives* sur les mœurs, les caractères, les passions des hommes, de la thélésiologie, où l'on remonte aux fondemens *objectifs* des vérités morales. Le rapprochement de la glossologie et de la littérature ne soulèvera, si je ne me trompe, aucune objection. L'on ne doit pas non plus être surpris que dans l'autre sous-embranchement des sciences où l'on étudie tous les moyens par lesquels l'homme peut communiquer à ses semblables des idées, des sentimens, des passions, etc., j'aie placé la pédagogique, qui fait évidemment partie de ces sciences, et que je l'y aie réunie aux arts libéraux. L'art de l'éducation n'est-il pas, en effet, le premier de ces arts? L'instituteur ne se propose-t-il pas de faire un homme vertueux et éclairé, comme le peintre un bon tableau, et le sculpteur une belle statue?

Dans les sciences ethnologiques, où l'on étudie successivement les lieux qu'habitent les nations, et les races d'où elles tirent leur origine, les monumens qu'ont laissés les peuples qui nous ont précédés, l'histoire de leurs progrès et de leur décadence, et les religions qu'ils professent, l'ordre des quatre sciences du premier ordre correspondantes à ces quatre objets spéciaux, et leur réunion deux à deux en sous-embranchemens ne paraissent pas d'abord aussi nettement déterminés ; mais, dans les deux premières, on considère ce que l'on pourrait appeler le matériel des nations, indépendamment des passions, des croyances qui les font mouvoir, et dont les effets sont étudiés dans l'histoire et l'hiérologie. Cette considération me paraît suffisante pour justifier la réunion que j'ai faite des deux premières, dans l'embranchement des sciences ethnologiques proprement dites, et des deux dernières dans celles des sciences historiques. Il était d'ailleurs nécessaire que ces quatre sciences fussent coordonnées entre elles, de manière que l'archéologie précédât l'histoire à laquelle elle fournit ses plus solides fondemens.

La nomologie et l'art militaire ont pour objet les deux grands moyens par lesquels les gouvernemens se soutiennent, font régner la justice, maintiennent la paix au dedans, et font respecter l'indépendance nationale au dehors. Cette considération suffit pour motiver leur rapprochement. C'est ensuite à la politique à déterminer, dans chaque cas, l'emploi qu'il convient de faire de ces moyens; mais elle ne peut se passer pour cela des connaissances que doit lui fournir l'économie sociale; il est donc nécessaire que celle-ci la précède immédiatement, et forme avec elle le dernier sous-embranchement de toute ma classification des connaissances humaines. Si ces motifs paraissent suffisans au lecteur pour la lui faire adopter, la détermination que j'ai faite du nombre des sciences du premier ordre dont se compose mon second règne, et de l'ordre dans lequel je les ai rangées, se trouvera en même temps justifiée.

Venons au troisième tableau. Ici, on aura à examiner non-seulement si la division que j'ai faite de chaque science du premier ordre, en deux sciences du second, et en quatre du troisième, est naturelle, mais encore si ces divisions sont toutes assez importantes pour devoir être signalées, et si lorsqu'on se propose d'écrire un traité complet, ou de faire un cours sur une science du premier ordre, ou même du second, les divisions que j'ai adoptées sont, en général, celles qui sont les plus convenables pour la distribution des différentes parties de ce traité ou de ce cours.

Et d'abord, la plupart des sciences du premier ordre se composent de deux sortes de vérités, les unes plus simples, plus faciles à comprendre, et qui sont, pour ainsi dire, à la portée de tous les esprits ; les autres plus difficiles, exigent une étude plus approfondie ; dans ce cas, c'est de la réunion des premières que j'ai formé une première science du second ordre, et j'ai réservé les dernières pour en composer la seconde science du même ordre.

Alors, pour les sciences du premier ordre, dont l'enseignement est partagé entre des établissemens de deux degrés différens, on ne devrait, en général, enseigner dans le premier, que ce qui appartient à la première science du second ordre, et réserver, pour l'établissement supérieur, ce qui est compris dans la seconde.

C'est, au reste, ce qui s'est, en général, fait comme de soi-même toutes les fois que ces deux sortes d'établissemens existent, si ce n'est lorsque la crainte que les cours supérieurs ne fussent suivis que par un petit nombre de ceux qui avaient reçu l'enseignement du premier, a fait franchir les limites naturelles des deux établissemens, et enseigner dans le premier des choses qui auraient dû être réservées à l'établissement supérieur.

Dans les sciences dont se composent les derniers embranchemens de chaque règne, ce n'est plus pour la même raison que la première science du second ordre, comprise dans une science du premier, se distingue de la seconde. On ne peut plus dire alors qu'elle est plus *élémentaire*, ainsi que je l'ai remarqué, page 137, mais la ligne de démarcation entre ces deux sciences n'en est alors que plus tranchée, et l'ordre dans lequel elles doivent être rangées, que plus complètement déterminé. Il suffit, en effet, de jeter les yeux sur les tableaux dont nous parlons, pour voir que les deux sciences du second ordre, dont se composent les différentes sciences du premier, comprises dans ces deux embranchemens, se rapportent à des objets réellement différens, et que l'ordre où elles doivent se succéder est fondé sur ce que la première peut toujours être étudiée indépendamment de la seconde, et sur ce que, quand il s'agit de l'hygiène, de la nosologie, de la médecine pratique, de la nomologie, de l'art militaire et de la politique (1), la seconde suppose nécessaire-

---

(1) J'ai suffisamment expliqué dans cet ouvrage quels sont les objets qu'étudient les deux sciences du second ordre, comprises dans l'hygiène, la nosologie et la médecine pratique, quoique je ne dusse faire connaître que dans la seconde partie les objets des deux sciences du second ordre, dont se composent la nomologie, l'art militaire et la politique; je crois nécessaire, pour faciliter l'intelligence de ce que je viens de dire, d'avertir dès à présent que la nomologie proprement dite ne s'occupe que des lois qui ont existé ou existent encore et de leur interprétation, connaissances qui, du moins pour celles du pays qu'on habite, sont indispensables à ceux qui en font ou en réclament l'application, tandis que la législation ayant pour objet de déterminer quelles sont les meilleures lois possibles, relativement à l'état où se trouve chaque peuple, soit d'après les données de l'expérience, soit d'après les principes éternels du juste et du vrai, constitue une science nécessairement réservée à ceux qui ont le loisir et la ca-

ment la connaissance de la première. A l'égard de l'ordre dans lequel doivent être rangées les deux sciences du troisième ordre dont se composent la physique médicale et l'économie sociale, où le premier de ces deux caractères est moins marqué, le second suffit pour déterminer cet ordre. Il est aisé de voir en effet que les moyens dont s'occupe la physique médicale proprement dite, tiennent à l'action de causes qui, n'agissant pas habituellement sur l'organisation, sont suivies plus ou moins immédiatement d'effets qu'il est toujours facile de leur rapporter; tandis que les moyens que considère la biotologie faisant partie de la vie habituelle, on ne peut en apprécier les effets que par une suite d'observations comparées, et des recherches aussi longues que difficiles; et pour la seconde, de ce que la chrématologie ne

---

pacité nécessaires pour approfondir de si hautes questions; que par l'hoplismatique, j'entends l'étude de tout ce qui est relatif aux armes anciennes et modernes, aux fortifications, vaisseaux de guerre, etc., et aux exercices militaires, préparatifs indispensables avant d'entrer en campagne que tout officier doit connaître, tandis que l'art militaire proprement dit, c'est la science du général; enfin que ce que j'appelle syncimènique est la connaissance de toutes les relations, de tous les traités qui existent entre les nations, et de l'interprétation de ces derniers, connaissances nécessaires à tous ceux qui s'occupent des rapports des gouvernemens entre eux, depuis l'ambassadeur jusqu'au consul, au lieu que la politique proprement dite est l'art même de gouverner et de choisir dans chaque cas et ce qu'on peut et ce qu'on doit faire, science des hommes d'État.

s'occupe que des faits et de leurs causes immédiates, tandis que l'économie sociale proprement dite étudie, à l'aide de considérations d'un ordre bien supérieur, les effets qui résultent de la manière dont les richesses sont distribuées et toutes les autres causes qui peuvent influer sur le bonheur et la prospérité des nations.

Nous arrivons enfin aux sciences du troisième ordre. Ici, je n'ai plus à craindre qu'une seule objection. On pourra penser que plusieurs de celles que j'ai admises, n'avaient pas assez d'importance pour être signalées; on ne verra peut-être pas, pour quelques-unes de ces sciences, les avantages qui résultent de leur distinction. Voici ce que je crois devoir répondre à cette difficulté : Pour la plupart des sciences du second ordre, leur division en deux du troisième, telle que je l'ai établie, existait déjà, et se trouvait consacrée par les mots qui les désignent; pour d'autres, quoiqu'elles n'eussent pas encore reçu de nom, leur existence n'était pas moins réelle, ni leur distinction moins marquée, ainsi que je l'ai fait voir quand je me suis occupé de leur classification, et j'ai attaché une grande importance à les signaler à leur rang. En effet, selon les besoins des lecteurs auxquels s'adresse un traité d'une science, on peut vouloir se borner à une seule des sciences du troisième ordre, ou réunir les deux qui en composent une du second, soit en les confondant comme lorsque, dans un traité de zoologie élémentaire, on place l'anatomie de chaque animal à la suite de sa zoographie, soit en les traitant successivement dans deux parties séparées, comme si l'on faisait un traité de zoologie élémentaire sur le plan que j'indiquerai tout à l'heure. Or, il faut bien que par le titre de son ouvrage l'auteur puisse indiquer clairement non seulement quels sont les objets dont il va traiter, mais encore sous quels points de vue il se propose de les considérer; c'est à la classification générale des connaissances humaines à lui fournir, dans ce but, des noms pour désigner tant la science du second ordre que les deux sciences du troisième ordre dont elle se compose. C'est la raison que j'opposai à l'opinion d'un des hommes que ses travaux ont placé au premier rang dans les sciences naturelles, et qui m'objectait que la phytographie et l'anatomie végétale ne devaient être considérées que comme une seule et même science; qu'il en était de même de la zoographie et de l'anatomie animale. Je lui fis remarquer que les sciences résultant de ces réunions existaient, en effet, dans ma classification, sous les noms de botanique élémentaire, zoologie élémentaire; mais qu'il ne m'en paraissait pas moins utile, après avoir signalé ces deux sciences, de les subdiviser chacune en deux autres, dont la première contînt la description de tout ce qui peut être observé immédiatement dans les êtres vivans dont on s'occupe, et la seconde de tout ce qui est relatif à leur organisation intérieure ; que cette distinction était nécessaire, d'abord parce qu'il y aura toujours des personnes qui se borneront à la première étude; en second lieu, parce que je pense, contre une opinion peut-être trop généralement admise aujourd'hui, que, même dans un ouvrage élémentaire où les deux études sont réunies, elles doivent y être traitées séparément, dans l'ordre où je les ai présentées.

On conçoit, en effet, qu'avec peu de temps à donner à l'étude des végétaux et des animaux, on se propose seulement de connaître l'extérieur des plantes, les lieux où on peut les trouver, les époques où elles fleurissent, où elles fructifient, etc.; c'est-à-dire, tout ce que je comprends dans la phytographie ; que de même on se plaise à lire l'histoire des animaux comme l'avait conçue Buffon, à connaître leurs caractères extérieurs, et tous les détails si intéressans de leurs mœurs, de l'industrie merveilleuse que développent certains mammifères, certains oiseaux, de l'admirable instinct de tant d'insectes, etc. ; à savoir quelles espèces on peut trouver dans le pays qu'on habite, les saisons auxquelles on peut les observer, etc., et que les mêmes personnes n'aient aucune raison pour consacrer à la connaissance des détails anatomiques le temps qu'elle exigerait. D'un autre côté, ne serait-il pas préférable qu'un traité élémentaire de botanique ou de zoologie, au lieu d'offrir d'abord aux commençans ces détails trop souvent inintelligibles pour eux, fût divisé en deux parties ; la première consacrée à la phytographie ou à la zoographie, offrant l'histoire des végétaux ou des animaux dans l'ordre où ils s'enchaînent naturellement, sans qu'on y annonçât d'avance aucun principe de classification, et faisant naître successivement les notions de genres, de familles, d'ordres, de classes et d'embranchemens, à mesure qu'on aurait décrit les espèces dont ces groupes sont composés, conformément à la marche *analytique* que j'ai suivie dans cet ouvrage, en classant les sciences. Ce n'est qu'à la fin de cette première partie, et sous forme de résumé qu'on devrait donner une idée des divisions et subdivisions de la classification naturelle des végétaux et des animaux, non-seulement sans en discuter les motifs, qui ne peuvent l'être que quand on traite de la phytonomie ou de la zoonomie ; mais même en se bornant aux caractères extérieurs qui distinguent ces divisions et subdivisions. Ce n'est que dans une seconde partie, qu'en suivant la marche *synthétique* et partant de l'anatomie de l'espèce qu'on aurait prise pour type, on ferait connaître, dans l'ordre naturel, les chanchangemens successifs qu'éprouve ce type, en parcourant, dans cet ordre, les mêmes divisions et subdivisions dont on aurait déjà pris une idée à la fin de la première partie, et qu'il s'agirait alors de caractériser complétement.

Je n'ai pas besoin d'ajouter qu'il faudrait, suivant moi, que cette division en deux parties correspondantes aux deux sciences du troisième ordre comprises dans une même science du second, fût généralement adoptée dans les ouvrages élémentaires, où sont exposées les diverses sciences du second ordre que j'ai placées au premier rang dans chaque science du premier; qu'un traité d'arithmologie élémentaire fût divisé en arithmographie et analyse mathématique; qu'un traité de géométrie élémentaire le fût en deux parties, dont l'une contiendrait la géométrie synthétique, et l'autre l'application de l'algèbre à la géométrie, comme Newton l'a donnée dans son arithmétique universelle, en finissant par la manière de représenter les lignes par des équations, et la discussion de celles des deux premiers degrés, préliminaire indispensable pour passer à l'étude de la théorie des courbes, naturellement réservée aux établissemens supérieurs. Un ouvrage où l'on traiterait d'abord de la cinématique, et ensuite de la statique, contiendrait toute la partie élémentaire de la mécanique, et en commençant par la première, présenterait non-seulement les avantages dont j'ai parlé pag. 52 et 53, mais encore familiariserait l'esprit des commençans avec l'idée des effets résultant des mouvemens relatifs, sans laquelle ils ne peuvent comprendre ce qu'enseigne l'uranologie élémentaire relativement aux phénomènes célestes, surtout dans la seconde partie de cette science où l'on s'occupe des mouvemens réels.

Il est inutile que j'entre ici dans de plus amples développemens sur ce sujet ; que je dise qu'un traité de physique générale élémentaire, destiné à l'enseignement, doit contenir d'abord la physique expérimentale, et ensuite la chimie, tandis que dans un ouvrage complet sur la même science, fait pour être consulté au besoin par ceux qui en font l'objet de leurs travaux, il pourrait entrer dans le plan de l'auteur de confondre les deux sciences du troisième ordre dont elle se compose, en réunissant à l'article de chaque corps l'exposition de ses propriétés physiques, de sa forme primitive, quand il est susceptible de cristalliser, du nombre et de la proportion de ses élémens, etc. Dans un tel ouvrage, par exemple, les propriétés électriques de la tourmaline, que personne ne peut songer à ne pas comprendre dans la physique expérimentale, seraient réunies à la détermination de la manière dont elle cristallise et de sa composition chimique. Un ouvrage fait sur ce plan n'appartiendrait ni à la physique expérimentale, ni à la chimie, mais bien à la science du second ordre que j'ai nommée *physique générale élémentaire.* Ne serait-ce pas parce qu'on sentait le besoin d'avoir un mot pour désigner l'ensemble de cette science, qu'on a récemment imaginé, contre l'étymologie et l'usage universellement adopté jusqu'alors, de donner au mot *chimie* une telle extension qu'on y comprît tout ce qui est du ressort de la physique générale élémentaire, ainsi que je l'ai remarqué, pages 206 et 207.

Il me reste maintenant à expliquer ce que j'ai cru devoir ajouter aux tableaux partiels répandus dans tout cet ouvrage, lorsque je les ai réunis en un tableau général, pour rendre ce dernier plus utile, et en faciliter l'intelligence.

D'abord, j'ai cru devoir assigner à tous les groupes de vérités qui y sont énumérés et dénommés, des signes consistant dans une lettre, dans un nombre, ou dans la réunion, soit d'une lettre avec un nombre, soit de deux lettres, de manière à ce que ces signes fussent de même nature ou de nature différente, suivant que les groupes correspondans étaient de même ordre ou d'ordres différens, et à ce qu'ils indiquassent, en même temps, la place qu'occupe chaque groupe, tant dans la classification de toutes nos connaissances, que dans les groupes plus étendus où ils se trouvent compris. Voici comment je m'y suis pris pour atteindre ce but.

J'ai désigné les quatre sous-règnes par les quatre premières majuscules A, B, C, D, les huit embranchemens par les chiffres romains de I à VIII, et les sous-embranchemens par les seize premières lettres de l'alphabet romain. Jusque-là, l'esprit est assez familiarisé avec le numéro d'ordre de chaque lettre dans l'alphabet, pour qu'on voie sur-le-champ que, par exemple, l'embranchement VI est le second des deux embranchemens du sous-règne C, et que le sous-embranchement 1 est le premier des deux sous-embranchemens compris dans l'embranchement VI, et le troisième des sous-embranchemens compris dans le sous-règne C. Mais si j'avais continué à n'employer ainsi qu'un seul signe, pour désigner les sciences de différens ordres, il serait devenu à peu près impossible, vu la multiplicité des divisions, de reconnaître facilement les rapports semblables qui existent entre des groupes d'un ordre inférieur, soit les uns à l'égard des autres, soit relativement aux groupes plus étendus dans lesquels ils sont compris. C'est ce qui m'a déterminé à attribuer à chaque science des signes formés par la réunion d'une des quatres lettres A, B, C, D, de l'alphabet majuscule, avec un nombre ou une lettre italique. Cette notation m'a été suggérée par la distinction essentielle, expliquée pages 128, 129, qui se trouve entre les quatre sous-règnes, et qui est si naturelle et si frappante, qu'une fois qu'elle a été saisie, elle ne peut plus sortir de la mémoire. Alors, je n'ai plus eu qu'à marquer la place de chaque science du premier ou du second ordre dans le sous-règne auquel elle appartient, de la même manière que j'avais exprimé la place que chaque embranchement ou chaque sous-embranchement occupe dans l'ensemble de nos connaissances, avec cette seule différence de me servir de chiffres arabes, au lieu de chiffres romains, et de lettres italiques au lieu de lettres romaines; en sorte que le chiffre V désignant le cinquième embranchement de cet ensemble, et la lettre h le huitième sous-embranchement, B 5 indiquât la cinquième science du premier ordre du second sous-règne, et B h, la huitième science du second ordre du même sous-règne.

Restait à trouver, pour les sciences du troisième ordre, une notation qui fît connaître à la fois, et le sous-règne, et la science du premier ordre dont elle faisait partie. Pour cela, je remarquai que, puisqu'il ne se trouvait jamais plus de huit sciences du premier ordre dans un même sous-règne, les nombres qu'il fallait joindre aux lettres A, B, C, D, pour désigner ces sciences, n'étaient jamais formés que d'un seul chiffre; et je pensai qu'on aurait une notation commode pour exprimer les sciences du troisième ordre, en écrivant, à la suite des mêmes lettres, non plus un nombre d'un seul chiffre, mais un nombre qui en contiendrait deux, celui des dizaines marquant le rang qu'occupe la science du premier ordre, à laquelle appartient celle du troisième qu'il s'agit de désigner, dans le sous-règne qui les comprend toutes deux, et le chiffre des unités, le rang de la science du troisième ordre dans celle du premier; en sorte que C 52 exprimât, par exemple, la seconde des quatre sciences du troisième ordre comprises dans la cinquième science du premier appartenant au troisième sous-règne. Quant à la division de toutes nos connaissances en deux règnes, pour laquelle il est moins important d'avoir des signes caractéristiques, j'ai pensé que je pouvais me borner à indiquer le premier par un astérisque *, et le second par deux **.

Indépendamment de ces signes, j'ai ajouté à mon tableau des vers latins par lesquels, conformément à un vieil usage, trop abandonné peut-être aujourd'hui, j'ai cherché à exprimer et à graver ainsi plus facilement dans la mémoire, les objets auxquels se rapportent les vérités comprises dans chacune des divisions de ma classification. Pour marquer la correspondance de ces vers avec les sciences auxquelles ils se rapportent, j'ai fait usage des signes dont je viens de parler.

Les vers compris sous le titre de *Proœmium*, expliquent le premier tableau, vis-à-vis duquel ils se trouvent placés. Le premier de chaque colonne indique la division de toutes les connaissances humaines en sciences cosmologiques, *ut* MUNDUM *noscas*, et en sciences noologiques, *ad* MENTEM *referas*, et la subdivision de chaque règne en deux sous-règnes ; c'est d'un côté, *moles*[A] *et vita*[B] *notandæ*, les sciences cosmologiques proprement dites, et les sciences physiologiques ; de l'autre, *quæ menti*[C] *aut gentibus*[D] *insunt*, les sciences noologiques proprement dites et les sciences sociales. Les vers suivans exposent la division de chaque sous-règne en deux embranchemens. *Mensura et motus*[1], voilà les mathématiques; *mox corpora*[II], les sciences physiques, etc.

Dans les *prolegomena*, j'ai exposé la subdivision des huit embranchemens, chacun en quatre sciences du premier ordre, telle qu'on la voit dans le deuxième tableau; le lecteur reconnaîtra aisément l'arithmologie, la géométrie, la mécanique et l'uranologie, dans le vers,

Jam numeros [1], spatium [2], vires [3] et sidera [4] noris;

et ainsi des autres.

Vient enfin le *synopsis*, que j'ai ainsi nommé, parce qu'il offre, sous un même coup d'œil, les dernières divisions de ma classification. Il explique le troisième tableau. Les vers dont il est composé expriment la division de chaque science du premier ordre en sciences du troisième. Ici, les lettres A, B, C, D, rappellent toujours les sous-règnes des deux précédens tableaux, et le chiffre unique qui est en avant des vers, les diverses sciences du premier ordre, comme on les a vues dans le deuxième tableau. Mais il faut remarquer l'artifice des nombres placés comme des exposans à la suite de chaque développement, et toujours composés de deux chiffres. Le premier de ces deux chiffres, celui des dizaines, apprend à quelle science du premier ordre appartient la science du troisième, qui se trouve développée dans la phrase ou partie de phrase qu'il accompagne ; ainsi, par exemple, dans le quinzième vers de la deuxième colonne :

5 Jam verborum usus [51] etc.,

le chiffre 5 annonce qu'il s'agit de la cinquième science du premier ordre du sous-règne C; c'est-à-dire, de la glossologie, et le chiffre 1 désigne la première science du troisième ordre de cette science du premier; c'est donc la lexiographie qui est développée dans le commencement du vers, comme la lexiognosie dans la fin du même vers qu'accompagne le nombre 52 :

.... Et verbis quæ sit origo [52], etc.

Ces vers offrent encore un moyen facile de trouver la place qu'occupe dans ma classification une quelconque des sciences qu'elle renferme, et de reconnaître, tout en faisant cette recherche, quelles sont les divisions d'ordre supérieur dont elle fait partie. Soit, par exemple, la Critique littéraire : on se demande d'abord si elle appartient aux sciences relatives *ad* MUNDUM, ou *ad* MENTEM ; on voit assez que c'est aux dernières, et alors comme le mot *mentem* porte le signe**, on va au tableau, où l'on voit qu'il désigne le règne des sciences noologiques. On lit ensuite le premier vers de la seconde colonne du *Procœmium :*

Ad MENTEM ** referas quæ menti [C] aut gentibus [D] insunt ;

qui indique le partage de ces sciences en deux sous-règnes. Comme la Critique littéraire n'a rien de commun avec les sciences concernant les nations, on voit qu'elle se rapporte au sous-règne C; le premier tableau apprend que c'est celui des sciences noologiques proprement dites; et la lettre C renvoie au vers suivant :

C. Nempè animum [V] disces, animi quæ flectere sensus
Ars queat [VI]..... (1).

La Critique littéraire ayant pour objet un des moyens par lesquels les hommes se transmettent leurs idées, leurs sentimens, leurs passions, etc., elle appartiendra à l'embranchement VI, désigné par ces mots :

..... animi quæ flectere sensus [VI]
Ars queat.....

Le même tableau montre que cet embranchement est celui des sciences dialegmatiques, et le nombre VI renvoie en même temps au troisième vers de la deuxième colonne des *Prolegomena*, où on lit le développement de cet embranchement dans ces deux vers :

VI. Tum voces [5] et scripta simul [6], tum noveris artes
Ingenuas [7], et quæ pueri sit cura magistro [8].

Entre les quatre sciences du premier ordre qu'ils expriment, on voit que c'est à la littérature, désignée par le mot *scripta*, qu'appartient la Critique littéraire; ici, puisque nous sommes dans le sous-règne C, le chiffre 6 nous conduit d'abord dans le deuxième tableau à la littérature, science du pre-

(1) J'ai cru devoir, pour mieux exprimer le caractère des sciences dialegmatiques, changer ainsi le vers qui se trouve dans l'explication de mes tableaux, déjà imprimée en regard de ces tableaux. Ce changement et quelques autres m'ont engagé à placer une nouvelle rédaction de cette explication à côte de l'ancienne.

mier ordre, dont la Critique littéraire fait partie, et ensuite aux vers suivans du *Synopsis :*

..... Nunc alma poësis,
6. Nec minùs arridens interdùm sermo pedestris
Pectora mulcebunt [61] ; scripta explorare libebit [62] ;
Et quæ digna legi indignis secernere [63] ; et arte
Noscere quà sacrum nomen mereare poëtæ [64].

Or, c'est la Critique littéraire qui a pour objet de discerner les ouvrages qui méritent d'être lus de ceux qui en sont indignes ; c'est donc elle qui est désignée par ces mots :

Et quæ digna legi indignis secernere [63].....

Le nombre 63, placé à la suite de ces mots, renvoie à la Critique littéraire qui, dans le troisième tableau, est en effet marquée de ce nombre parmi les sciences du sous-règne C.

Un usage bien plus important de ces vers consiste dans l'application du même procédé à un groupe de vérités qui n'a point reçu de nom comme science, ou qui n'est pas marqué dans mon tableau quoique l'usage lui en ait assigné un, parce qu'il ne constitue qu'une de ces sciences du quatrième ou du cinquième ordre que je n'ai pas comprises dans ma classification. En cherchant de la manière que je viens d'indiquer la place que ce groupe y doit occuper, on est conduit à la science du troisième ordre dans laquelle il doit être rangé. C'est ainsi, par exemple, qu'en opérant à l'égard, soit de la *toxicologie*, soit de la *matière médicale*, comme je viens de le faire relativement à la Critique littéraire, on arrive également à la science du troisième ordre que j'ai nommée pharmaceutique, et que j'ai formée de la réunion de ces deux sciences du quatrième.

FIN.

OPTIMO ET CARISSIMO FILIO

CARMEN MNEMONICUM.

PROŒMIUM.

Ut MUNDUM [a] noscas, moles [A] et vita [B] notandæ :
A. Mensura et motus primùm [i], mox corpora [ii] et omne
B. Viventûm genus [iii] et vitam quæ cura tuetur [iv].

Ad MENTEM [b] referas quæ menti [C] aut gentibus [D] insunt :
C. Nunc animum [v], nunc signa animi prodentia sensus [vi],
D. Nunc populos [vii] disces et quâ ratione regendi [viii].

PROLEGOMENA.

A.

I. Hæc ubi cuncta animo raptim peragrare libebit,
Jam numeros [1], spatium [2], vires [3] et sidera [4] noris;
II. Corpora [5], fabrorumque artes [6] tractabis, et orbem [7]
Lustrabis; latebras penitùs rimabere terræ [8].

B.

III. Herbarum inquires genus [1], agricolæque labores [2];
Jam quæ sint [3], jam quos hominum fingantur in usus [4],
IV. Et quibus ægrescant vigeantve [5] animalia disces;
Nunc firmanda salus [6], nunc tempus noscere morbos [7],
Nunc ægris lethum durosque arcere dolores [8].

C.

V. Tum mentem [1], res atque Deum [2] meditabere et inter
Affectus hominum [3] virtus ut libera regnet [4];
VI. Tum voces [5] et scripta [6] simul, tum noveris artes
Ingenuas [7], et quæ pueri sit cura magistro [8].

D.

VII. Mox populos [1], monumenta [2] et facta [3] notabis;
Quos gentes servent ritus, quod numen adorent [4];
VIII. Jura fori, leges populorum [5] et munia disce
Bellantûm [6], mox gentium opes [7] scrutare, ducesque
Ut paci valeant et bello imponere morem [8].

SYNOPSIS.

A.

1. Si scrutari aveas quidquid cognoscere fas est,
Compones primùm numeros [11], ignota requires [12];
Nunc incrementa [13] et casus [14], nunc discere formas
2. Est opus [21], et formis numerorum imponere signa [22];
Noscere quæ gradiens generet curvamina punctum [23];
Primave concrescant queis rerum elementa figuris [24];
3. Et motus [31], et cùm pulsum in contraria vires
Corpus agunt, ubi stare queat [32], quorsùmve moveri [33];
Quo pacto hærescant, trepident quo corpora prima [34];
4. Sidereasque vices [41], tellus quos erret in orbes [42],
Quæque regant vastos leges per inania motus [43];
Impulsûs quæ causa latens, atque insita rerum
Seminibus quæ vis undè astra per ætheris alti
Volvuntur spatia et cursus inflectere discunt [44].
5. Præterea scire in terris ut cuncta genantur,
Ut moveant sensum, formas vertantur in omnes [51];
Queis nexis inter se elementis corpora constent [52];
Necnon materiæ leges [53] viresque atomorum [54]
6. Noscendæ, et variæ quas usus protulit artes [61],
Tum quæstus [62] operumque modos conferre memento,
Ut potiora legas [63] causasque evolvere tentes [64].
7. Tum juga, tum campos disces et flumina [71], tellus
Corporibus [72] stratisque [73] quibus conficta sit intùs;
Hæc ut longa dies imis formaverit undis,
Utque efferbuerint olim ignivomi undique montes [74];
8. Eruat ut cæcis occlusa metalla latebris
Fossor, et ardenti tractet mollita vapore [81];
Nec dubias telluris opes rimare priusquàm
Impensas, lucrum [82], leges [83], causasque laborum
Et terræ ut subeas tutus penetralia noris [84].

B.

1. Jam quæ plantarum species ubicumque vigescant
Scire juvat [11]; jam quas celent sub tegmine partes [12];
Utque pares paribus rectè socientur [13], ut arbor
Herbaque nascantur, crescant et semina fundant [14];
2. Agricola ut lætas fruges ferre imperet arvis [21],
Quæ sint cuique solo fœnus [22] culturaque [23], et undè
Langueat illa seges, gravidis hæc nutet aristis [24];
3. Quas soboli tradant generatim animalia formas [31],
Corporis et quæ sit compages intima [32], vitæ
Quæ leges [33], gliscatque artus ut vita per omnes [34].
4. Nec tibi turpe puta, jucunda per otia ruris,
Bombyces nutrire, et oves vitulosque tueri;
Tum captare feras, tum lino fallere pisces [41];
Noscere quis pecudum sumptus [42], quæ cura bubulco [43];
Cur nunc utiliùs viridantia gramina carpant,
Nunc pecora in stabulis meliùs saturentur opimis [44].
5. Vitam multa juvant animantûm, multaque lædunt;
Sæpè graves possunt expellere toxica morbos [51];
Nostraque nunc lædit, nunc sanat corpora ferrum [52];
Illa nocent alimenta, hæc prudens sumere malis [53],
Sedulus insanos animi componere motus [54].
6. Non tamen ars medica est ulli tentanda priusquàm
Noscat ut infundant nobis natura genusque
Tam varios habitus [61], quorum scrutabere signa [62],
Ut quod cuique nocens, quod cuique sit utile noris [63];
Tunc morbo disces venienti occurrere [64], et omnis
7. Naturam [71] sedemque [72] mali, medicamina [73], causas [74];
8. Queisque notis detur morbos dignoscere [81], et ægri
Scire quis [82] et quâ sit languor sanabilis arte [83],
Quis metus immineat, quæ spes sit mixta timori [84].

C.

1. Mentem nosse velis [11]: ut possit cernere verum [12],
Utque nova inveniat, vel ponat in ordine nota [13]
Quæras, et quo pacto ab origine cogitet [14] ac se
2. Noscere non tantùm valeat, sed resque [21] Deumque [22].
Tum subeunt scrutanda tibi commenta sophorum [23];
Humanâ ratione Deo quæ dantur inesse [24];
3. Affectus hominum, studia, oblectamina, curæ [31];
Quæ tibi corda notæ, quæ morum arcana recludunt [32];
Quod decet et quæ sunt metuenda optandaque [33], et undè
Indolis omne genus [34]; quæ mentibus insita nostris
4. Libera vis animi [41], justo secernit iniquùm [42];
Quæ recti æternæ leges [43]; quæ præmia sontes
Insontesque manent [44]: stimulos hæc mentibus addunt
Ut nova discendi semper rapiamur amore.
5. Jam verborum usus [51] et verbis quæ sit origo [52],
Diversos ut apud populos mutentur [53], et undè
Concessa humano generi tam mira facultas
Quidquid inest animo ut voces expromere possint [54].
6. Assiduâ evolves curâ. Nunc alma poësis,
Nec minùs arridens interdum sermo pedestris,
Pectora mulcebunt [61], scripta explorare libebit [62];
Et quæ digna legi indignis secernere [63], et arte
Noscere quâ sacrum nomen mereare poëtæ [64];
7. Ædes, suave melos, picturæ et dædala signa [71],
Necnon undè placent [72], artis præcepta modusque [73],
Principium et ratio [74] pergunt dulcedine mentem
Pellicere ad studium longosque levare labores.
8. Nunc puerum edoceat sapientis cura magistri [81],
Discipuli ingenium tentet [82], fingatque vicissim
Ad studium veri [83] præscriptaque munia vitæ [84].

D.

1. Indè locos [11], indè situs datur explorare locorum [12],
Prisca licet conferre novis [13], et verba habitusque
Corporis, ut valeas populorum exordia nosse [14].
2. Jam veterum monimenta virûm [21], jam scire memento
Quæ retegant [22]; ut vera queas dignoscere fictis [23];
Quâ fuerint exstructa manu, quâ condita causâ [24].
3. Factaque perquires [31], factorum tempora [32], veris
Undè fides [33], quæ causa olim concusserit orbem,
Cùm tot bella furent, tot regna eversa jacerent,
Ambirentque novæ rerum fastigia gentes [34].
4. Jam nosces ritus et dogmata relligionum [41],
Symbola quæ celant mysteria sacra profanos [42],
Et quo sit cultu veneranda æterna potestas [43],
Quoque modo oblitos ævi præcepta prioris
Diffusus latè populos invaserit error [44].
5. Quæ sint, quæ fuerint leges et publica jura [51],
Quæ solerti egeant præsertim interprete noris [52];
Quæque nova instituenda, ævo cùm prisca fatiscunt,
Nunc exempla docent [53], et nunc enitere recti
Legibus æternis humanas promere leges [54].
6. Disce et queis armis arcendi finibus hostes [61];
Quo pacto instaurandæ acies [62], quo bella gerenda [63],
Fregerit et virtus ingentes sæpè catervas [64].
7. Mox et opes [71], mox undè fluant [72], populisque parentur
Nunc facilis victus [73], nunc lætæ munera vitæ,
Et sortem ut mutare queat gens inscia rerum,
Cùm segnes torpent mentes meliora perosæ [74].
8. Fœdera quid jubeant [81], quâ sint servanda sagaci
Arte [82], et securâ cives ut pace fruantur [83];
Quæ fluxa et quæ sit mansura potentia regum [84].

A. M. AMPÈRE.

CLASSIFICATION DES CONNAISSANCES HUMAINES,

OU

TABLEAUX SYNOPTIQUES DES SCIENCES ET DES ARTS.

PREMIER TABLEAU.

Division de toutes nos connaissances en deux règnes, et de chaque règne en sous-règnes et en embranchemens.

PREMIER RÈGNE.

RÈGNE.	SOUS-RÈGNES.	EMBRANCHEMENS.
* SCIENCES COSMOLOGIQUES.	A. *Cosmologiques proprement dites*	I. Mathématiques. II. Physiques.
	B. *Physiologiques.*	III. Naturelles. IV. Médicales.

SECOND RÈGNE.

RÈGNE.	SOUS-RÈGNES.	EMBRANCHEMENS.
** SCIENCES NOOLOGIQUES.	C. *Noologiques proprement dites.*	V. Philosophiques. VI. Dialegmatiques.
	D. *Sociales.*	VII. Ethnologiques. VIII. Politiques.

SECOND TABLEAU.

Division de chaque embranchement en sous-embranchemens et en sciences du premier ordre.

PREMIER RÈGNE.

	EMBRANCHEMENS.	SOUS-EMBRANCHEMENS.	SCIENCES DU PREMIER ORDRE.
A	I. SCIENCES MATHÉMATIQUES.	a. *Mathématiques proprem. dites.*	1. Arithmologie. 2. Géométrie.
		b. *Physico-mathématiques.*	3. Mécanique. 4. Uranologie.
	II. SCIENCES PHYSIQUES.	c. *Physiques proprement dites.*	5. Physique générale. 6. Technologie.
		d. *Géologiques.*	7. Géologie. 8. Oryctotechnie.
B	III. SCIENCES NATURELLES.	e. *Phytologiques.*	1. Botanique. 2. Agriculture.
		f. *Zoologiques proprement dites.*	3. Zoologie. 4. Zootechnie.
	IV. SCIENCES MÉDICALES.	g. *Physico-médicales*	5. Physique médicale. 6. Hygiène.
		h. *Médicales proprement dites.*	7. Nosologie. 8. Médecine pratique.

SECOND RÈGNE.

	EMBRANCHEMENS.	SOUS-EMBRANCHEMENS.	SCIENCES DU PREMIER ORDRE.
C	V. SCIENCES PHILOSOPHIQUES.	i. *Philosophiques proprement dites*	1. Psychologie. 2. Métaphysique.
		k. *Morales.*	3. Ethique. 4. Thélésiologie.
	VI. SCIENCES DIALEGMATIQUES	l. *Dialegmatiques proprement dites*	5. Glossologie. 6. Littérature.
		m. *Eleuthérotechniques.*	7. Technesthétique. 8. Pédagogique.
D	VII. SCIENCES ETHNOLOGIQUES.	n. *Ethnologiques proprement dites*	1. Ethnologie. 2. Archéologie.
		o. *Historiques.*	3. Histoire. 4. Hiérologie.
	VIII. SCIENCES POLITIQUES.	p. *Ethnorytiques.*	5. Nomologie. 6. Art militaire.
		q. *Ethnégétiques.*	7. Economie sociale. 8. Politique.

TROISIÈME TABLEAU.

Division de chaque science du premier ordre en sciences du second et du troisième ordre.

PREMIER RÈGNE.

	SCIENCES DU PREMIER ORDRE.	SCIENCES DU SECOND ORDRE.	SCIENCES DU TROISIÈME ORDRE.
A.	1. ARITHMOLOGIE.	a. *Arithmologie élémentaire.*	11. Arithmographie. 12. Analyse mathématique.
		b. *Mégéthologie.*	13. Théorie des fonctions. 14. Théorie des probabilités.
	2. GÉOMÉTRIE.	c. *Géométrie élémentaire.*	21. Géométrie synthétique. 22. Géométrie analytique.
		d. *Théorie des formes.*	23. Théorie des lignes et des surfaces. 24. Géométrie moléculaire.
	3. MÉCANIQUE.	e. *Mécanique élémentaire.*	31. Cinématique. 32. Statique.
		f. *Mécanique transcendante.*	33. Dynamique. 34. Mécanique moléculaire.
	4. URANOLOGIE.	g. *Uranologie élémentaire.*	41. Uranographie. 42. Héliostatique.
		h. *Uranognosie.*	43. Astronomie. 44. Mécanique céleste.
	5. PHYSIQUE GÉNÉRALE.	i. *Physique générale élémentaire.*	51. Physique expérimentale. 52. Chimie.
		k. *Physique mathématique.*	53. Stéréonomie. 54. Atomologie.
	6. TECHNOLOGIE.	l. *Technologie élémentaire.*	61. Technographie. 62. Cerdoristique industrielle.
		m. *Technologie comparée.*	63. Economie industrielle. 64. Physique industrielle.
	7. GÉOLOGIE.	n. *Géologie élémentaire.*	71. Géographie physique. 72. Minéralogie.
		o. *Géologie comparée.*	73. Géonomie. 74. Théorie de la terre.
	8. ORYCTOTECHNIE.	p. *Oryctotechnie élémentaire.*	81. Exploitation des mines. 82. Docimasie.
		q. *Oryctotechnie comparée.*	83. Oryxionomie. 84. Physique minérale.
B.	1. BOTANIQUE.	a. *Botanique élémentaire.*	11. Phytographie. 12. Anatomie végétale.
		b. *Phytognosie.*	13. Phytonomie. 14. Physiologie végétale.
	2. AGRICULTURE.	c. *Agriculture élémentaire.*	21. Géoponique. 22. Cerdoristique agricole.
		d. *Agriculture comparée.*	23. Agronomie. 24. Physiologie agricole.
	3. ZOOLOGIE.	e. *Zoologie élémentaire.*	31. Zoographie. 32. Anatomie animale.
		f. *Zoognosie.*	33. Zoonomie. 34. Physiologie animale.
	4. ZOOTECHNIE.	g. *Zootechnie élémentaire.*	41. Zoochrésie. 42. Zooristique.
		h. *Zootechnie comparée.*	43. Œcionomie. 44. Threpsiologie.
	5. PHYSIQUE MÉDICALE.	i. *Physique médicale proprem. dite*	51. Pharmaceutique. 52. Traumatologie.
		k. *Biotologie.*	53. Diététique. 54. Phréhygiétique.
	6. HYGIÈNE.	l. *Crasiologie.*	61. Crasiographie. 62. Crasioristique.
		m. *Hygiène proprement dite.*	63. Hygionomie. 64. Prophylactique.
	7. NOSOLOGIE.	n. *Nosologie proprement dite.*	71. Nosographie. 72. Anatomie pathologique.
		o. *Iatrologie.*	73. Thérapeutique générale. 74. Physiologie médicale.
	8. MÉDECINE PRATIQUE.	p. *Séméiologie.*	81. Séméiographie. 82. Diagnostique.
		q. *Médecine pratique proprem. dite*	83. Thérapeutique spéciale. 84. Prognosie.

SECOND RÈGNE.

	SCIENCES DU PREMIER ORDRE.	SCIENCES DU SECOND ORDRE.	SCIENCES DU TROISIÈME ORDRE.
C.	1. PSYCHOLOGIE.	a. *Psychologie élémentaire.*	11. Psychographie. 12. Logique.
		b. *Psychognosie.*	13. Méthodologie. 14. Idéogénie.
	2. MÉTAPHYSIQUE.	c. *Ontothétique.*	21. Ontologie élémentaire. 22. Théologie naturelle.
		d. *Ontognosie.*	23. Ontologie comparée. 24. Théodicée.
	3. ETHIQUE.	e. *Ethique élémentaire.*	31. Ethographie. 32. Physiognomonie.
		f. *Ethognosie.*	33. Morale pratique. 34. Ethogénie.
	4. THÉLÉSIOLOGIE.	g. *Thélésiologie élémentaire.*	41. Thélésiographie. 42. Dicéologie.
		h. *Thélésiognosie.*	43. Morale apodictique. 44. Anthropotélique.
	5. GLOSSOLOGIE.	i. *Lexiologie.*	51. Lexiographie. 52. Lexiognosie.
		k. *Glossognosie.*	53. Glossonomie. 54. Philosophie des langues.
	6. LITTÉRATURE.	l. *Bibliologie.*	61. Bibliographie. 62. Bibliognosie.
		m. *Littérature comparée.*	63. Critique littéraire. 64. Philosophie de la littérature.
	7. TECHNESTHÉTIQUE.	n. *Terpnologie.*	71. Terpnographie. 72. Terpnognosie.
		o. *Technesthétique comparée.*	73. Critique technesthétique. 74. Philosophie des beaux-arts.
	8. PÉDAGOGIQUE.	p. *Pédagogique proprement dite.*	81. Pédiographie. 82. Idioristique.
		q. *Pédiognosie.*	83. Mathésiologie. 84. Théorie de l'éducation.
D.	1. ETHNOLOGIE.	a. *Ethnologie élémentaire.*	11. Ethnographie. 12. Toporistique.
		b. *Ethnologie comparée.*	13. Géographie comparée. 14. Ethnogénie.
	2. ARCHÉOLOGIE.	c. *Mnémiologie.*	21. Mnémiographie. 22. Mnémiognosie.
		d. *Archéologie comparée.*	23. Critique archéologique. 24. Archéogénie.
	3. HISTOIRE.	e. *Histoire élémentaire.*	31. Diégématique. 32. Chronologie.
		f. *Histoire comparée.*	33. Critique historique. 34. Philosophie de l'histoire.
	4. HIÉROLOGIE.	g. *Sébasmatique.*	41. Hiérographie. 42. Symbolique.
		h. *Hiérologie comparée.*	43. Controverse. 44. Hiérogénie.
	5. NOMOLOGIE.	i. *Nomologie proprement dite.*	51. Nomographie. 52. Jurisprudence.
		k. *Législation.*	53. Législation comparée. 54. Théorie des lois.
	6. ART MILITAIRE.	l. *Hoplismatique.*	61. Hoplographie. 62. Tactique.
		m. *Art militaire proprement dit.*	63. Stratégie. 64. Nicologie.
	7. ECONOMIE SOCIALE.	n. *Chrématologie.*	71. Statistique. 72. Chrématogénie.
		o. *Economie sociale proprem. dite.*	73. Dianémétique. 74. Cœnolbologie.
	8. POLITIQUE.	p. *Syncéménique.*	81. Ethnodicée. 82. Diplomatie.
		q. *Politique proprement dite.*	83. Cybernétique. 84. Théorie du pouvoir.

OPTIMO ET CARISSIMO FILIO

CARMEN MNEMONICUM.

PROŒMIUM.

Ut MUNDUM [AB] noscas, moles [A] et vita [B] notandæ :
A. Mensura et motus primùm [I], mox corpora [II] et omne
B. Viventûm genus [III] et vitam quæ cura tuetur [IV].

Ad MENTEM [CD] referas quæ menti [C] aut gentibus [D] insunt :
C. Nempè animum [V] disces, animi quæ flectere sensus [VI],
D. Ars queat, et populos [VII] et quâ ratione regendi [VIII].

PROLEGOMENA.

A.

I. Hæc ubi cuncta animo raptim peragrare libebit,
Jam numeros [1], spatium [2], vires [3] et sidera [4] noris ;
II. Corpora [5], fabrorumque artes [6] tractabis, et orbem [7]
Lustrabis ; latebras penitùs rimabere terræ [8].

B.

III. Herborum inquires genus [1], agricolæque labores [2] ;
Jam quæ sint [3], jam quos hominum fingantur in usus [4],
IV. Et quibus ægrescant vigeantve [5] animalia disces ;
Nunc firmanda salus [6], nunc tempus noscere morbos [7],
Nunc ægris lethum durosque arcere dolores [8].

C.

V. Tum mentem [1], res atque Deum [2] meditabere et inter
Affectus hominum [3] virtus ut libera regnet [4] ;
VI. Tum voces [5] et scripta [6] simul, tum noveris artes
Ingenuas [7], et quæ pueri sit cura magistro [8].

D.

VII. Mox populos [1] dabitur, monumenta [2] et facta [3] notare ;
Quos ritus servent gentes, quod numen adorent [4] ;
VIII. Jura fori, leges populorum [5] et munia disce
Bellantûm [6], mox gentium opes [7] scrutare, ducesque
Ut paci valeant et bello imponere morem [8].

SYNOPSIS.

A.

1. Si scrutari aveas quidquid cognoscere fas est,
Compones primùm numeros [11], ignota requires [12] ;
Nunc incrementa [13] et casus [14], nunc discere formas
2. Est opus [21], et formis numerorum imponere signa [22] ;
Noscere quæ gradiens generet curvamina punctum [23] ;
Primave concrescant queis rerum elementa figuris [24] ;
3. Et motus [31], et cùm pulsum in contraria vires
Corpus agunt, ubi stare queat [32], quorsùmve moveri [33] ;
Quo pacto hærescant, trepident quo corpora prima [34] ;
4. Sidereasque vices [41], tellus quos erret in orbes [42],
Quæque regant vastos leges per inania motus [43] ;
Impulsûs quæ causa latens, atque insita rerum
Seminibus quæ vis undè astra per ætheris alti
Volvuntur spatia et cursus inflectere discunt [44].
5. Præterea scire in terris ut cuncta genantur,
Ut moveant sensum, formas vertantur in omnes [51] ;
Queis nexis inter se elementis corpora constent [52] ;
Necnon materiæ leges [53] viresque atomorum [54]
6. Noscendæ, et variæ quas usus protulit artes [61].
Tum quæstus [62] operumque modos conferre memento,
Ut potiora legas [63] causasque evolvere tentes [64].
7. Tum juga, tum campos disces et flumina [71], tellus
Corporibus [72] stratisque [73] quibus conficta sit intùs ;
Hæc ut longa dies imis formaverit undis,
Utque efferbuerint olim ignivomi undique montes [74] ;
8. Eruat ut cæcis occlusa metalla latebris
Fossor, et ardenti tractet mollita vapore [81] ;
Nec dubias telluris opes rimare priusquàm
Impensas, lucrum [82], leges [83], causasque laborum
Et terræ ut subeas tutus penetralia noris [84].

B.

1. Jam quæ plantarum species ubicumque vigescant
Scire juvat [11] ; jam quas celent sub tegmine partes [12] ;
Utque pares paribus rectè socientur [13], ut arbor
Herbaque nascantur, crescant et semina fundunt [14] ;
2. Agricola ut lætas fruges ferre imperet arvis [21] ;
Quæ sint cuique solo fœnus [22] culturaque [23], et undè
Langueat illa seges, gravidis hæc nutet aristis [24] ;
3. Quas soboli tradant generatûm animalia formas [31],
Corporis et quæ sit compages intima [32], vitæ
Quæ leges [33], gliscatque artus ut vita per omnes [34].
4. Nec tibi turpe puta, jucunda per otia ruris,
Bombyces nutrire, et oves vitulosque tueri ;
Tum captare feras, tum lino fallere pisces [41] ;
Noscere quis pecudum sumptus [42], quæ cura bubulco [43] ;
Cur nunc utiliùs viridantia gramina carpant,
Nunc pecora in stabulis meliùs saturentur opimis [44].
5. Vitam multa juvant animantûm, multaque lædunt :
Innocua herba potest, possunt expellere morbos
Toxica [51] ; nunc lædit, nunc sanat corpora ferrum [52] ;
Illa nocent alimenta, hæc prudens sumere malis [53],
Sedulus insanos animi componere motus [54].
6. Non tamen ars medica est ulli tentanda priusquàm
Noscat ut infundant nobis natura genusque
Tam varios habitus [61], quorum scrutabere signa [62],
Ut quod cuique nocens, quod cuique sit utile noris [63] ;
Tunc morbo disces venienti occurrere [64], et omnis
7. Naturam [71] sedemque [72] mali, medicamina [73], causas [74] ;
8. Queisque notis detur morbos dignoscere [81], et ægri
Scire quis [82] et quâ sit languor sanabilis arte [83],
Quis metus immineat, quæ spes sit mixta timori [84].

C.

1. Mentem nosse velis [11] : ut possit cernere verum [12],
Utque nova inveniat vel ponat in ordine nota [13]
Quæras, et quo pacto ab origine cogitet [14] ac se
2. Noscere non tantùm valeat, sed resque [21] Deumque [22].
Tum subeunt scrutanda tibi commenta sophorum [23] ;
Humanâ ratione Deo quæ dantur inesse [24] ;
3. Affectus hominum, studia, oblectamina, curæ [31] ;
Quæ tibi corda notæ, quæ morum arcana recludunt [32] ;
Quod decet et quæ sunt metuenda optandaque [33], et undè
Indolis omne genus [34] ; quæ mentibus insita nostris
4. Libera vis animi [41] justo secernit iniquum [42] ;
Quæ recti æternæ leges [43] ; quæ præmia sontes
Insontesque manent [44] : stimulos hæc mentibus addunt
Ut nova discendi semper rapiamur amore.
5. Jam verborum usus [51] et verbis quæ sit origo [52],
Diversos ut apud populos mutentur [53], et undè
Concessa humano generi tam mira facultas
Quidquid inest animo ut voces expromere possint [54],
6. Assiduâ evolves curâ. Nunc alma poësis,
Nec minùs arridens interdùm sermo pedestris,
Pectora mulcebunt [61], scripta explorare libebit [62] ;
Et quæ digna legi indignis secernere [63] ; et arte
Noscere quâ sacrum nomen mereare poëtæ [64] ;
7. Ædes, suave melos, picturæ et dædala signa [71],
Necnon undè placent [72], artis præcepta modusque [73],
Principium et ratio [74] blandâ dulcedine mentem
Sollicitant, longosque jubent sufferre labores.
8. Nunc puerum edoceat sapientis cura magistri [81],
Discipuli ingenium tentet [82] fingatque vicissim
Ad studium veri [83] præscriptaque munia vitæ [84].

D.

1. Indè loca [11], indè situs datur explorare locorum [12] ;
Prisca licet conferre novis [13], et verba habitusque
Corporis, ut valeas populorum exordia nosse [14].
2. Jam veterum monimenta virûm [21], jam scire memento
Quæ retegant [22] ; ut vera queas dignoscere fictis [23] ;
Quâ fuerint exstructa manu, quâ condita causâ [24].
3. Factaque perquires [31], factorum tempora [32], veris
Undè fides [33], quæ causa olim concusserit orbem,
Cùm tot bella forent, tot regna eversa jacerent,
Ambirentque novæ rerum fastigia gentes [34].
4. Jam nosces ritus et dogmata relligionum [41],
Symbola quæ celant mysteria sacra profanos [42],
Et quæ sit cultu veneranda æterna potestas [43],
Quoque modo oblitos ævi præcepta prioris
Diffusus latè populos invaserit error [44].
5. Quæ sint, quæ fuerint leges et publica jura [51],
Quæ solerti egeant præsertìm interprete noris [52] ;
Quæque nova instituenda, ævo cùm prisca fatiscunt,
Nunc exempla docent [53], et nunc enitere recti
Legibus æternis humanas promere leges [54].
6. Disce et queis armis arcendi finibus hostes [61] ;
Quo pacto instaurandæ acies [62], quo bella gerenda [63],
Fregerit et virtus ingentes sæpè catervas [64].
7. Mox et opes [71], mox undè fluant [72], populisque parentur
Nunc facilis victus [73], nunc lætæ munera vitæ,
Et sortem ut mutare queat gens inscia rerum,
Cùm segnes torpent mentes meliora pensæ [74].
8. Fœdera quid jubeant [81], quâ sint servanda sagaci
Arte [82], et securâ cives ut pace fruantur [83] ;
Quæ fluxa et quæ sit mansura potentia regum [84].

A. M. AMPÈRE.

www.ingramcontent.com/pod-product-compliance
Ingram Content Group UK Ltd.
Pitfield, Milton Keynes, MK11 3LW, UK
UKHW012155240726
13966UKWH00002B/342